ISSUE 001

大家论艺 · 数说艺教 · 艺线访谈 · 舞蹈教育 · 音乐教育

美术（含书法）教育 · 影视、戏剧教育

北京师范大

U0630710

第1辑

# 中小學藝術教育研究

## Research on Art Education in Primary and Secondary Schools

周 星 主编

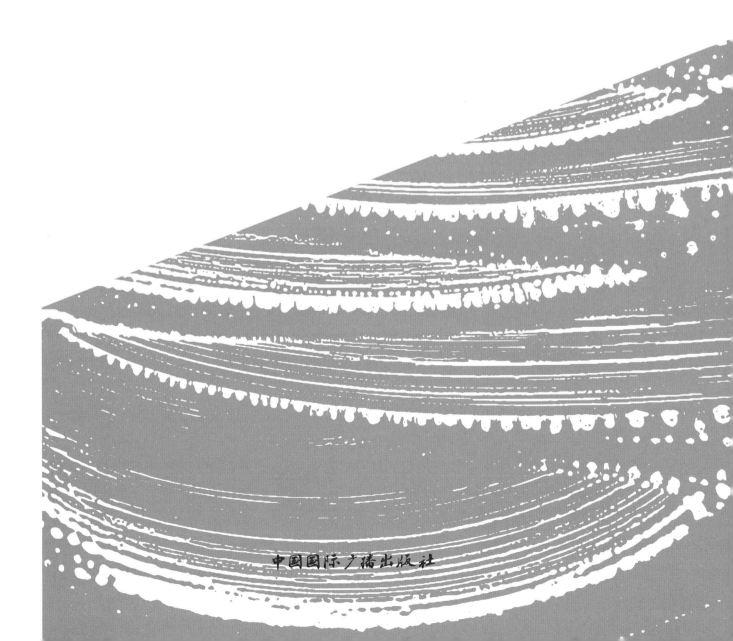

中国国际广播出版社

# 编辑委员会

**主编**
周 星

**执行主编**
田利平　任晟姝

**编委**
王 杰　肖 艳　陈亦水　王赟姝
周晓阳　何东煜　刘丽珺　祝 晔
李 卉　肖 阳　孙 艺

**专家学术委员会**
彭吉象　胡智锋　侯克明　欧阳宏生
陈旭光　李道新　陈 阳　王宜文
张洪忠　邓宝剑　张 燕

**策划单位**
北京师范大学艺术教育研究中心

**协办单位**
中国艺术学理论学会艺术教育专业委员会
北京师范大学启功书院
北京现代艺术学校

**编辑单位**
中国国际广播出版社有限公司
《中小学艺术教育研究》编辑部

**出版单位**
中国国际广播出版社有限公司

## 图书在版编目（CIP）数据

中小学艺术教育研究. 第1辑 / 周星主编. —北京：中国国际广播出版社，2022.11
　ISBN 978-7-5078-5244-8

　Ⅰ. ①中… Ⅱ. ①周… Ⅲ. ①艺术教育－教学研究－中小学－文集 Ⅳ. ①G633.950.2-53

中国版本图书馆CIP数据核字（2022）第199392号

**中小学艺术教育研究** 第1辑

| | | |
|---|---|---|
| 主　编 | 周 星 | |
| 责任编辑 | 张晓梅 | |
| 校　对 | 张 娜 | |
| 版式设计 | 邢秀娟 | |
| 封面设计 | 赵冰波 | |
| 出版发行 | 中国国际广播出版社有限公司 | |
| | ［010-89508207（传真）］ | |
| 社　址 | 北京市丰台区榴乡路88号石榴中心2号楼1701 | |
| | 邮编：100079 | |
| 印　刷 | 北京启航东方印刷有限公司 | |
| 开　本 | 880×1230　1/16 | |
| 字　数 | 280千字 | |
| 印　张 | 13.25 | |
| 版　次 | 2022 年 12 月　北京第一版 | |
| 印　次 | 2022 年 12 月　第一次印刷 | |
| 定　价 | 72.00 元 | |

# 创刊词：创新开拓的中小学艺术教育研究新天地

周　星*

这是一本专事于中小学艺术教育学术研究的学术集刊。许久以前，我们一直想创办关于中小学艺术教育的刊物，因为中国专门做中小学艺术教育的刊物极其罕见，且急需这一领域的研究内容。所以我们想填补空白，做好全国少有的，以中小学艺术教育为刊物创办宗旨，聚力于中小学艺术教育，并且面向、造福于大、中、小学的研究者，进行全面研究的特定的首创刊物。恰在此时，我们迎来了中国艺术教育最好的时光，一是国家对中小学艺术审美要求强化落实等一系列举措出台，艺术教育迎来良机；二是从中国的义务教育阶段到高中教育阶段的艺术教育，已经发生了相当程度上的变化。所以本刊物的出版恰逢其时，无形中也预先为中小学艺术教育迈入新阶段，做好了既有大学，也有中等教育和传播类的国家出版社的结合。这预示着中国的艺术教育面对基础艺术教育的共同心愿暗含着开启中小学艺术教育的美好未来。主编和团队想筹办这本刊物其实由来已久。这不仅是北京师范大学作为研究师范教育的优质高校义不容辞的职业责任，也是因为从事艺术教育的广阔涉猎面一直是我们心中埋下的理想，尤其是给予孩子艺术教育，给予教育中小学生的老师们以艺术教育、学术研究的发表阵地，一直是我们的梦想。早在10余年前，我就投标参与了教育部关于艺术教育的重大课题，当时是山东大学的曾繁仁校长和我共同竞标，共同获得了教育部关于艺术教育的重大课题。虽然我是子课题的负责人，但实际上课题更多地由山东大学的研究团队强力落实，所以我并没有奉献更多的力量。但是从那时开始，我们就筹集力量、不断地参与到中小学艺术教育的队伍之中。北京师范大学艺术教育研究中心成立10余年来，不断参与艺术教育、美育对中小学、大学、职业教育的学术研究，并且出版了若干本教材。同时，为配合教育部、中共中央宣传部联合发布的《关于加强中小学影视教育的指导意见》，我们率先开办了若干期针对中小学艺术教育的培训班，我们的课题组近年来也承担了国家教育科学的重点项目。这一切其实都源于我们想持续性地为中国的艺术教育，尤其是中小学的艺术教育奉献自己的力量。新版义务教育九年制艺术课标的颁布（此前我作为教育部高中艺术教育课标研制组

\* 北京师范大学艺术与传媒学院二级教授，教育部艺术教育委员会委员，教育部新文科建设工作组成员，教育部高等学校戏剧与影视学类专业教学指导委员会主任。

成员也参与了一系列教材研究），我深深感到中国的中小学艺术教育任重道远，需要更深入地探讨其规律。这本集刊于是应运而生。

中国的艺术教育，无论是大、中、小学，还是社会上的国民艺术教育，都有许多难点。中小学的教育更是涉及了2亿多中小学生。然而，限于过去所谓的"大三门""小三门"传统，艺术总是呈现出比较弱势的局面。无论是高考、中考还是课程的设置，艺术教育事实上都处在比较弱小且不太被重视的位置。艺术被认为是"小儿科"的处境亟须改变。尽管随着时代的发展，中小学艺术教育逐渐有了一席之地，但是它们所占的课时量和所拥有的教师数量依然偏少，对中小学艺术教育的研究也远远落后于其他主课的学术研究。单从全国专门性的学科刊物中缺乏艺术教育的专门刊物和艺术教育的专门栏目情况来看，就可以看出端倪。同时，中小学艺术教育又形成了一个传统，就是简单地把中小学艺术教育放置在传统的音乐和美术这两科中，或者主要偏向这两个领域。而我们都知道，艺术是一个庞大的领域，除了音乐、美术之外，还包含舞蹈、戏剧、戏曲、书法、电影、电视等多样对象。在中小学，不仅艺术类教师严重缺乏，而且中小学建制之中的艺术也没有稳固的归属之地。对不同艺术领域的掌握自有其难度，艺术教师通常无法跨学科教学。因此，对艺术教育的全面研究及针对中小学艺术教育的多样类型、丰富色彩和学术探究的理论都严重不足。近年来，这种状况在慢慢改变，但显然还需要进一步转换观念。我参与了高中艺术新课标的研制，但新课标依然把艺术分为了三个课标，即音乐课标、美术课标、综合艺术课标（包括舞蹈、戏剧、戏曲、电影、电视和新媒体在内），这显然留有传统痕迹，也从侧面反映了中国艺术教育在质量、师资力量上的不足，以及人们观念中对于艺术认知的不足。2022年，《义务教育艺术课程标准》终于发布。该课标第一次融汇了所有的艺术门类，按照不同年级进行划分，循序渐进地实施艺术教育。

但中小学艺术教育依旧任重道远。除了基础条件的不足，如课程设置不够合理、教师队伍缺乏、学校领导本身的重视程度不够等，都还有待进一步改进，对中小学艺术教育多领域的学术理论研究调研有待进一步强化。所以，本刊物将联络全国的相关从业者，包括大、中、小学和研究机构、艺术家等，共同推进中小学艺术教育这一关切到国人审美品质和素养提升的教育领域的发展。

# 目 录

## 舞蹈教育

## 音乐教育

## 美术（含书法）教育

## 影视、戏剧教育

# 后疫情时代青少年艺术教育的现实与发展思考<sup>*</sup>

周 星

[摘要] 当中国进入小康社会，并且向着新百年进发的时候，艺术教育的重要性越来越凸显出来。而在其中，针对2亿多人的中小学艺术教育，乃至更大范围的年轻人的艺术教育就显得格外重要。毫不夸张地说，对青少年的艺术教育必然是教育之中最重要的任务，因为教育最本真的对象必然是青少年。教育是给予一个完人的分阶段的精神和知识的熏染。但许多时候，人们仅仅把教育当作成长护航的知识性存在。事实上，教育真正的目的不完全是知识的传授，更重要的是让人们精神健康、心理健康、适应社会的发展，并造就逐渐能够安身立世和为社会做贡献的人。贫穷年代的教育，很大程度上是为了受教育者获取生存的本领；在面向小康社会的时候，教育就凸显出对人的精神境界培育、情感渲染、个性意志和人格完善的意义。以德育人近年越来越成为我们的教育目标，教育者更加看重对人德行培养的意义，意味着教育超越了生存的单一目的，具有全人格培育的完善价值。在这里，艺术教育给予的审美熏染的价值也更为凸显。

[关键词] 青少年艺术教育 后疫情 以德育人

## 一、重要性

回顾历史，青少年艺术教育经历了许多不同的阶段。

最为切近的就是从素质教育到审美教育的阶段。艺术理当承载着审美教育最重要的职能。审美是为了让青少年能够更好地健康成长，而艺术教育则是实现审美最重要的途径和手段。儿童是祖国的未来，少年强则国家强，这已经成为崛起中国的人民的普遍共识。从提出"少年强则国强"的呼唤到现在，已经有120多年的历史，而中国的政治、经济、文化与在世界上的地位也发生了天翻地覆的

* 本文为笔者根据此前在研讨会上的发言内容整理出的论文，曾经刊发过，这里修订后移用来作为创刊的文字以飨读者。

变化，如今已当之无愧地成为世界最重要的国家之一，而伴随的儿童教育这一领域，党和国家一直作为最重要的事业给予建设。时至今日，中国的儿童教育已经形成了一整套成长模式和教育体系，学校教育配套包括从幼儿园到初中的义务教育、高中阶段的教育，再到大学阶段教育，中国艺术教育也随之实现了较为成熟的建制，并呈现出越来越丰富的多元形态发展态势。近年来，国家修订九年义务教育的艺术课程标准，延伸到制定高中艺术教育课程标准和教材的修订，大学阶段艺术教育的相关配套课程也更为蓬勃。艺术对国人的感召力，从全年艺术生报名人数超过总考生人数的15%、每年录取的艺术生占全部录取新生总人数的十分之一中可见一斑。在学校教育体制中，艺术教育已经成为非常重要的组成部分。与此同时，随着国家经济、文化的不断发展，社会教育中的艺术教育也蓬勃发展起来。几乎我国任何城市中都出现了校外艺术教育机构林立的现象，社会艺术教育适应需求发展，需要具有越来越多样化的构建体制，包括国家体制的少年宫艺术教育、民营和私营各种类型的艺术教育等，与政府体制课程设置中的公共艺术教育相互辉映。由此形成了社会自然呈现趋向，即从孩子出生之后，家长一般会选择让下一代接受多类型的校内外艺术技能技巧教育。

由此而论，一般意义的艺术教育在中国的教育体制中已经具有体制建构性和形态多样性。社会实践中的艺术教育也成为人们心目中的刚需，星罗棋布的社会艺术培训机构已经成为协调学校艺术教育的侧面呼应。最重要的是，随着倡导数十年的现行青少年艺

术素养需求成为共识，新一代对艺术技巧的认知和艺术能力的提高，都有了不同以往的成绩。学校艺术教育课程和社会艺术教育培训的结合，对艺术的普及发挥了重要作用。从某种程度来说，适合艺术教育的体制与持续的鼓励、支持、投入有密切关系，中国青少年艺术教育的丰富发展已经证明了学校教育和社会教育的蓬勃发展，提高了中国人对孩子艺术教育的重视程度。但是，与人民群众对美好生活的需求相应的、与期望下一代美好成长的多种需要相呼唤的、与社会整体艺术素养需求迅速提升相要求的艺术教育水平还未完全达到，中国的艺术教育无论是体制上的短板，还是课程设置上的不足都仍十分明显，由此促发了进一步拓展中国青少年艺术教育的迫切任务。

## 二、发展状貌

分析青少年艺术教育，应当延展到最高端的高等艺术教育状貌进行聚焦和体现。艺术学科和专业在高等教育乃至研究生教育中已经得到了非常好的发展，这正是中国的艺术教育在整个国民教育中重要地位的体现。近年来，随着艺术学科的蓬勃发展，艺术的学科体制和社会观念的重视程度都有了前所未有的改变。2011年，中国艺术学门类获建，高等教育的学科专业课程以及大部分学校的高等艺术教育迎来大发展。高等艺术教育的发展，向下对基础的艺术教育提出了更扎实的实施要求；向更长远发展，对人们的终身教育提供了良好的基础，为中国人的全面成长确定价值所在。而高等艺术教育既呼应了

基础艺术教育的蓬勃发展，也对基础艺术教育的提高提出了更高要求。中央和主管部门近几年围绕艺术教育出台了许多有分量的文件，近年来中小学艺术教育的走向也的确值得赞许，其中包括艺术教育的多元性观念的变化，也包括将艺术教育纳入以德育人范畴观念的强化。在中小学艺术教育的体制之内进行了更大幅度的正规课程教材修订，一直延续到高中阶段艺术教材的大规模课程标准的制定，都是顺应时代需要的必然之举。对于多门类的艺术进入中小学课堂、鼓励不同的学校采取各种各样的从国标到校本的艺术教育方式的局面，艺术教育人员、课程以及艺术教育形式多样化的改革，形成了远比过去红火和丰富的基础艺术教育状貌。

中国的艺术教育已经形成相当大的上下一体的规模和体制，大、中、小学艺术教育的走向显示了艺术多元性观念的变化。我们要重视基础的青少年的艺术教育，因为只有实施良好的青少年艺术教育，才能显示出我们基础教育的扎实度和培育人才的良好条件。尽管基础的青少年艺术教育无论从课程的设置、师资的配备、接受艺术教育的多种途径、多门类的艺术教育在中小学的实施，还是从政策上、制度上保证艺术教育在中小学能够得到普遍性的展开等方面，都还未达到更理想的程度，在城市和乡村对基础的艺术教育的实施还有巨大的差别，但依然可以看到中国的基础艺术教育已经越来越得到重视。最重要的是，在观念形态上，对中小学生进行艺术教育已经成为一个共识，只是各种条件相配套还要有待时间来验证。

显然，发展中的艺术教育对人的成长和对青少年进行艺术培育的目标（尤其是审美教育的目标）尚未完全实现，当下中国的中小学艺术教育的不足体现在许多方面。

首先，艺术教育和人的成长，尤其是与进入小康社会后人的成长需求仍不太吻合，无论是艺术的多类型教育方式，还是艺术教育课程的规范和课程类型的丰富性显然都不足。在中小学的课业之中，艺术教育课程被戏称为"小三门"，可见中小学艺术教育的重视程度、实际上所呈现的位置地位、师资配备与授课时间等都大大不足。从调查来看，遇到重要的时间节点，艺术"小三门"便经常让位于"大三门"，即语文、数学和外语。对于中小学的艺术老师而言，因为艺术"小三门"并非高考的必考科目，所以他们的授课时间经常被占用，老师在学校中的地位也显然不如其他科目的老师。类似的"等级制"观念，还体现在艺术在中小学教育之中尚未得到很稳固的地位。

其次，和小康社会所需要的艺术的多样性、适应学生对艺术喜好接受的多门类相比，现实的艺术教育也依然存在着差别。长期以来，艺术教育基本局限在艺术门类的两大重要领域，即音乐教育和美术教育。即便如此，在音乐和美术教育的师资配备上，相比所谓的"刚性学科"，如语文、数学、外语等，艺术教育还属于软性的学科对象，师资配备也多属于"勉为其难"。以音乐、美术为范本的艺术教育在中小学中普遍成为替代全部艺术教育的对象，这在以往艺术教育还不普及的时候显然有其必要性和合理性，但是艺术教育的蓬勃发展，以及青少年越来越高的文化素养需求（他们从校内、校外的艺术教育中所进行的艺术实践远远超越了音乐和美术两门科目）的产生，对既有的音乐、美术的艺术教育提出了更高质量和更具丰富性的要求。

显然，既往的艺术教育有些落伍。如在一些学校，音乐教育就是唱歌和简单的音乐欣赏，不少音乐课堂仅把集体合唱作为艺术集体活动的代表，音乐艺术领域原本丰富的内容却不能得到更好发挥。类似的情况同样存在于美术教育中，美术课堂也更多地以练习绘画为主，更多样的美术艺术形式包括书法、具有不同地域特色的"非遗"艺术、不同地区的民族艺术特长，以及剪纸、泥塑等相关对象，很难纳入现有的艺术教育样式中。显然，拓宽视野和容纳多元艺术，形成多样化的艺术教育局面依然需要努力。但是随着国家对艺术教育的重视，过去的戏剧和戏曲的艺术教育与现代化的电影和电视的艺术教育，以及向着新时代拓展的网络艺术教育，在近年也开始得到重视和发展。

## 三、后疫情时代变化

2020年春天的一场新冠肺炎疫情给整个世界带来了极大的变化，也给中国的艺术教育实施造成了重大影响。课堂教学按下暂停键，艺术教育必然遭遇多重困难。艺术科目授课通常需要当面讲授和指导的教育方式突然中断，无论是校内还是校外的艺术教育，都失去了现实"接触"的外部条件。同时，疫情完全改变了授课方式，在特殊时期，学生对接受艺术教育的心理状态也发生了变化。在这段时间，当人们从疫情的暴发中慢慢舒缓过来，开始探讨教育形式的变化而寻求补救措施的时候，整个教育生态从学校教学、课堂教学、老师面对面教学等常态开始转换为线上教学，这必然让艺术教育的整个景观也发生了变化。可喜的是，为了线上艺术文化生活，电视和网络充分发挥了跨时空的艺术展示，艺术表演和相关展示活动逐渐复苏。但是，从接触艺术的多元化角度来说，孩子的直接艺术课程教育、课外艺术修养和技能课程都被取消，如何弥补成为难题，艺术感知的替换形式并没有寻求到更为适宜的路径。

艺术教育包括讲授、感知与身体力行的实践摸索。疫情袭来，改变的是教学认知，但在跨越疫情暴发阶段后，通过电视传媒和互联网感受艺术形态的逐渐复苏，对学生感受艺术也有所弥补。尤其是一些艺术表演人才通过短视频展示他们的艺术才能，后来逐渐出现的一些讲授艺术项目、教授艺术技能技巧及自由展示艺术的表现等，使得人们能够有所熏染。孩子们逐渐在网络上看到各式各样的艺术类短视频，也算感知着艺术的气息。这次疫情，让孩子们真切知晓了大自然和社会的遭际，这是他们成长过程中一次严峻的考验，其承受也是一种认知与收获。随着抗疫的深入，许多医务人员的动人事迹开始在我们眼前呈现，更多出色的艺术工作者开始隔空联袂表现他们对医务人员奉献的真情，也对知晓艺术和生活情感的联系有了直观真切的感受。在艺术协调和表现上，也开创了前所未有的创造形式，采用从隔空到杂糅表现的艺术展示和反串的方式，以及用比较新鲜的艺术手法来展现抗疫生活，这些都对学生产生了良好影响。电视和网络视频上重播或者放开播映的一些优秀影像作品，也丰富了艺术吸纳内容，让有时间的学生能够更集中参与观赏，获得了现代新形式的影像作品的熏陶。

但总体而言，正如抗击新冠肺炎疫情带来了整个生态包括教育生态的改变一样，艺术教育的主课堂该如何利用？超越课堂教育的艺术和社会教育的艺术应如何实施线上教育的方略？这都处在尚未完全解决的局面。艺术本应该借此发挥抚慰人心的独特功能，却还没有得到很好的协调。一些艺术创作尚未来得及用灵动的方式应对抗疫，针对青少年即时性的网络艺术教育的措施也严重不足，这些都是值得教育主管部门思考的问题。尽管在2020年抗疫初期有关部门调集了一些免费的电视剧、电影等影像艺术作品给予湖北地区观众放映，但就全国范围而言，更新颖的艺术作品的展示还没有形成明确的规模。本可以有效地组织艺术家奉献有逻辑、有体系的抗疫期间的艺术教育，但并没有得到特别系统的支持和实施。当电影不能在影院放映的时候，将不能放映的部分影片放到网络上满足抗疫期间的人的需求也没有实现。《囧妈》线上放映意外遭到的行业剧烈批评，源于其只是站在利益基础上，而没有站在特定阶段的人心满足的必要基础上，更不用说对青少年进行本土优秀影像艺术作品的普及。

其实，当艺术实践性教育暂不能实现时，电视和网络正是一个值得大加利用的良机。利用这一时期系统性地放映优秀影像艺术作品，或者将还不能上映的优秀大片进行集萃

剪辑向大家展示，事实上是为青少年此后在影院复苏的时候看电影做一种预告或者宣传。但系统地给予不同年龄段的青少年展示影像作品并没有开启构想、设计思路，也并没有特殊的机构进行组织。这就提醒我们，在难免遭遇突如其来的灾难时，组织专家队伍进行引导是极其必要的，应当有相应的预案，也需要日常进行未雨绸缪。有效利用线上给予青少年艺术教育和审美熏陶的机会，用他们适应的线上丰富形式弥补损失，甚至开创艺术教育新局面，在未来一定会越来越得到倡导，因此线上艺术教育的经验摸索应该提上议事日程了。

## 四、进一步发展的思考

中小学艺术教育在某些方面显然还不适应新时代艺术教育发展的趋向，若想实现整体繁荣，则需要引起重视。这些不足在因抗击新冠肺炎疫情而改变学校教育方式之后更凸显其弱点。

首先，和学校教育相匹配的社会艺术教育的庞大体系在疫情期间无法正常开展。对中小学生而言，他们的社会艺术教育课程和技能训练都无法实施，也没有找到能够替代的方式。社会艺术教育遭遇不得已的洗牌，这必然需要面对，也许这是一种大批量衰退的局面，甚至可能影响到社会艺术教育机构的消亡。可以看出，面对疫情，社会教育机构的应对能力较差，如果仅仅依靠单一的线下授课方式，行业会遭到致命打击。但是，只要从现在开始进行顶层设计和鼓励支持，应当会产生新的局面。

其次，学校的线上授课也导致了艺术教育的整体疏远。抗疫凸显出的日常生活中艺术教育师资的不足和课程授课的不足，理论上应该在这一特殊时期以强化聚拢的方式更好地发挥网络在艺术教育上的功能，但如何使网络艺术教育授课方式找到新的突破，创造新型的网络与艺术的结合，引导学生对多样性的艺术表现进行认知，还必须从观念上打破陈规，并到实践中寻求方略。比单一的主课授课具有更灵动可能性的艺术技能技巧课程，需要的不仅是措施和方法，还有观念和思考的开拓改变。我们应当引导学生利用网络上的艺术资源，积极主动地学习艺术，适应网上的艺术受教，为艺术贴近时代人心和适应时代发展找到新的方向。

新时代对青少年寄予了更多的期望，后疫情时代如何强化青少年艺术教育也需要新的思路。

一是目标的确立。青少年艺术教育的目标，不再是简单的知识教育，而是情感的熏染教育，更是一种柔性的人格教育，终极目标则是培养人的素养和品德，所以必须在观念上提升青少年艺术教育"以德育人"的目标。艺术教育重在育人，实现艺术"以美化人"的功用，是实现"以德育人"的目的。以艺术教育来实现培育新一代的完善品格和人格，是设计青少年艺术教育新思路的教育目标和路径需要考虑的问题。

二是核心的确立。无论是从哪个方面、哪个层次的艺术教育来说，最重要的是美育，即给予人的审美精神教育。在强化审美精神教育这一核心诉求上，对青少年艺术教育内核意义的认知需要调整，高度重视美育的功能和美育与艺术技能教育的异同。艺术不同于其他学科，其价值是审美精神的培育，学习艺术不仅要掌握艺术技巧，也要熏染感知艺术精神。通过艺术学习给予学生审美的鲜活感和领受力才是艺术教育最为重要的基础。

三是范围的强调。基于现实的中小学艺术教育的范围还相对狭小，除了音乐和美术之外，无论是戏剧、戏曲、书法、舞蹈、电影、电视，还是互联网短视频、数字媒体等新的艺术表现形态，都是提升青少年艺术素养、媒介素养和应对智能时代多维素养的需要，扩展青少年艺术教育的内容范围和丰富性势在必行。既往的艺术教育受限于少量的艺术领域，尽管已经从音乐、美术教育向更为多样的艺术形式学习推进，但对戏剧、影视等越来越贴合学校艺术活动和学生接受形态的教育，应该加大进入校园学习的力度。在社会艺术教育中，舞蹈、主持、书法及戏曲兴趣培训班增多，也启示了学校艺术教育不能囿于传统，而应该拓宽视野。

四是现实需求适应性。中小学的艺术教育，除了完成教育主管部门规划要求的目标任务之外，关切中小学青少年儿童身心成长，尤其是他们面对的现实的需要，使艺术教育与生活、周边的环境及他们将来的发展必要性联系起来，是实现艺术教育效能的重要所在。主动适应青少年状况的艺术教育和媒介教育已经提上议事日程。网络已经是时代须臾不可离开的重要对象，互联网承载和传播的内容对青少年的艺术接受和影响日渐强大。艺术关涉媒介变化，影响青少年的现实发展趋向，要求艺术教育更为重视网络和智能时代到来的形态与传播方式的价值。若构建艺术教育新的平台和传播形态，艺术教育体制要灵动变化。

我们不能仅仅在六一儿童节来临之际才关注青少年，也不能忽视青少年教育中越来越需要强化的审美艺术教育。为青少年全面发展而着想，艺术教育必须得到更为强力的支持，才有益于"少年强则国强"呼唤的实现。

中国的青少年艺术教育已经进入一个良好的发展阶段。后疫情时代的青少年艺术教育又产生了不同的景观。2020年的"双减"政策为艺术教育提供了更好的机遇，国家出台的美育的各项政策，也更好地引领着青少年艺术教育的全面发展。新的义务教育艺术课标已经出台，必然在不久后开创学校艺术

教育新的局面。

**作者简介：**

周星，北京师范大学艺术与传媒学院二级教授、博士生导师，教育部高等学校戏剧与影视学类专业教学指导委员会主任，北京师范大学艺术教育研究中心主任，中国高等院校影视学会学术委员会副主任，教育部新文科建设工作组成员，教育部艺术教育委员会委员，教育部中国教育发展战略学会艺术教育专业委员会副主任。主持国家社科基金"十三五"规划教育学重点课题、教育部哲学社会科学研究后期重大资助项目等重要科研工作。撰写教材30余册，相关专著曾获第六届全国教育科学研究优秀成果奖二等奖。

# 舞蹈课能培养创新意识吗？

吕艺生

[**摘要**] 本文基于学校美育舞蹈教育的课程实践，探讨传统舞蹈教育与现代舞蹈教育在学生创新意识培养上的不同。通过对两种教育模式的对比分析，本文提出，思维培养和协作训练是当下舞蹈课程实践中值得采用的教学方式。同时，这也是中共中央办公厅、国务院办公厅《关于全面加强和改进新时代学校美育工作的意见》中对现代舞蹈教育提出的重要要求，急需舞蹈教育工作者们进一步展开教育实践、拓宽教学思路。

[**关键词**] 舞蹈教育　教学模式　创新意识　美育

## 一、模仿最不容易培养创新意识

在学校美育舞蹈课教学中，如何丰富学生的想象力并培养学生的创新意识是舞蹈美育课一个非常重要的课题。

在现今学校舞蹈课堂上，不少舞蹈教师没有认真思考这一问题，甚至把培养创新意识当作一句口号，以为直接用专业舞蹈院校的教材或舞蹈考级教材给普通学校上课，就可以实现创新意识的培养。其实，只用现成固定教材而不采取创造性教学方法，最容易培养的是模仿能力。要知道，舞蹈教学如果只是强调模仿，最容易使思维凝固起来，成为固守成规的人。

传统的专业舞蹈教育培养的目标是舞蹈职业人才，主要是舞蹈演员。他们必须进行严格的身体训练，不仅需要超常的职业技能，还要有强烈的舞蹈审美和舞种风格的要求。而那些专业教材的教学法，基本上都受到芭蕾舞模式的影响。从模仿到模仿，本是芭蕾舞训练的基本方法。在长此以往的训练中，他们的思维便在不自觉中变得僵化。历史证明，经过这种训练的人，大多缺少创新意识和创造力，极少数成为创造性的人才，如当上编导并取得出色的成绩。

《天鹅之死》的编导米哈伊尔·福金（1880—1942）本来也是按常规培养的演员，但他生来喜欢创新，在学生时代时他就愿意创作小作品，老师经常批评他"不务正业"，但他改不了这一"毛病"。毕业后，他当上了马林斯基剧院的独舞演员。一天，他的同班同学巴甫洛娃找到他，说要去参加一个晚会，她不愿挑那些现成的作品，让福金给编一个新作品。恰好福金正用曼陀林弹着圣桑的作品，就说拿这段《天鹅》编一个吧。于是两个人边说边做，5分钟创作了一个传世之作《天鹅之死》，且一演就不可收拾，成了百年不衰的经典。正是这样的人才敢离开大剧院，成为佳吉列夫芭蕾舞团成员，并敢于在《泰晤士报》上叫板传统芭蕾，正式提出突破芭蕾舞"规范"，最后成为现代芭蕾的领军人物。若不是具有这种"叛逆精神"和敢于突破"规范"，福金很可能早被埋没在芸芸众生之中了。

传统模式的专业舞蹈训练方式，最显著的特点就是模仿。在表演固有的传统剧目时，没有这种严格的模仿是不行的，如经典的《天鹅湖》第二幕、《吉赛尔》第二幕中那些美极了的天鹅和幽灵，演员的手位差一点，都会被观众挑出来，因为破坏了整齐的美，破坏了古典美的意境。无疑那是一种美，但它不能是唯一的美，更不是培养创新意识的好方法。

现在我们的话题不是在谈单纯的古典美，而是普通学校的美育舞蹈课。这种课不仅要在短时间里让学生学懂舞蹈，更要通过学习培养创新意识。

## 二、从思维惯性入手

如果我们想在美育舞蹈课中同时培养学生的创新意识，就要思考各教学环节是否能让学生的思维自然走向创新，而非单纯的模仿。我在研发素质教育舞蹈课过程中，曾对游戏式导入环节做过分析。第一次在课例中以游戏方式进行导入时，我们的游戏规则中就有一条："不要重复前边同学做过的动作，要想出自己的动作来。"第二次又以游戏方式进行导入时，我们再次重申这条游戏规则。但到第三次这样导入时，我们已不用重申这一规则，学生可能已经习惯这一规则了。思维已成习惯，不模仿而创新的思维定式基本形成了。我以为这就是在培养创新意识。事实证明，学生能够接受并且自然走向创新思维。

重复模仿方式是典型的传统方式，每天都如此就形成了条件反射。这种实验已经是很早的事了。心理学家巴甫洛夫在实验中每天给狗送饭时就摇铃，过了一段时间后，狗只要听到铃声，口水就流下来，这就是条件反射。专业舞蹈学生一听到"阿来格娄"的音乐准备拍，就知道要做小跳了。传统的芭蕾舞训练，用的就是巴甫洛夫的实验方法，因此被认为是好方法。但要知道，模仿的直接前景不是创造，而是抄袭，更严重的走向是剽窃。

米哈伊尔·福金从传统中走来，但为了走向创造，他大声疾呼："应该首先解放自己的想象力，使之脱离这套'规范'。"他说："怎么能谈论什么'古典'舞剧具有超越生活的实质呢？它不正是作为宫廷礼仪和华丽的出场，作为宫廷剧场中供老爷们享用的消费品而产生和繁荣起来的吗？"①（此话于20世纪初1914年发表在《给〈泰晤士报〉主笔的公

---

① 朱立人.现代西方艺术美学文选·舞蹈美学卷［M］.沈阳：辽宁教育出版社，1990：31.

开信》中，朱立人先生根据苏联《逆流而上》译出）

在面向普通学校全体学生的素质教育舞蹈课上，一般教师不去教现成的动作，因为没有那么多时间，而主要是开发学生自然地产生动作。这种自然形态的动作，我们称作"原生性动作"或"原本性动作"。在奥尔夫音乐教学中，它也叫"原本"（elements），即原本性音乐、原本性舞蹈。这是一种自然美，可以让学生从内心表现出发自然产生动作，然后由教师在原基础上进行整理和加工。与奥尔夫合作的舞蹈家多萝西·军特说："舞蹈动作以原本的力量跃入孩子们的生命和生活，成为他们的钟爱，一旦起舞，如痴如醉，这便是孩子们的天性。"[1]人人都会见到孩子们那些天才的表演，如果能在正式舞蹈课堂上把这些舞蹈天性开发出来，那么所有的孩子都是富有创造性的天才舞者。

## 三、小组编创的意义

在素质教育舞蹈课的课例中，常有一个教学环节：小组编创。一般认为，这是培养创新意识甚至培养创造能力最重要的教学环节。

小组编创是课程发展到学生能够自然产生动作，并能展开某种想象力时的教学环节。此时，学生已经能够"进入情境"，即投入"就像没人看你在跳舞"的情境中所采取的教学步骤。比如《永》这个课例，教师让学生在古人"永字八法"的每一笔画里知道了一个

动势或一个动词后，便让学生闭上眼睛，在音乐声中用自己的身体写出一个"永"字来，如拉弓、鸟啄、梳头等。他们不但自然地舞起来，甚至自然舞动出带有古典韵味的动作甚至动作组合来。

为什么是小组编创？这是在学生还没有独立编创能力时的最佳教学方式，因为这个方式既可以让学生在互相切磋、互相影响中产生动作，还可能把初步成形的动作进行组合。小组如同一个小社会，每人自动形成社会分工，无形中培养了合作沟通能力，培养了集体主义团队精神。不少同学就是在这一环节中发现自己原来不仅可以跳舞而且会编舞；更有不少同学发现，原来同学们都那么有才啊！

在小组编创中，教师通常要求每组最低要编创出2到4个8拍的动作组合。要知道，动作一经组合就会令人感到振奋。结构主义有一个定义，认为结构就是各元素的组合和排列，素质教育舞蹈认为这个重新组合与排列就是创造。舞蹈创作的初级组合形式就是这种简单的组合。当然所谓创新思维也在此得到了巩固。

经验证明，这种小组方式对学生来说非常重要。素质教育舞蹈课在清华大学以公选课方式进行了教学。有的学生在总结时说，通过素质教育舞蹈课的小组编创，才弄清楚了小组编创的真正意义。开始时，每个人在进行小组编创时都很紧张，甚至感到很痛苦，因为都担心自己不能编创，他们把编创看得很神圣，很神秘。但通过小组的活动，大家

---

① 哈泽尔巴赫.奥尔夫教学法的理论与实践［M］.刘沛，译.北京：中央音乐学院出版社，2014：40.

互相启发、互相激励，最后每个人都觉得在这一环节中收获最大，原来小组编创是最好和最重要的环节。

中共中央办公厅、国务院办公厅联合印发的《关于全面加强和改进新时代学校美育工作的意见》中提到，学校美育是美的教育、心灵教育、情操教育，也是丰富想象力和培养创新意识的教育，但很多老师不知道怎样落实。实际上，教师只要把握准美育的这一精神要求，一定会在教学中找到良策。我们深入探讨，在同样的舞蹈课中设计出不同的方法，就能脑洞大开，把培养创新意识的重任担当起来。

**作者简介：**

吕艺生，著名舞蹈艺术家、教育家、理论家、美学家，北京舞蹈学院原院长、教授、博士生导师。国务院有特殊贡献专家，教育部艺术教育委员会常务委员。我国首个国际标准舞专业、音乐剧专业创办者，"素质教育舞蹈课程"开创者，第九届中国舞蹈"荷花奖"终身成就奖获得者。

# 我国西部地区中小学艺术教育改革现状及策略分析<sup>*</sup>

沈维琼

[摘要] 艺术教育是义务教育阶段素质教育的重要内容和有效途径，是我国教育事业的重要组成部分，它在提升核心素质方面有着其他学科不可替代的作用。目前，在互联网和新文科建设的时代背景下，随着我国社会经济和教育事业的蓬勃发展，特别是素质教育不断向前推进，近年来我国东部地区中小学艺术教育取得了有目共睹的成绩。相比之下，西部地区由于特殊的地理位置，经济发展水平相对较低，在中小学艺术教育水平上明显落后于东部地区，但问题、困难与机遇、挑战并存。本文依据西部地区中小学各艺术学科调研情况，从师资、教材、课程、学业评价等四个方面梳理当前教育现状，基于新课标的目标、要求探讨改革提升的策略与路径。

[关键词] 中小学艺术教育　西部地区　教育现状　改革策略

　　基于当前全球中小学艺术教育改革的总趋势，我国在进一步提高综合国力、培养高水平复合型创新人才的根本任务下，对全国中小学艺术教育展开新一轮课程改革，通过科学规划、切实推进，逐步提高人才培养的质量和艺术教育的国际竞争力。2022年4月，教育部正式颁布实施义务教育阶段新课标，其中的艺术课程标准中明确规定：义务教育艺术课程包括音乐、美术、舞蹈、戏剧（含戏曲）、影视（含数字媒体艺术）5个学科。

新课标明显增加了艺术课程的内容、时长，并扩大了艺术教育的范围，除了传统的音乐、美术和舞蹈之外，特别增加了戏剧和影视教育的分量，强调在目标、问题、创新三大导向下，积极贯彻党的教育方针，着力提升中小学生的"审美能力""核心素养"，全面推动义务教育高质量发展，为全面建设社会主义现代化强国做出贡献。

　　在互联网和新文科建设的时代背景下，随着我国社会经济和教育事业的蓬勃发展，

---

　　* 本文系全国教育科学"十三五"规划重点课题"中小学艺术教育改革研究"（ALA190017）的结项成果。

特别是素质教育不断向前推进，近年来我国东部地区中小学艺术教育取得了有目共睹的成绩。但由于西部地区地理位置偏远，经济发展水平较低，中小学教育尤其是艺术教育明显落后于东部地区，在艺术教育新课标的实施上面临着诸多困难和挑战，需要深入分析、探究原因，以期找到解决策略。

## 一、西部地区中小学艺术教育改革现状

### （一）师资建设现状

我国西部地区中小学艺术教育师资建设的现状与中东部地区有很大差别。在教学资源与经济发展较好的中东部地区，地区资源的开发和政府政策的强化为中小学艺术教育师资建设的改革奠定了坚实基础。但是在地区教育资源有限、师资力量薄弱的西部地区，中小学艺术教育现状不容乐观。

一项针对西部地区中小学艺术教育情况的调研显示，西部地区中小学艺术教育师资匮乏尤为突出，其中以影视与新媒体学科的教育师资最为缺乏。相较于我国发达地区，西部地区整体上的艺术教育资源比较有限，其中尤以戏剧、影视教育为甚。除了音乐、美术课程外，大部分西部地区中小学没有将戏剧、影视教育纳入教学计划大纲中，缺乏专职中小学戏剧和影视教育的师资力量，也严重缺乏辅助进行相关课程的教学资源储备。对少数配备有相应师资的学校来说，有艺术

专业资质并有志于从事艺术教育的教师在非主干课程的从业过程认知中，专业能力不断退化，加上长期得不到再培训的机会，新的知识、技能和方法不能及时、充分、有效地整合进常规教学中，这在各艺术学科中都比较普遍。

当前中小学美术学科的师资情况问题主要是书法教师稀缺，一些地区的中小学书法课主要由美术教师担任，专业教师的比例很低，甚至还有语文教师、班主任来兼职的情况。在美术、书法教师引进比例中，美术教师占了相当的比例。[①]造成这种情况的原因在于书法课程进课堂在我国的普及程度远不如美术课程，在美术课程也要为"大三门"课程让路的情况下，受重视程度更低的书法课程生存环境更为恶劣。课程教师的科学配给与课程的受重视程度是成正比例关系的，西部地区中小学艺术教育中书法学科教师的稀缺也能从一个角度反映出书法课程的现阶段状况。

西部地区各省、自治区间中小学教育水平差异大，经济发展水平不均衡，师资力量悬殊，即便在五大类中美术、音乐具有相对优势的地位，但整体师资情况也并不乐观，城市和乡村的师资严重不平衡，教师专业能力有限、教学质量低的问题已逐步凸显出来。尤其随着社会的发展，特别是在后疫情时代线上线下混合教学模式的影响下，中小学音乐与舞蹈教师的必备条件和教学能力要求大大提升，不仅要将个人专业素养与当前所需的艺术教育内容、形式、技术进行匹配，达

① 陆章飞，岳丽英.全国中小学书法艺术教育现状的调查与分析［J］.艺术教育，2021（6）：169.

到网络融合时代对教师的新要求，更需研究者从实践教学效果中总结经验与教训，以研究者的眼光审视和分析教学理论和教学实践，将教学实施者、参与者和理论研究者、导引者的多种角色合于一身，探索艺术教育的大格局与共识性规律。从目前的师资和教学情况来看，西部地区音乐和舞蹈学科的专业教师还没有做好多重教育工作者的知识、理论和技能储备。

针对东西部中小学艺术教育存在整体上的教师资源差异及其相对应的艺术实践资源缺失的现象，西部地区中小学艺术教育在教师教育上的改革必须迅速展开，除了政府政策导向外，持之以恒的专业培养和岗位上的再培训就显得尤为重要。

## （二）教材建设改革研究

随着时代的发展，传统的中小学艺术教材无论内容还是形式都逐渐显出落伍疲态，有些中小学艺术教育教材存在内容陈旧、呈现方式单一等问题，造成教师无法将传统艺术课程转变为一种寓教于乐、陶冶身心、提升审美的主动性教与学。在当前适应网络新媒体时代和学生核心素养提升的课程改革任务中，中小学艺术教育教材改革是一项推动我国中小学艺术教育发展的核心任务，这对西部地区义务教育阶段艺术教育更显重要。

目前中小学音乐与舞蹈学科教材中的问题在于，从课程内容到实际运用都或多或少脱离了日常生活。我国中小学音乐教材中歌曲的选择主要包括中国经典歌曲、中国传统音乐、西方音乐的歌曲学唱及音乐鉴赏等各类，但是由于课业和升学压力，这些内容与当下流行文化形成了对照和差异，学生对音乐与舞蹈学科的兴趣也在不断降低，非常不利于中小学生音乐素养的培育。由于西部地区多民族特色音乐与舞蹈类资源丰富，中小学适龄儿童在耳濡目染中获得了一定的艺术滋养并形成了对应的欣赏习惯。在小学阶段，由于学生的年龄限制，他们对教材曲目的选择鲜有自己的想法，但随着年龄的增长，成长于信息时代、处于青春期的中学生对音乐就会有自己的认知。他们或紧跟时代潮流，喜欢新鲜的知识和信息；或立足于地方音乐、舞蹈资源，喜欢有地域和民族色彩的风格和类型。在这样多元的参照系和资源获取途径中，教材的选曲内容就与当下学生兴趣、时代风潮有一定的偏差。学生认为经典音乐、传统音乐太难学、枯燥，或者歌曲过时，跟自己有距离，从而缺乏乐趣，学习动力大大降低。加上特定学龄段的叛逆期，均让课标所设定的审美期待与文化审美体验未能有效达成。

对戏剧、影视与新媒体学科而言，我国中小学教育改革的困难在于缺乏相关教材，配套的教辅材料更是少之又少，网络教育平台有限、所提供的资源泥沙俱下，也在客观上导致戏剧、影视教师授课缺乏有力量的信息资源依傍。部分中小学影视与新媒体教师表示课程没有统一规定使用的教材，也有中小学教师表示对现有教材不满意，教材内容与时代脱节情况普遍。在科技发展日新月异的今天，以戏剧、影视为代表的艺术教育教材内容必须加快技术支持和更新换代的脚步，这对我国中东部发达地区的中小学来说不容易，对西部地区而言就更加困难。

## （三）课程改革研究

在国家和教育部不断出台的政策指引和保障下，我国中小学艺术教育已基本确立了艺术课程学业质量标准和评价体系，随着我国教育事业的蓬勃发展，特别是随着素质教育的不断向前推进，近年来我国东部地区中小学艺术教育取得了有目共睹的成绩，艺术课程设置开始呈现出对中小学生艺术素养、心理健康的积极影响。

随着教育改革和素质教育的发展，美育政策落实到位，我国音乐教育取得长足进步，音乐教学设备较先进、完善，教学资源充足，教学成果逐渐显现，但大部分农村地区尤其是西部农村教育虽初具规模，但与城市相比音乐教育差距还是很大。学校，包括上级管理部门、家长对学科的重视程度不够，很多学校没有与艺术类相关的课程或无法提供这些课程。在考试压力下，现有课程也被缩减，音乐教师的培养与再培训工作亦未能高效运行，这就造成学生难以系统了解音乐基础知识，不能通过专业的课程教育激发审美情趣，学生创造美的能力明显不足。

另外，原本具有多种艺术尤其是音乐资源的西部地区，本可以利用具有地域色彩和艺术家独特品格突出音乐教育的特色，但在实际操作和效果呈现中，目前尚未体现出音乐教育的特色优势。突出音乐教育的特色，其中一个教学目标就是教师要让学生了解地域音乐文化的特点，更多地参与到舞台实践中，辅助传统的教学模式和内容，在提高学生音乐素养的同时，帮助学生触摸和感受艺术的魅力。

在书法方面，自教育部下发《关于中小学开展书法教育的意见》至今已10年有余，这10多年间，我国中小学书法教育相比过去有了明显的发展和进步，但不足依然存在。首先，乡镇中小学书法课开设情况较差，市县、大城市小学到高中开设书法课的比例整体呈下降趋势。书法课设置困难的主要原因是专业书法教师缺乏和学校的不重视，从任课教师来看，无论是乡镇，还是市县、大城市中小学都非常缺乏专业书法教师，书法课教学任务大多由美术教师担任，语文教师或班主任承担的情况也比较常见。兼职教师把书法课当成个人主课补充时间，如承担书法课的语文教师会把书法课融入语文课中，或者直接用语文课顶替书法课。其次，学业压力大，特别是到了初、高中阶段，书法教育让位文化课情况普遍，而且教与学的模式比较单一。小学阶段主要通过课堂进行学习，书法社团建设不足，书法活动较少。即便是课堂教学，部分教师在教学上花的时间并不饱满，不进行课堂教学设计，没有故事、多媒体导入，只进行课堂教学交代，甚至随机分配学生在课堂上书写内容，要求学生抄写字帖，然后简单批改，不加批注。由于书法教材缺乏、学生学习兴趣有限，加上城乡差异，从书法教学质量和成果来看，当前书法教育情况总体不令人满意。

综合来看，目前西部地区中小学艺术教育在教学过程中面临的问题分为以下7类：教材不合适、家长干预过多、实践操作难以实现、学生艺术知识水平差异较大、学生缺乏艺术类课程的学习兴趣、语数外等必修课程干扰及艺术教具缺乏。在各类艺术课程占比中，传统艺术课程如美术、音乐占比最大，分别为38.46%和30.77%，第三位是舞蹈，占比15.38%，第四位是书法，占比7.69%，第五位是影视与新媒体，仅占5.13%。此外，还有部分学校没有开设艺术课程。在西部地区中小学各类艺术课程占比不均的情况下，音乐、美术课程需要大力改革，而戏剧、影视教育更是亟待增强和拓展。

### （四）学业评价改革研究

教育部在《国家中长期教育改革和发展规划纲要（2010—2020年）》中指出，地方教育行政部门要加强对艺术教育的指导和管理，其中，"指导和管理、教育督导一体化"两个要素包括考核和评价机制，然而在实施过程中考核和评价机制出现了一些偏差。

一是对评价理论的认识程度不够。在评价实施的过程中，部分学校或教师评价理论知识是欠缺的。比如，艺术教师受传统学业评价观念的长期影响，很难较快适应新课程标准对学业评价的要求。尽管通过培训，艺术教师的思想观念有了初步的转变，但是许多艺术教师对学业反思与课程开发的意识较为薄弱，许多艺术教师的教育、专业科研能力较差，要把初次接受的新理念立即运用到学业评价活动中，这个任务还很难胜任。由于教师自身评价观念的落后、知识结构的不合理和综合素质的欠缺，以及对创新意识培育和实践活动的设计较为缺乏，艺术课学生学业评价实施在很大程度上受到影响，实施的效果和程度也受到限制。再加上教师或领导对学业评价的理念没有及时更新，甚至认为艺术课学生的学业评价无足轻重，这就会

使评价仅仅停留在形式上。如此一来，即使教育行政部门设计了优质的评价指标体系，评价的功能和目标也难以发挥作用，难以达到促进学生全面发展的目标。

二是忽视评价功能的实现。在我国当前教育选拔机制的大环境下，学业评价多以考试为主，这导致艺术课的学业评价丧失了调节和导向学生成长的功能，没有正确发挥评价的诊断、激励和调节作用，使教育培养人、发展人的功能大大丧失。部分一线教师在评价实施过程中只发挥了评价的诊断和评估作用，没有体现对学生情感、态度、价值观等方面的重视，也没有实现评价的多元性。很多教师仅将评价当作评定、督促学生学习的有效手段，这种以教师为主的评价，评价结果常常不够客观，缺乏公正性。

三是学校评价活动形式固化。受评价观念的影响，部分教师对学生的评价方式还停留在原来传统的、单一的试卷考试形式上。过于片面化的评价形式和测试结果不利于促进学生的长久发展，更不利于对学生潜在能力的激发，会导致学生知识面狭窄、创作力降低、实际动手能力缺乏等现象。应试化教育环境下的学业评价往往会将评价结果以考试分数形式呈现，学生对高分和名次过分关注，学校则只重视升学考试科目，忽视其他提升学生综合素养，促进学生情感、创造力发展的艺术类科目。

## 二、西部地区中小学艺术教育改革现状问题探析

调研结果显示，当前中小学艺术教育在

美术与书法、音乐与舞蹈、影视与新媒体三个学科中存在重视程度不够、课程教学质量低、师资队伍力量薄弱的共性问题，这些问题严重制约着中小学艺术教育的发展。

第一，当前中小学艺术教育普遍存在受重视程度不够的现象。

中小学艺术教育整体上不受重视，主要原因是受主科课程挤压。学生面临升学压力，大多数中小学课程设置中为数不多的艺术类课程不可避免地受到"大三门"等主科课程的挤压，语数外课程占课情况普遍，艺术类课程调课随意性突出，无法客观上保证教学的实施和教学效果的达成。在主观原因上，由于各方面的不重视，艺术实践类课程与其他主科课程的课时量核算标准不一致，甚至差别很大，造成授课老师对个人教学和艺术学科的现实育人力量产生怀疑，难以以平等和强大的心态面对教学，缺乏教学设计和育人担当性也造成艺术教育难以达成理想乃至合格目标。

在了解我国中小学开设书法课真实情况的调研中，共计调查学校2049所，遍及全国23个省市区（含直辖市、地级市、县、乡镇）的小学、初中、高中阶段的学校。其中，我国乡镇中小学的课程设置方面开设书法课的占比仅为17.26%，未开设书法课的达82.74%。[1] 乡镇中小学书法与美术普及率很低，受重视程度不够。在两个阶段的书法学习中，小学阶段学生主要通过课堂和学校的

书法社团进行学习，市县小学学生到校外书法培训机构学习的也占有一定比例。在中学阶段，学校不重视书法教育，开设书法课的较少，学生的课堂和书法社团学习比例下降，在升学压力下，学生不学习书法的比例很高。[2]

中小学音乐与舞蹈教育同样存在城乡发展和教育资源不平衡、课程设置不合理等问题，忽视了传统音乐的整体性，往往停留在器乐演奏、发声练唱等技艺层面。[3] 学校的重视程度同样不足，除小学阶段外，初中、高中阶段的音乐和舞蹈课程非常少。

影视与新媒体艺术作为一门综合性的现代艺术门类，极其依赖政府的扶持和资本、资源的支撑，而相对应的学科教育同样如此。虽然我国大部分中小学响应国家号召，在政策指导下对学校的新媒体设施进行了改进，但在中小学影视教育的课程设置和教学质量方面与其他学科相比存在较为明显的差距，西部地区的差距尤为突出。西部地区中小学影视教育尚处于起步阶段，受经济发展水平不均衡、硬件设施不完备、地域环境相对闭塞等方面的制约，学科教育样貌和发展均相对滞后。教育部2022版新课标颁布后，西部中小学影视、戏剧和新媒体等方面的课程改革压力更大。

第二，虽然不同学科具体情况有所不同，但当前西部中小学艺术教育教学质量普遍偏低。

对书法与美术学科来说，当前教学质量

---

① 陆章飞，岳丽英.全国中小学书法艺术教育现状的调查与分析［J］.艺术教育，2021（6）：168.
② 陆章飞，岳丽英.全国中小学书法艺术教育现状的调查与分析［J］.艺术教育，2021（6）：168.
③ 来水城.传统音乐融入国民教育的现状、问题与路径分析：以浙江省音乐类非物质文化遗产项目为例［J］.浙江社会科学，2017（7）：149.

偏低应归因于教材的缺失。我国西部乡镇中小学使用书法教材的约占三分之二，近三分之一的学校没有书法教材，教材普及上还存在一些问题。在市县、大城市的小学阶段，书法教材的普及相对较好，到初中、高中阶段，学生有书法教材的比例就逐渐下降，这与学校的重视程度和书法教材的建设有一定的关系。

音乐与舞蹈学科教学质量偏低的原因在于教学模式、教材内容的落后及教学内容与实际生活脱离。虽然全国范围内的中小学课程改革轰轰烈烈，但国内大部分地区的音乐教师仍然采取传统的教学方法。课堂中教师常占有绝对的主导地位。音乐课堂教学方式仍以讲授式为主，虽然很多教师试图借助多媒体设备、师生互动和小组合作等方式吸引学生注意力、调动学生兴趣，但实际教学常常难以达到预期效果。除了教学水平和技法原因外，教材中各单元的主题处于分离状态，教师不能系统设计展开教学，造成模块关系零散、整合性有限，加上课堂内容大多未能与学校、家庭、社会紧密联系起来，与学生的日常生活贴合度不高。学生对部分经典歌曲缺乏参与的积极性，学习兴趣不高。

影视教育质量偏低的原因主要在于教学机制的不健全，教学任务的设定、教材研发、资源建设、评价方式科学化设定等方面都未形成完整和科学的体系。即便是教育水平和质量更为先进的中东部地区，义务教育阶段开设的影视教育课程也仅仅局限在"看"的阶段，"赏""析""再创作"都是缺失的，实践性板块完全没有，遑论形成完整、科学的影视教学体系。可以说，缺乏系统化、科学性的影视教育体系是当前我国中小学影视教育推进过程中最严重的问题，而没有或少有该类学科教学的西部不发达地区，中小学影视教育的真正落地与推行成效显现还得假以时日。

第三，当前中小学艺术教育普遍存在师资队伍力量薄弱的现象。

教育的后发优势之一必然是人才储备和长期建设。从当前我国中小学艺术教育的专业教师队伍来看，教学力量的薄弱、再培训机会和频次的有限，以及吸收转化效能的高折扣，让艺术教育教学本身存在很多不确定因素。

调研结果显示，在美术教师、书法教师引进比例中，美术教师占了相当的比例，但书法专业的人才还没有有效、持续性地进入中小学教师队伍，书法毕业生到中小学担任书法教师的只有25.5%。[①]中小学书法专业教师缺乏，加上书法专业的毕业生没有有效填充进义务教育阶段的师资队伍里，书法课程的教学力量显出供求链未能充分对接的问题。

对于音乐与舞蹈学科来说，资源的丰富、平台的多元是优势，可是教学针对性不强的问题比较突出。在课堂与生活、经典与流行、主流与民间等关系的处理上，专业教师缺乏应对准备和长期设计，很多具有本地特色音乐曲种的地区在传统音乐教学方面融入力尤显不足。以芗剧为例，在调研中，接受问卷调查的漳州地区音乐教师群体有近一半教师对芗剧艺术一般了解，30%的教师非常了解，

---

① 陆章飞，岳丽英.全国中小学书法艺术教育现状的调查与分析［J］.艺术教育，2021（6）：169.

20%的教师不太了解。对于实施芗剧教学问题，超过70%的教师表示在实施过程中有困难，多数音乐教师有闽南方言准确发音的困难，部分教师缺乏对闽南文化和芗剧艺术的专业性了解，[①]有效的教学策略及其指导没有建立起来。

在专业人才储备上，西部地区中小学教育体制中能够传授影视知识、传播影视文化的教师严重匮乏。西部有相应课程的中小学影视教育老师，相应课程或由其他学科教师兼任，或为外聘临时授课，老师的影视专业知识和影视教学经验不充足、不具备是常态。另外，影视课程有时仅作为教学辅助手段或育人噱头，教师无法给青少年提供真正有价值的影视艺术教育。这些都造成整体上对影视教育的思政、审美、核心素养的培养力认识不足，无法有效体认义务教育阶段影视教育的重要性。在人才培育上，高校影视专业毕业生进入影视公司或者传媒公司居多，中小学教育体制中的专职影视教育教师屈指可数，[②]师资储备的供求链也未能有效结合。

总之，重视程度不够、课程教学质量低、师资队伍力量薄弱等问题，严重制约着现阶段西部中小学艺术教育的发展，要想真正落实教育部2022版新课标，必须首先解决这些问题。
.

## 三、中小学艺术教育改革策略

中小学艺术教育近年来一直深受国家重视，1999年中共中央、国务院发布《关于深化教育改革全面推进素质教育的决定》指出"实施素质教育，就是全面贯彻党的教育方针，以提高国民素质为根本宗旨，以培养学生的创新精神和实践能力为重点"[③]。艺术教育作为美育、德育的重要组成部分，全国中小学应该结合自身的实际情况，从教育观念、教育体制、教育结构、人才培养模式、教育内容、教学方法多个方面，认真探索适合自身发展的艺术教育改革路径，西部地区中小学艺术教育更要多管齐下，快速提升。

### （一）加强师资队伍建设，提高教师专业素质

师资建设是我国中小学艺术改革的重中之重，更是西部地区中小学艺术改革的根本，教师的素质和综合能力是艺术课程改革需解决的首要问题，艺术课程的实施需要综合性、全方面高素质人才。

第一，合理配备师资力量。西部地区中小学教育师资队伍建设应该增强教师职业的吸引力。为了保持教师队伍的稳定性，吸引优秀人才去西部偏远地区任教，政府尤其要保障西部地区农村义务教育阶段艺术教师的合法权益，提高教师的社会地位，包括建立完善乡村教师医疗保险等社会保障制度，加大对乡村教师的医疗养老、住房等财政补贴。各中小学校也应出台相应的鼓励措施和人才引进政策，吸引艺术教育专业毕业生来校任

① 肖艳，王湉.芗剧乡土课程开发现状及对策研究：以福建省漳州地区为例［J］.当代音乐，2020（10）：26.
② 王赞妹，吴英华.全国中小学影视教育对策研究［J］.艺术教育，2021（6）：105.
③ 中共中央国务院关于深化教育改革，全面推进素质教育的决定［EB/OL］.（2010-07-19）.https://www.edu.cn/edu/zheng_ce_gs_gui/zheng_ce_wen_jian/zong_he/201007/t20100719_497966.shtml.

教，用事业发展机遇和平台留住专业人才。配合长期性的引进人才机制，还需配合开展"特岗教师""三支一扶"等长、短期用人方式，积极与高校对接，实行免费师范生支教乡村的定向培养计划，将引进与定向培养相结合，以调整城区和农村艺术教育师资体制结构、业务技能培养和多向度、跨层次的师资整合，充分发挥不同地区艺术师资优势，助力西部地区农村艺术教育改革，实现艺术教育资源优化配置。

第二，加强教研能力持续性提升。完善西部地区中小学艺术教育改革，应加强艺术师资的规模培训，增强培训的范围和内容的深度，推动教学能力提升和课程教育改革。充分利用社会资源，聘请校外艺术家进校授课，在扩大学生信息接收面的同时，引导艺术教师将艺术理论与实践相结合。在艺术家的带动下，教师同时参与进艺术活动策划与具体实践，促进艺术资源的物尽其用。同时，艺术教师需树立终身学习的教学理念，在提高自身艺术修养的同时，也向研究者转向，推动优秀教学经验与成果的理论总结和学术交流，塑造教研结合的教师形象。

### （二）创新教材内容，更新课程结构体系，突出特色化培养

针对我国中小学艺术教育教材中内容重经典轻流行、重传统轻时尚的倾向，以及与其他艺术门类关联较少的现状，当前的教材改革需要适应网络新媒体时代的更新和中小学的主体教学，尤其要注意艺术的相通融汇能力，强化不同艺术门类间的关联性，在触类旁通的同时丰富对艺术形式的了解，提升艺术素养和艺术感悟。

第一，创新教材体系与内容。目前各种版本的艺术教材严格来说还没有真正突破艺术的专业化框架，所以后期教材编写可以在打破专业壁垒上进行创新性改革，把现行的以艺术知识体系和专业艺术教材为依据的教材编写策略真正转变为以学生主体的教材编写策略。在观念上确立学生的主体地位，编写适合中小学学生学习能力、审美意趣、方式方法的群体针对性教材，从主体主动性上提高中小学学生的学习欲望。在教材体系与教育内容上，着力突出审美要求，充分重视艺术审美带来的润化心灵、提升节操、坚毅品格的能力，既要强调教材的中国特色，弘扬和发展中华民族的传统艺术文化，也要在打开内部视野格局的同时，充分汲取世界各国的优秀艺术文化精华，借鉴先进经验，博采众长、为我所用，使教材、课本成为一件艺术品，发挥最大的审美价值和功能。

第二，教材与网络新媒体技术相联系，充分利用现代科技成果，为各类艺术创作精品开拓资源平台。在科技发展速度日益增长的今天，艺术教材内容要随着技术的改进而更新换代，这对我国中东部等发达地区的中小学来说不容易，对西部地区更加困难。在艺术各学科中，戏剧、影视教育急需编写相关教材并配套鉴赏读本。一方面，教材需要在质量上选择更多让学生印象深刻的剧目，增加戏剧学、影视学专业知识内容，以提高学生对该类艺术产品的欣赏和审美能力；另一方面，教材需要在保证质量的基础上突出数量优势，不断推陈出新，选择更多反映当下学生心态和审美意趣的，与时俱进的教育

性、艺术性兼具的作品。

第三，增加特色化内容，注重特色培养。由于我国地域广阔，各地区的文化特色不尽相同，艺术遗产和艺术氛围也有所不同。与主学科形成差异的是中小学艺术教材可以并善于发现当地多元艺术文化资源，在突出理论化、系统化的同时增加实践环节，灵活探索地区特色，将本土化教学内容加入艺术教育实践之中，为艺术教育发展打开新思路。西部地区在地方艺术教育创新特色开启和实践上是有优势的，非物质文化遗产、地区民俗风貌、区域民族文化等资源的丰富保证了艺术教育的特色性挖掘和实现。尽管西部地区艺术课时投入相对较少，但由于加入了依靠当地艺术资源的本土化实践，理论教材与实践教材结合了起来，艺术课程实施与培养地域情感、国家认同的育人目标相结合，成就了最深刻的艺术教育改革。

第四，创建网络资源共享平台和实践课堂。科技进步为艺术教育形式、手段提供了更丰富多样的选择，尤其在后疫情时代，国家先后出台政策，提出充分利用信息化手段，保证线上教学的高效性。利用慕课、超星、雨课堂等网络平台和更丰富的艺术资源，将"互联网+"作为中小学艺术教育发展的新契机，加快教学改革的进程。在新媒体技术的支持下，提升实践课堂的融通性和创造性，通过与现实生活、日常情感的联结，引导学生在积极参与实践的基础上提高实际动手能力，由参与者成为主导者，不断培养创新思维。

## （三）构建科学的综合评价体系

随着我国中小学艺术教育受到普遍关注

和重视，科学性体系、个性化培养和完善的评价方式挂钩，这就需要对现有艺术教育评价系统进行改造升级。

首先，突出评价主体的多元化。传统的评价模式基本上是以教师为主的单一评价，在新时代、新课标和新需求下，评价主体应该扩展到教师、学生、家长、社会的多元一体。除了教师参评外，课堂建设中还要纳入学生自评。学生的评价标准具有强烈的个性化需求和趋同性认知，学生参与过程中可以阐述自己的创作理念并进行自我评价和具体实施。学生自评不仅能够提高学生的口头表达能力，还能锻炼艺术表达、表现和分析、解决问题的综合能力。在此基础上，学生互评也能集思广益，碰撞出更多艺术灵感。随着学生评价参与度的提高，家长的引入和社会因素的融入就会顺理成章。

其次，实现评价方式的多样化。中西部中小学艺术教育课堂教学评价方式单一，主要是作业为主的横向评价。评价方式的改革就是要打破一元思维，用多样化、菜单式思维形成合力，课堂出勤、课内外学习表现、个人创造性艺术实践等都要与教师的教学反思、课程的育人导向性效果相结合。艺术教师要充分尊重学生的主体性，采用激励式个性化评价；在教学中要采用个性化发展目标评价机制，确认学生个体艺术素养的客观差异性，结合不同学生的性格特点布置个性化的作业，而作业的完成情况也需要有个性化评价要素，在提高学习的主动性的同时也能促进学生个性化发展。

在2022版新课标的指导下，我国西部

地区中小学艺术教育需要快速推进和深化教育改革，"有计划、有步骤地组织开展培训，多种形式强化课程改革理念和改革总体要求的研修交流""加强课程实施管理与指导""加大条件保障力度""大力推进教学改革，转变育人方式，切实提高育人质量"①，在"互联网+"的教育背景中，多方联动、不断探索，西部地区中小学艺术教育必将稳扎稳打，在发展中缩小差距，在"目标""问题""创新"三大导向上实现思想育人、审美育人和文化育人。

作者简介：

沈维琼，副教授，北京师范大学戏剧与影视学博士，新疆师范大学中国语言文学学院副院长。主要研究方向为戏剧影视学、中国现当代文学。长期讲授影视文化、中国现当代文学史、国学文化等专业课程。已出版专著《文化母题与文本叙事——1990年代后中国当代小说的电影改编比较研究》，公开发表独立撰写的论文30余篇，其中在《当代电影》《电影艺术》《现代传播》等核心刊物上发表论文近20篇。

---

① 参见《义务教育艺术课程标准（2022年版）》，http://www.moe.gov.cn/srcsite/A26/s8001/202204/W020220420582364678888.pdf。

# 乡村中学美育发展的现实基础及动力探究

## ——以西北工业大学艺术教育中心扶贫结对帮扶城固县为实证研究*

刘　韬　孙　瑜　孟凡一　郑海昊

[摘要] 本文基于对陕西省汉中市城固县普通中学1200名学生的调查，在对乡村中学美育发展的现实基础综合分析上，探析乡村中学美育发展存在的问题及制约因素，并提炼出以美育需求为中心，由美育主体、美育客体、美育内容、主客体关系、教学目标、教学设计和教学改革等要素组成的具有四维动力结构的乡村中学美育发展的动力系统。动力系统产生的"扶心"、"扶行"与"超越"的动力功能可以启动美育发展所需的"心动"、"行动"与"能动"。

[关键词] 乡村美育　动力系统　四维动力

"十四五"的到来，使得乡村振兴与乡村教育之间的联系越发紧密。乡村教育是解决人民日益增长的美好生活需要和不平衡不充分的发展之间矛盾的必然选择。① 自教育扶贫

---

* 本文为2022年陕西省高等教育教学改革研究项目"基于'三全育人'理念的理工科高校多层次美育育人体系探索与实践"（21BZ007），2022年陕西省社会科学基金课题"陕西黄河流域传统村落文化的美育价值挖掘与转化研究"（2022J036），2023年西北工业大学教育教学改革研究项目"赋能创新思维能力培养的艺术实践教学体系构建——以自媒体创作与艺术实践为例"，2022中央高校基本科研业务费专项资金项目"艺术与科学融合的创新路径与应用研究——以航空航天虚拟科普体验馆构建为例"（D5000220224），陕西省教育科学"十四五"规划2021年度课题"智媒时代下陕西省高校美育实践体验模式创新研究"（SGH21Y0016）的阶段性研究成果。

① 中共中央 国务院关于实施乡村振兴战略的意见 [EB/OL]．（2018-02-04）．http://www.xinhuanet.com/politics/2018-02/04/c_1122366449.htm.

行动以来，学者们从教育理念[①]、教育技术[②]、师资队伍建设[③]、策略与路径[④]等方面分析了中国当前贫困乡村教育扶贫的情况，但精准于深挖现实基础与动力探究的视角观照乡村中学美育发展的研究却鲜有成果。乡村美育既是乡村教育中理论挖掘的新视角，又是实践过程中解决问题的新思路。美育通过其"以美育人、以美化人、以美培元"的功能将更好地从根源上缩小城乡差距和校际差距，让每个学生都享有接受美育的机会，成为德智体美劳全面发展的社会主义建设者和接班人[⑤]，为乡村的振兴带来源源不断的活力与动力。然而，美育师资短缺、美育氛围薄弱、教育理念陈旧等问题在乡村基础义务教育中仍然屡见不鲜。学生对美的向往、对美育的渴望与乡村中学美育教育不平衡不充分发展之间产生了巨大的矛盾。

城固县位于陕西南部盆地腹部，是一个以农业为主的县城。同时，城固县是陕西省的历史文化名城，不仅拥有浓郁的人文历史，还具有深厚的教育情怀，是一处极具典型性和品牌效应的乡村美育要地。西北工业大学艺术教育中心作为美育扶贫结对帮扶城固县的团组成员，重点帮扶城固县中学的美育落实与发展。基于此，笔者试图从乡村中学美育发展的现实基础与动力探究出发，开展深入的调查与思考。

## 一、城固县中学美育发展的现状

城固县共有中学27所，笔者采用访谈法和问卷调查法相结合的方式对其进行美育现状调查。先在梳理相关政策的基础上，与城固县各中学的学生代表进行现场访谈；再通过田野调查的形式收集当地相关资料，并结合访谈资料形成调查问卷的具体项目，包括学生背景信息、美育认知多维度项目及主观开放性描述项目三个部分。采用系统抽样的方法，从城固县所有公立中学抽取1200名学生，共发出问卷1200份，收回有效问卷1097份，回收率为91.4%。删除46个无效数据后共得到有效数据1051份（见表1）。学生背景信息包括性别、年龄、年级、是否为独生子女、与父母同住情况（以较为隐晦的方式确认是否为留守儿童）、父母是否在本地工作等共6个变量。学生对美育认知多选项目包括美育主体、美育客体、美育内容、主客体关系、教学设计、教学目标及教学改革等7个维度的相关问题。主观开放性描述项目为学生对未来美育课程的期望。该问卷经过两次测试，并邀请3位专家进行了一致性信度检验，通过修订信度较低的项目，最终保证专家对所有项目的一致性信度不小于0.6。

① 袁利平，师嘉欣.教育扶贫政策的理念蕴含、机制解构与未来接续［J］.西南民族大学学报（人文社科版），2019（11）：214-222.
② 袁利平，张薇.基于虚拟现实技术的教育扶贫及其实现［J］.内蒙古社会科学，2020（2）：189-196，213.
③ 付卫东，曾新.十八大以来我国教育扶贫实施的成效、问题及展望：基于中西部6省18个扶贫开发重点县（区）的调查［J］.华中师范大学学报（人文社会科学版），2019（5）：45-56.
④ 唐智彬，胡媚，谭素美.比较视野中教育扶贫的国际经验与中国路径选择：基于主要国际组织和机构理念与行动的分析［J］.比较教育研究，2019（4）：37-44.
⑤ 参见中共中央办公厅、国务院办公厅印发的《关于全面加强和改进新时代学校美育工作的意见》。

表 1　城固县中学生样本的基本背景信息

| 题目 | 选项 | 数量 | 百分比 |
|---|---|---|---|
| 性别 | 男 | 441 | 41.96% |
| | 女 | 610 | 58.04% |
| 年龄 | 11 | 7 | 0.67% |
| | 12 | 380 | 36.16% |
| | 13 | 353 | 33.59% |
| | 14 | 305 | 29.02% |
| | 15 | 6 | 0.57% |
| 年级 | 初一 | 352 | 33.50% |
| | 初二 | 386 | 36.73% |
| | 初三 | 313 | 29.78% |
| 是否为独生子女 | 是 | 339 | 32.26% |
| | 否 | 712 | 67.74% |
| 与父母同住情况 | 与父母同住 | 414 | 39.39% |
| | 与父或母同住 | 258 | 24.55% |
| | 与祖辈同住 | 312 | 29.69% |
| | 在其他亲戚家住 | 67 | 6.37% |
| 父母是否在本地工作 | 是 | 495 | 47.10% |
| | 否 | 556 | 52.90% |

## （一）理论多、实践少

蔡元培先生曾把美育定义为："美育者，应用美学之理论于教育，以陶养感情为目的者也。"该定义说明，美育不仅仅是知识的传授，更是审美实践活动（包括创造和欣赏两个方面的实践）的集合。《关于全面加强和改进新时代学校美育工作的意见》中明确提出，"强化美育实践体验"是美育工作"坚持改革创新"的工作要点。根据调查数据统计，70.84%的乡村中学以课堂理论教学的方式开展美育，仅有20.29%的乡村中学增设了美育相关的课外实践活动，扩充了学校美育的实践内容与过程。10.84%的中学注重美化校园环境，并以此作为美育实践的重要途径（见图1）。从整体情况来说，各个中学都在寻求

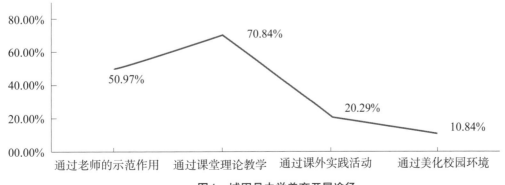

图1　城固县中学美育开展途径

开展美育实践的合理路径，但囿于师资匮乏、美育资源短缺、美育场域不完善等原因，美育实践的开展大多不尽如人意。

### （二）种类少、特色无

在调查的中学里，大多数学校都无法同时开设音乐课、舞蹈课和绘画课，甚至15.48%的学校几乎没有开设美育相关课程。《关于全面加强和改进新时代学校美育工作的意见》中规定"学校美育课程以艺术课程为主体，主要包括音乐、美术、书法、舞蹈、戏剧、戏曲、影视等课程"。但当前城固县的中学几乎没有开设书法、戏剧、戏曲、影视等课程。数据表明，城固县中学的美育课程种类十分匮乏，仅有的美育课程又无法做到开足开齐。与此同时，由表2可以看到，各年级美育课程的开设情况也没有表现出显著性差异（p值均大于0.05），即美育在城固县中学各年级开展的情况基本相似，课程类型均较为单一，美育课程尚未形成地区或学校特色。这些都与国家制定的学校美育工作目标相差甚远。根据调查问卷中开放性题目的词频统计，学生对美育课程十分感兴趣，在希望开设的课程种类需求上也较为丰富，包括美术课、音乐课、手工课（剪纸尤为被强调）、舞蹈课、乐器等。这说明学校相关课程开设较少，而且学生的渴求不断提升并逐渐细化（见图2）。乡村中学生日益增长的对美的教育的需求与乡村中学美育课程种类匮乏、美育内容单一且缺乏特色之间已经产生了激烈的矛盾。

表2 城固县中学美育课程开设情况

| 美育课程 | 开设情况 | 年级 | | | 总计 | $x^2$ | p |
|---|---|---|---|---|---|---|---|
| | | 初一 | 初二 | 初三 | | | |
| 阅读课 | 没有 | 64.29% | 64.71% | 47.37% | 58.00% | 1.422 | 0.491 |
| | 有 | 35.71% | 35.29% | 52.63% | 42.00% | | |
| 音乐课 | 没有 | 35.71% | 5.88% | 21.05% | 20.00% | 4.292 | 0.117 |
| | 有 | 64.29% | 94.12% | 78.95% | 80.00% | | |
| 舞蹈课 | 没有 | 35.71% | 5.88% | 36.84% | 26.00% | 5.424 | 0.066 |
| | 有 | 64.29% | 94.12% | 63.16% | 74.00% | | |
| 绘画课 | 没有 | 35.71% | 23.53% | 42.11% | 34.00% | 1.405 | 0.495 |
| | 有 | 64.29% | 76.47% | 57.89% | 66.00% | | |
| 课外实践活动 | 没有 | 71.43% | 82.35% | 63.16% | 72.00% | 1.643 | 0.44 |
| | 有 | 28.57% | 17.65% | 36.84% | 28.00% | | |
| 贯穿于基础课程中 | 没有 | 85.71% | 82.35% | 68.42% | 78.00% | 1.689 | 0.43 |
| | 有 | 14.29% | 17.65% | 31.58% | 22.00% | | |
| 其他艺术类课程 | 没有 | 85.71% | 94.12% | 84.21% | 88.00% | 0.93 | 0.628 |
| | 有 | 14.29% | 5.88% | 15.79% | 12.00% | | |

注：*p＜0.05，**p＜0.01

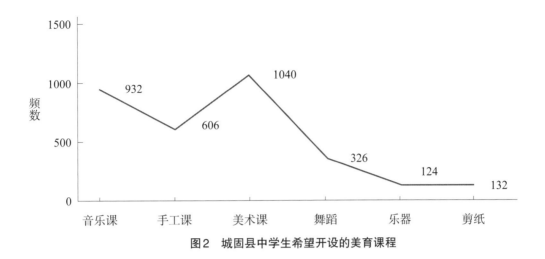

图2　城固县中学生希望开设的美育课程

## （三）认知浅、效果差

根据调查，城固县中学生普遍认为美育能教人心灵美（86.42%），但很难将美育与德育区分开来（82.00%的学生认为美的作用主要集中在提升思想道德方面），体现出学生没有认清、理解美育的内涵与价值。"陶冶情操"是美育最基本、最重要的意义，但仅有一半的学生做出了正确的选择。不同年级对美育具有"陶冶情操"这一基本功能的认知存在显著性差异（chi=20.805，p=0.000＜0.01）。刚刚踏入初中的初一学生和即将就读高中的初三学

生认为，"美育没有陶冶情操作用"的占比分别高达85.71%和57.89%，明显高于平均水平48.00%。而初二学生选择"美育具有陶冶情操作用"的占比达到94.12%，明显高于平均水平52.00%。通过访谈了解到，初一和初三学生由于升学对美育方面的培养和教育明显减少，而初二学生的升学压力相对小，所以在美育方面的认知就明显深刻。这既反映出不同年级群体对美育内涵、价值与其自身的学习状况、课程内容匹配性特别是应试需求的相关性，也反映出美育的教学效果在整体年级层次上表现欠佳（见表3）。

表3　城固县中学生对"美育的作用"的认知

| 美育的作用 | 开设情况 | 年级 | | | 总计 | $x^2$ | p |
| --- | --- | --- | --- | --- | --- | --- | --- |
| | | 初一 | 初二 | 初三 | | | |
| 提升领悟能力 | 没有 | 35.71% | 11.76% | 42.11% | 30.00% | 4.235 | 0.12 |
| | 有 | 64.29% | 88.24% | 57.89% | 70.00% | | |
| 提升创造力 | 没有 | 64.29% | 5.88% | 47.37% | 38.00% | 12.257 | 0.002** |
| | 有 | 35.71% | 94.12% | 52.63% | 62.00% | | |
| 提升想象力 | 没有 | 28.57% | 11.76% | 31.58% | 24.00% | 2.154 | 0.341 |
| | 有 | 71.43% | 88.24% | 68.42% | 76.00% | | |
| 提升思想道德 | 没有 | 21.43% | 5.88% | 26.32% | 18.00% | 2.693 | 0.26 |
| | 有 | 78.57% | 94.12% | 73.68% | 82.00% | | |

续表

| 美育的作用 | 开设情况 | 年级 | | | 总计 | $x^2$ | p |
|---|---|---|---|---|---|---|---|
| | | 初一 | 初二 | 初三 | | | |
| 提升表达能力 | 没有 | 78.57% | 11.76% | 57.89% | 48.00% | 14.93 | 0.001** |
| | 有 | 21.43% | 88.24% | 42.11% | 52.00% | | |
| 陶冶情操 | 没有 | 85.71% | 5.88% | 57.89% | 48.00% | 20.805 | 0.000** |
| | 有 | 14.29% | 94.12% | 42.11% | 52.00% | | |
| 学习一项技能 | 没有 | 85.71% | 35.29% | 63.16% | 60.00% | 8.26 | 0.016* |
| | 有 | 14.29% | 64.71% | 36.84% | 40.00% | | |

注：*$p < 0.05$，**$p < 0.01$

## 二、乡村中学美育发展的制约因素

本次调查发现，当前乡村中学美育落实情况总体水平偏低。通过座谈、访谈和实地走访等方式，总结出制约美育发展主要有以下几个原因。

### （一）美育实施存在"看不透、吃不准、不到位"的问题

本次调查发现了一个十分普遍的问题，即美育在实施的过程中存在"看不透、吃不准、不到位"的情况。第一，多数人知道什么是美育（何为美），却不清楚美育的内涵（美何为）和意义（美为何），即"看不透"。第二，艺术课教师群体对美育的了解相对深入，而基础课教师群体对美育的认识尚浅，即"吃不准"。访谈发现，多数乡村中学的基础课教师表示不知道美育与自身工作有何相关性，不清楚如何进行融合。第三，大多数乡村中学都十分重视美育，却不清楚如何精准实施美育，即"不到位"。到2022年底，美育中考计分基本实现全覆盖，全面实行美育中考，美育在升学中的重要性已经逐渐凸显。

一方面，多数学校仍处于唯分数、唯升学率的状态，尤其在经济相对落后的乡村，能够通过考试走出去是大多数学生和家长追求的目标。所以，不论是学校，还是学生与家长，他们都在逐步理解和接受美育的重要性与必要性。另一方面，学校虽然开设了美育相关课程，但大多为知识性、技能性的教育，并不知道如何提高学生的审美能力，更无法升华至陶冶情操了。究其实质，家庭、学校和社会层面从本质上对美育的理解不到位，没有认识到美育是培养全面发展的社会主义建设者和接班人的重要组成部分。所以，美育实施过程中存在的"看不透、吃不准、不到位"的问题在一定程度上束缚了乡村中学美育的深入推广与合力的形成。

### （二）美育主体存在"下不去、留不住、干不好"的问题

乡村中学的美育主体多由特岗教师或者农村教育硕士（简称"农硕"）组成的青年教师群体构成。在这些教师中，成绩较好的或有其他机会的大多不愿意继续留在农村任教。下到农村的大部分教师对个人的职业生涯规划较为

迷茫，对乡村工作充满排斥，用熬日子的心态对待教学工作，产生了职业倦怠的问题；对国家相关政策读不懂、吃不透、信不过，因而会出现迷失信念方向、缺乏工作热情、丢失自信心等现象。教师个人心态尚且如此，何谈做到全身心"以美育人、以美化人、以美培元"，"干不好"是必然的。"一旦满足服务年限便选择城市里更好的学校就业"这种思想导致美育教师"留不住"，更何谈扎根农村。从根源上挖掘原因，这与乡村教师待遇低、社会保障差、尊师重教的环境差、社会认同感低下、职业发展动力不强等因素息息相关。乡村中学对于美育教师需求的缺口仍然很大，根据座谈了解到，目前美育做得比较好的学校全年级共用一名美术老师和一名音乐老师，差一些的学校会挑选其他基础课教师代上美育课程，而最差的学校连美育课程都不开设了。"没有老师""没有条件"增大了城乡差距和校际差距，使学生丢失了享有接受学校美育的机会。

### （三）美育场域存在"错位、缺失"的问题

蔡元培先生认为："美育之设备，可分为学校、家庭、社会三方面。"三方面都十分重要，缺一不可，且相互关联、相互影响。被调查的中学生认为，78%的美育获得主要来自学校，66%来自社会，52%来自家庭。由此可见，学生认为美育的主要获得场域是学校，这与学校在教育中所处的重要地位是相符的。然而，在社会美育和家庭美育之间，选择社会美育的竟然比家庭美育的学生多出一成。根据与当地学生的访谈情况，很多学生都面临着几乎成为留守儿童的问题。正是由于父母角色的缺席，才导致了学生错失了在家庭场域中获得更多美育的可能性，甚至阻碍了学生认知家庭在美育中的重要作用。数据表明，"平时与谁在一起生活"的样本对于认知"家庭美育的重要性"而言，呈现出显著性差异（$p < 0.05$）。其中，与父母生活在一起的中学生中72.73%都认为家庭美育重要，并且在各美育场域的重要性比较中认为，学校美育＞家庭美育＞社会美育；不能与父母生活在一起的中学生普遍认为家庭美育不重要，且在各美育场域的重要性比较中认为，学校美育＞社会美育＞家庭美育（见表4）。

表4　家庭环境对乡村中学生理解美育主体的影响

| 美育场域 | 选项 | 平时与谁生活在一起 | | | | 总计 | $x^2$ | p |
| | | 父母 | 父或母 | 祖父母 | 其他亲戚 | | | |
| --- | --- | --- | --- | --- | --- | --- | --- | --- |
| 家庭美育 | 不重要 | 27.27% | 77.78% | 55.56% | 100.00% | 48.00% | 8.479 | 0.037* |
| | 重要 | 72.73% | 22.22% | 44.44% | 0.00% | 52.00% | | |
| 学校美育 | 不重要 | 22.73% | 11.11% | 27.78% | 0.00% | 22.00% | 1.261 | 0.738 |
| | 重要 | 77.27% | 88.89% | 72.22% | 100.00% | 78.00% | | |
| 社会美育 | 不重要 | 36.36% | 22.22% | 38.89% | 0.00% | 34.00% | 1.318 | 0.725 |
| | 重要 | 63.64% | 77.78% | 61.11% | 100.00% | 66.00% | | |

注：*$p < 0.05$，**$p < 0.01$

## 三、乡村中学美育发展的动力要素及系统构建

通过前面对乡村中学美育现实的梳理及对制约因素的反思，提炼出以美育需求为中心，由美育主体、美育客体、美育内容、主客体关系、教学目标、教学设计、教学改革等七大基本要素构成的美育发展动力系统（见图3）。

### （一）七大基本要素

乡村中学美育的发展是社会、学校和家庭内部多种动力共同作用的结果。各个动力既有各自相对独立的规律和独特的职能作用，又相互制约、相互作用，按一定规律有机地结合成一个内驱整体，即动力系统，以一股持续不断的合力推动着美育的发展。在美育多样性发展的漫长过程中，在百花齐放的美育理论中，始终存在着一些对教育发展普遍起作用的因素，这些因素就构成了动力系统的基本要素，包括美育需求、美育内容、美育主客体及相互关系、教学目标、教学设计、教学改革。这些因素之间发生多维、多向的交叉渗透关系，在普遍的相互作用中形成一个多层次的立体网络结构。

### （二）"深层—表层"的四维动力结构

在本动力系统中，有四层由深及表、依次递升的环形维度，体现着美育发展与"人的全面发展"的逻辑统一，体现着各个动力之间的本质关系，即美育发生、发展的动态过程的基本脉络（见图4）。

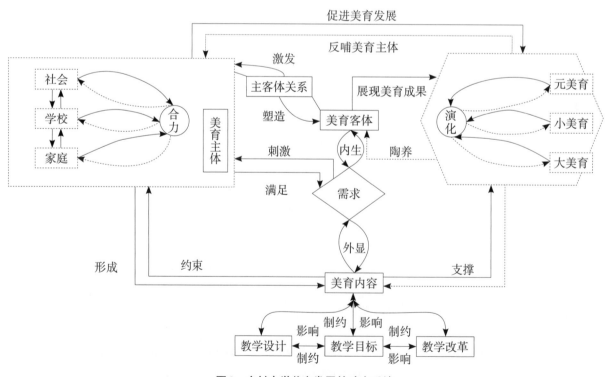

图3　乡村中学美育发展的动力系统

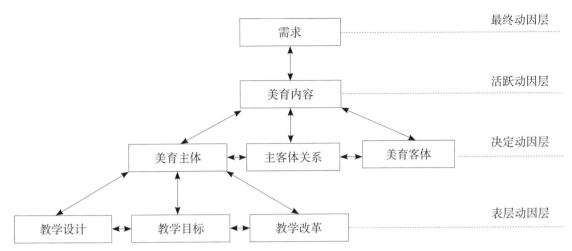

图4  乡村中学美育发展动力模型的四维动力结构

### 1.最终动因层

需求是社会动力学中推动社会发展的最终动因。而美育客体对美育的需求则是美育发展的最终动因，因此，美育客体的需求是美育发展动力系统的最深层次。需求及其满足，一方面推动着美育主体不断形成符合时代要求的美育内容，由此影响着教学设计的提升、教学目标的扩展，促进教学改革，从而调整美育内容，成为美育发展的外显动力；另一方面，美育客体在美育的陶养下不断地认知和体验，拓展了知识结构，提高了审美水平，进而将美育的成果外显于言语、思想和行为之处，以检验美育的效果，进一步成为美育发展的内生动力。

### 2.活跃动因层

需求在发展，永远不会停留在一个水平上。需求无限发展、永不停顿的本性，推动着美育内容不断推新推优。美育内容是美育发展中最活跃、最革命的因素，它是整个系统中的第二层次。美育内容的形成始终是在一定的美育主客体及相互关系下进行的。

### 3.决定动因层

美的传递对美育发展的动力作用，最直接地体现在与美育主客体及其相互关系中，并通过这种相互作用呈现出来。因此，美育发展动力的第三层次是美育主客体及其相互关系。美育主客体及其相互关系对美育发展的决定性动力作用，最明显地表现在对美育内容的反作用力和对教学目标、教学设计、教学改革的决定两个方面。美育主客体及其关系是人们在美育过程中发生的联系和关系，人们只有在这种关系中才存在着他们对自我与世界的积极的能动关系。

### 4.表层动因层

教学目标、教学设计、教学改革是动力系统的第四层次，它们是整个动力系统的最表层，彼此之间既相互影响，又相互制约。这三个要素是面向美育主体、美育客体最直观、最明了的指导性纲要，是美育发展的精神性动力。它们对上述三个层次的动力均具有强大的反作用力，对美育的加速或延缓发展起着关键作用。进步的教学目标、教学设计、教学改革对美育发展起着积极的推动作用，反之，则会阻碍美育的发展。

## 四、乡村中学美育发展动力系统的动力功能

### （一）心动：美育与"扶心"

马克思在《1844年经济学哲学手稿》中对异化问题进行过系统表述，而异化理论对中学美育中的育人工作仍然具有很强的警示作用。如果中学教育缺失了美育维度，将在教育的结果、教育的过程与教育的本质等方面产生异化。因此，美育不同于智育予人知识与技能，也不同于德育注重规范人的思想和行为，它是德智体劳的意趣导向，通过培养人的创造力、想象力、领悟能力、感性能力来挖掘美的力量。曾繁仁教授认为美育具有中介的性质，即"人格培养中知与意的中介，个人行为中自律与他律的中介，社会生活中科学与人文的中介，学校教育中德智体的中介"。因此，美育可以将教育的异化问题通过"链接"的方式得以解决，通过动力系统的决定动因层使"人"与"人心"名位相等，教育过程与教育结果因果循环，有知识的人与人格健全的人成为共同体。

### （二）行动：美育与"扶行"

新时代大美育观包括微观、中观和宏观三个维度的美育。微观的美育工作主要是指狭义的美育教育，中观和宏观的美育工作强调的是美育的社会实践，即让学校美育的成果走出课堂、走向社会，从而赋予美育厚重的实践内涵[1]，即"扶行"。美育在国家经济建设不断发展、不断创新的过程中具有独特的现实作用，即社会协调作用。与法制、道德的强制性约束不同，美育所带来的审美是自觉自愿的、不知不觉的，是在潜移默化中形成的内生动力，具有典型的不可替代的作用。一方面，美育的实施与发展能够调节社会关系，使社会生产和社会生活更加和谐；另一方面，美育具有创造美的巨大动力，它为人们带来丰富的精神生活，为技术革命的挑战做好了充分的"软素质"准备。因此，美育发展的动力系统中的最终动因层产生的内生动力，既能"扶教育之贫"，又能"依靠教育扶贫"，这种具有双重内涵的扶贫方式[2]真正能够撬动长久盘踞在乡村地区的贫困亚文化劣根，从文化观念层面逐步形成自主与自救意识，进而带动相对贫困地区的平衡与充分发展。

### （三）能动：美育与"超越"

20世纪初，从蔡元培提出"五育并举"的教育方针起，美育正式成为我国教育的重要组成部分。中国美育从"以涵育美感和德性为核心的本位取向"到"以民族精神为核心的美感涵育取向"，再到"以服务于社会建设的实用主义取向"，跨过"文化大革命"十年内乱期间的"反美育"阶段，过渡到"以儿童的社会性发展的主导取向"，直至今日"综合化、立体化的美育取向"[3]。美育在中国的教育历史中有着十分深厚的内涵，其根本

---

① 修远，徐杨.新时代学校美育工作的立德树人价值逻辑与实现路径［J］.中国电化教育，2019（10）：97-101.

② 刘军豪，许锋华.教育扶贫：从"扶教育之贫"到"依靠教育扶贫"［J］.中国人民大学教育学刊，2016（2）：44-53.

③ 谢翌，赵方霞.美育课程价值取向的百年嬗变：课程标准的视角［J］.课程·教材·教法，2020（2）：27-34.

价值被学者不断探究。其间还出现将美育视为一项技能、特长，甚至是工具的现象。而中国传统美育强调的"以审美唤醒和强化人的本性、本心力量，并以之为基础来培养相应的人格精神和人格美，构筑供人安身立命的人生乐境"①对"忘我、超越自我"的不懈追求，才是我国美育的根本价值，也是大美育实现"心灵之育、情感之育、人格之育、创造力之育"的本质。通过活跃动因层与表层动因层，不断提升美育内容的根本价值，再经由教学设计、教学目标与教学改革传递至学生端，进而使学生逐渐具备"超越自我"的勇气与气魄。

## 结　语

美育能够增强学生对文化自觉、文化自强、文化自信的认识，打造"以美育人、以美化人、以美培元"的教育氛围。当前，我国各阶段的美育教育工作正着力深化改革，认清美育现状是发展美育的关键任务，适应新时代社会发展需要和满足教育客体的需求是美育改革的动力和依据。因此，对乡村中学美育的动力探究能够改变当前乡村美育的现状，重新审视新时代乡村中学美育的现代价值和意义，推动乡村中学美育的整体发展，在大美育的格局下，引导和支持乡村中学生逐步成为全面发展的社会主义接班人，为乡村的振兴储备力量。

**作者简介：**

刘韬，博士，西北工业大学艺术教育中心副教授。主要研究方向为智慧美育。教授课程包括影视鉴赏、短视频剪辑艺术等。

孙瑜，西北工业大学艺术教育中心主任、教授。主要研究方向为美育。

孟凡一，陕西省汉中市城固县教育体育局艺术指导中心主任，一级教师。主要研究方向为艺术教育。

郑海昊，陕西师范大学新闻与传播学院副教授。主要研究方向为艺术传播。

---

①　王德胜，左剑峰.中国传统美育的再发现［J］.山东社会科学，2019（4）：28-35.

# 师资强化与教材革新：我国中部地区
# 中小学艺术教育改革现状分析*

李昕婕

[摘要] 我国中部地区艺术教育呈现师资力量薄弱、教育资源不均衡等诸多问题，近年来，随着"双减"政策落地，以河南省为代表的中部地区艺术教育改革正稳步推进。本文以河南省为主要调研对象，重点聚焦师资建设改革、教材建设改革两个方面，围绕当前艺术教育的改革措施和方向进行研究，认为我国中部地区的艺术教育改革存在着以政策推进师资建设、数量逐年扩充、质量稳步提升的师资改革现状，以及趋向素养转变、形成体系连贯、突出地域特色的教材改革现状。改革的同时也伴随诸多问题，文末将对未来改革方向提出简要思路。

[关键词] 中部地区　中小学艺术教育　改革现状　调研分析

　　我国中部地区集聚多个人口大省，与东部地区、南部地区相比，艺术教育资源相对薄弱，城乡教育不均衡等问题明显。近年来，以河南省为代表的中部地区实施一系列教育改革，以应对此况。2021年是河南省的教育改革年，从年初教育综合改革研讨会的系统谋划到河南省教育综合改革工作会议的全面部署，再到中小学教师"县管校聘"管理、义务教育集团化办学等系列文件的印发，教育改革的步伐稳健有力，其中艺术教育改革也在多个层面上稳步推进。本文以中部地区河南省为例，考察和调研当前中部地区的艺术教育改革现状，着重聚焦师资建设与教材建设改革方面的举措，认为我国中部地区的艺术教育改革存在着以政策推进师资建设、数量逐年扩充、质量稳步提升的师资改革现状，以及趋向素养转变、形成体系连贯、突出地域特色的教材改革现状。

　　* 本文系全国教育科学"十三五"规划重点课题"中小学艺术教育改革研究"（ALA190017）的结项成果。

# 一、师资改革："政策扶持、数量扩充、质量提升"

我国中部地区中小学艺术教育在当前师资建设改革方面，在以政策扶持师资培训、扩充师资队伍数量和提升师资质量等三个方面推进中部地区艺术教育高质量发展。

第一，在政策与师资培训方面，确立全面深化新时代中小学艺术教师培训体系改革基本任务。2019年，河南省基于中共中央、国务院《关于全面深化新时代教师队伍建设改革的意见》，通过召开全市教育大会、出台全面深化新时代教师队伍建设改革实施意见，基本解决了艺术教师待遇、编制、职称等问题，教师地位得到显著提升，全面加强新时代教师队伍建设的重点逐步转向关注教师队伍素质的提升上。但是，仍有县级教师培训机构弱化、教师培训人才匮乏、教师培训经费投入保障不力等问题，严重制约着高质量教师队伍的建设，亟须重构新时代教师培训体系。2021年末，为健全新时代中小学教师培训体系，全面提高教师培训质量，河南省教育厅、省编办、省发改委、省财政厅、省人社厅等5部门联合印发了《关于全面深化新时代中小学教师培训体系改革的实施意见》，坚持教师培训扎根基础教育、服务基础教育根本定位，全面深化教师培训领域综合改革，预计通过五年左右的努力优化教师培训体制机制，健全教师发展支持服务体系，推动教师终身学习，建立一支满足教育现代化发展要求的艺术类"四有"好老师队伍。

第二，在师资建设数量方面，整体师资数量有所提升，但仍存在结构性缺乏问题，艺术教师转任主科多、艺术教师职称评定难是普遍现象。2015年至2020年，全国艺术教育教师从59.9万名上升至77.8万名，艺术教育占专任教师总数的比例也从2015年的6.5%提升至2020年的7.6%。中部地区艺术教师也在逐步提升。以河南省为例，从2018年开始，河南省财政每年单列500万元专项美育经费，并依托美育师资补充与培训，提高艺术教育质量。截至2019年底，河南省有中小学美育教师近6万名。

但中部地区中小学依然面临艺术教育师资结构性缺乏的问题，根据《义务教育课程设置实验方案》，美育课程的课时量应占全部总课时的9%至11%。这意味着即使义务教育阶段美育课程按最低标准课时量开课，也存在由7.6%的教师承担9%的课程的配置不均衡状况。

据调研统计，河南省中学艺术教师在专任教师总数中的占比基本低于全国7.6%的标准。例如，河南省郑州市第一中学作为省重点中学，具有专任教师300余人，其中艺术技术组教师10人，艺术教师占专任教师总数比约为3.3%。河南省三门峡市第二中学具有专任教师162人，艺术教师8人，其中美术教师3人，音乐教师5人（含病假、临近离退休不开课的教师），艺术教师占专任教师总数比约为5%，全校2000余学生，实际任教的艺术教师仅有6人，生师比约为333.3∶1。河南省三门峡市外国语中学（含高中部和初中部）专职教师290至300人，初高中共计近6000名学生，仅有6个美术老师和5个音乐老师，且其中包含病假和临近退休不执教的艺术教师，艺术教师占专任教师总数比约为3.6%，艺术教育的生师比约545.5∶1。河南省安阳市新世纪中学80余位专任教师中，仅有1名美术教师，2名音乐教师，其中1名音乐教师为兼职教师，艺术教师占专任教师总数比为3.75%，全校艺术教育生师比约为600：1。

就所调研学校而言，河南省的中学艺术教师占比依然仍远低于2015年全国6.5%的比例。在谈及如何平衡教学时，许多教师介绍初中部的艺术教育基本上在七年级和八年级上半学期开展，因此对艺术教师的需求量不高，这种现象在河南省初中的艺术教学中非常普遍，且教育质量越高的学校，艺术教育的重视程度越低，艺术师资越缺乏。

河南省城市小学的艺术教育在近年来改革成效颇好。例如，在河南省三门峡市以艺术特色著称的外国语小学，在全校2763名学生中，有16名艺术教师，其中8名音乐教师、6名美术教师和2名书法教师，艺术教育生师比为172.7：1，专任教师146名，艺术教师占专任教师总数比约为10.9%，且该校音乐教师中含舞蹈教师，并开设拉丁舞课程，该校成为三门峡市唯一开设常规舞蹈课程的小学。河南省三门峡市第一小学137名专任教师中包含艺术教师9名，其中音乐教师5名、美术教师4名，艺术教师占专任教师总数比约为6.6%，全校3000余名学生，艺术教育生师比约为333.3：1。

可见河南省小学艺术教育师资改革虽初见成效，但仅限于城市小学艺术教育师资情况，相对而言，乡村小学的艺术教师缺额明显，超过50%，艺术教师没有专任教师，基本由特岗教师或主科教师兼任，艺术教育师资远远不足。

从以上两个中部地区的艺术教育师资改革状况来看，艺术教育师资数量虽有所提升，但依然面临较大问题，影响艺术教育师资数量的关键因素是学校对音乐、美术、舞蹈、影视等学科的重视程度较低，艺术教师转任其他主科老师的现象普遍，如大量中学艺术教师转任生物、化学、语文等主科老师，转任主科的原因是艺术类教师职称评定困难。

在河南省教育厅公示的2021年度中小学教师正高级职称评审通过人员构成中，150名中小学教师评定为正高级职称，仅有3名是艺术教师，其中2名音乐教师，1名美术教师；2021年度河南省省直中小学教师副高级职称评审中，共计53名教师评审通过，有3名是艺术教师，其中2名美术教师和1名音乐教师；2021年省直学校中小学中级职称评审中，69名教师通过评审，仅有1名音乐教师是艺术教师。

从2021年河南省教育厅省直中小学教师的职称评定数据来看，艺术教师的中级职称评定异常困难，高级职称认定更是难上加难。据调研，艺术教师转任其他科目的主要原因为区别待遇和职称评定困难，学校对"小三门"科目普遍不重视，到八年级时音乐课、美术课基本是两周一次，即便"双减"政策落地，周六和晚自习时间也基本分配给了主科，学生的艺术教育时间无法合理分配，艺术教师的需求不高，艺术教育师资在短期内很难得到较大提升。

第三，在师资建设质量方面，进一步完善艺术教师的学历教育，依托网络教学与展评等活动，全面提升艺术教师教学能力与教学质量。据河南省教育厅2021年统计数据，2020年河南省共有小学专任教师58.66万人，生师比17.42：1。专任教师学历合格率为100.00%，专任教师中具有专科及以上学历的占97.47%，具有副高级及以上专业技术职务的占5.24%。另有代课教师2.82万人，兼任教师0.21万人。普通初中专任教师34.05万人，生师比13.87∶1。专任教师学历合格率为99.68%，专任教师中具有本科及以上学历的比例为82.82%，具有副高级及以上专业技术职务的占17.09%。另有代课教师0.86万人，兼任教师0.18万人。

2019年河南省小学专任教师51.04万人。专任教师学历合格率为100.00%，具有专科及以上学历的占96.69%；专任教师中副高级及以上职称的占4.12%。生师比17.9∶1。另有代课教师2.90万人，兼任教师0.16万人。普通初中专任教师35.74万人。专任教师学历合格率为99.62%，具有本科及以上学历的占81.14%；专任教师中副高级及以上职称的占16.63%。生师比14.3∶1。另有代课教师0.84万人，兼任教师0.15万人。

2018年河南省小学专任教师50.02万人。专任教师学历合格率为100.00%，专科以上学历占95.91%。生师比18.18∶1。另有代课教师3.20万人，兼任教师0.23万人。普通初中专任教师33.90万人，专任教师学历合格率99.69%，本科以上学历占79.69%。生师比13.33∶1。另有代课教师8434人，兼任教师2126人。

从以上三年数据的比较中可以看出，河南省小学专任教师的学历层次稳步提升，高级职称占比逐渐增强，其中中小学代课教师和兼任教师数量增加，尤其是小学代课教师和兼任教师数量增加，主要原因是学校对艺术类教师的社会兼职人员引进，反映出艺术类教师数量和质量的全面提升。

以河南省三门峡市的艺术教师师资改革为例，教育局近来连续三年牵头举办多次全市艺术骨干教师培训、书法美术优质课大赛等教师交流活动。如2020年11月举办全市音乐骨干教师课堂教学观摩暨技能培训活动，活动以《关于全面加强和改进新时代学校美育工作的意见》为依托，涉及柯达伊教学法在音乐教学中的实践运用，探索多元化的音乐课堂教学模式，坚持"以美育人、以美化人、以美培元"，引导广大青少年向真、向善、向美，为推动三门峡市艺术教育发展做出贡献。

三门峡市教育局还借助互联网对优秀艺术课例进行展评，如对书法、剪纸、工艺拼贴等美育课程进行优秀课例的评比，加大农村小规模学校艺术教育资源的挖掘和优秀团队的打造，有效推动了城乡艺术教育优质资源的共建共享，实现了借助互联网低成本、高效率地汇集优质艺术教育资源，实现艺术教育区域联动，增进城乡艺术教师的交流，提升艺术教师教学能力，提升全市艺术教育质量。

## 二、教材改革："素养转变、体系连贯、地域特色"

综看当前我国中部地区中小学艺术教育教材建设改革现状，教材内容方面较为统一固定，义务教育阶段艺术教材改革从重技法到重素养实现转变，内容体系连贯性好，高中阶段教材改革则侧重艺术鉴赏能力提升。在教材使用方面，中小学艺术教育大多采用"循环教材"制度，节约购书成本，实现环保授课，然而多数学生因没有课本对所学艺术知识无法开展预习和复习，学习效果受到影响。同时，因"循环教材"使用，日常课程内容的教师决定权大，灵活多变的授课体系有利有弊。在特色教材建设方面，我国中部地区的中小学艺术教育的校本教材建设改革尚不足，虽部分教材具有地域特色，但艺术门类单一，戏剧、影视、舞蹈等其他艺术门类教材大大缺乏。

第一，当前教材内容恒定统一，连贯性好，核心素养改革初见成效。在中部地区中小学艺术教育教材建设与改革的调研走访中，河南省义务教育阶段艺术教材大多使用"人教版"，教材改革从以往重视技法训练到如今全面提升核心素养的转变，内容连贯性好；高中阶段则多使用人民美术出版社、人民音乐出版社出版的教材，改革重艺术鉴赏。具体而言，河南地区使用的中小学艺术教育教材内容较为固定统一，义务教育阶段一到六年级大多使用"教育部审定2012""教育部审定2013"人民教育出版社出版的《音乐》与《美术》教材。以《美术》教材为例，其编写背景是调整培养目标，使新一代国民具有适应21世纪社会、科技、经济发展所必备的素质，同时改变人才培养模式，实现学生学习方式的根本变革，使学生更具备未来社会的国际竞争力，全面提高国民素质。因此课程改革从注重知识传授调整为积极主动的学习态度，使获得基本技能的过程同时成为学会学习和形成价值观的过程。课程改革不再强调教材书本知识，而是关注学生学习兴趣和经验，关注其对生活的探索和趣味性挖掘，体现素质教育的要求。因此，在访谈的教师当中，普遍反映人民教育出版社出版的《美术》教材内容规划合理，"以前的美术教材比较注重绘画技法的讲授，而这套教材则更注重美术课程与学生生活经验的联系，加强了学习活动的综合性和探索性"，河南省三门峡

市外国语小学美术教师商老师访谈时说，"这样无形中提高了学生学习体验中的想象力、创造力、审美意识和审美能力，还增强了对大自然和人类社会的热爱与责任感"。

义务教育阶段的《美术》教材内容构成，从纵向来看，一二年级教材内容注重娱乐性和趣味性，三四年级注重知识性和探索性，五六年级注重学习性和传达性，七到九年级（初一至初三）注重理解性和表现性。从横向来看，教材分为"造型·表现""设计·应用""欣赏·评述""综合·探索"几个部分，以一项为主，有分有合。丰富多彩的美术活动穿插着循序渐进的基础知识与基本技能，同时对其他学科进行有机联系，指向完善人格的终极目标。教材的许多课程中作品的表现手法、风格、使用工具都是多元的，不仅给学生提供了多元的美感欣赏，激发孩子想象力，也在作业难易程度上给予学生选择的权利，发挥个性和尊重主体自由意愿，并为学校课外活动提供参照，调动学生对艺术的感知力，从艺术中发现"真、善、美"，基本实现美术教育从重技法到重核心素养的转变。

河南省高中艺术教材则使用人民美术出版社出版的《美术鉴赏》（必修）和人民音乐出版社出版的《音乐鉴赏》（必修），并在2021年秋季开始使用2019版新教材。仍以美术教材为例，据河南省三门峡市外国语高中的美术教师王老师介绍，"新教材的印刷质量和排版做得非常好，内容结构也进行了合理化改进，比如从过去第一课到第十八课，课与课的衔接生硬，中外美术发展较为割裂，新改版的教材结构进行了模块化、单元化处

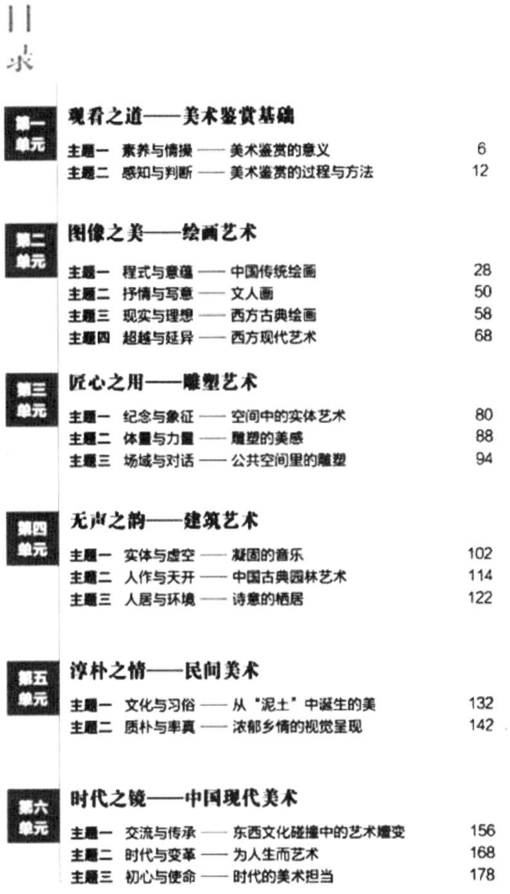

## 目录

图1 《美术鉴赏》（2019版，人民美术出版社）

理，融会贯通中外与古今，结构调整更加清晰，艺术分类进行鉴赏，并且里面有许多印刷质量很高的美术作品折页，便于学生鉴赏好的美术作品，教材变得非常高大上"（见图1）。从教材目录来看，内容分为"美术鉴赏基础""绘画艺术""雕塑艺术""建筑艺术""民间艺术""中国现代美术"等多个单元，分门别类地介绍不同艺术的鉴赏方法，条理清晰，并且最终落在"树人"的根本使命上，强调"为时代、为人生而艺术"，牢记初心与使命，强调"时代美术担当"。

值得一提的是，2022年1月河南省教育厅转发教育部办公厅的中小学教学用书补充通知，其中将宋瑾主编、人民教育出版社出版

的《普通高中教科书·艺术》列入我省高中教学用书，本套教学用书分为三册必修（《艺术与生活》《艺术与文化》《艺术与科学》）、五册选修（《美术创意实践》《音乐情境表演》《舞蹈编创与表演》《戏剧编创与表演》《影视与数字媒体艺术实践》）。可以看到必修科目中不再细分音乐、美术的学科大类，而是将艺术与生活、文化、科学结合来谈，选修则对应高校艺术学科进行科目编写，也可以看出高中艺术教育对标大学艺术教育在教材体系建设上的努力。

此外，河南省艺术教育教材的选用注重结合地方特色。例如，就初中《音乐》教材而言，河南省郑州市、安阳市目前多数地市选用的音乐教材为2012版、2013版教育部审定的人民音乐出版社、河南文艺出版社共同编著的《音乐》（见表1），这套教材在人民音乐出版社教材的基础上，加入了第七单元，即具有河南本土特色的歌曲、戏剧、河南文化风韵等内容，教材包括七年级至九年级三个学年。与单纯的人民音乐出版社音乐教材相比，这套教材更具河南地方色彩。从表1统计数据可以看出，每个年级在音乐曲目选择上，占最大比例的是中国传统音乐，河南本土风格音乐虽然所占比例较小，但在每册书中都会出现，对地方特色曲目的重视程度较高。即便如此，学生对第七单元带有河南地方色彩的音乐学习大多提不起兴趣，如对豫剧《朝阳沟》的学习，多数学生反映内容陈旧不好唱，因此许多音乐教师鉴于学生兴趣不高、自身非戏曲专业、期末为主科让课等原因，不再进行第七单元具有河南特色的音乐教学。

表1　不同风格音乐曲目在教材中所占比例统计表 [1]

| 版本 | 年级 | 曲目数[2] | 外国经典曲目及所占比例 | 中国曲目及所占比例 | 当代音乐作品及所占比例 | 本土歌曲及所占比例 |
|---|---|---|---|---|---|---|
| 人民音乐出版社、河南文艺出版社 | 七年级上 | 31 | 7（22.58%） | 12（38.71%） | 7（22.58%） | 4（12.90%） |
| | 七年级下 | 23 | 5（21.74%） | 8（34.78%） | 6（26.09%） | 2（8.70%） |
| | 八年级上 | 28 | 4（14.29%） | 17（60.71%） | 3（10.71%） | 3（10.71%） |
| | 八年级下 | 27 | 6（22.22%） | 12（44.44%） | 6（22.22%） | 3（11.11%） |
| | 九年级上 | 28 | 4（14.29%） | 7（25.00%） | 6（21.43%） | 1（3.57%） |
| | 九年级下 | 19 | 2（10.53%） | 11（57.90%） | 4（21.05%） | 2（10.53%） |

第二，教材使用采用"循环教材"制度，教师对课程内容决定权大，多数学生因没有课本而对所学艺术知识无法构成体系。从2008年开始，国家大力推进"绿色教育"，提倡教科书循环使用，减少资源浪费。所谓"循环教材"是教科书免费提供给学生，由学生在当学期使用，学期结束时归还学校供下一级学生使用，或者一套教材在一个年级中上课时间循环使用。河南省全省执行"循环教材"已有近6年的时间，"循环教材"的使用主要集中在"小三门"科目当中，尤其是美术、音乐等科目的教材。

然而"循环教材"制度却带来上课内容不清、收发教材不便、课后无法复习等诸多问题。河南省三门峡市近七成学生反映，"没有教材，不知道音乐、美术等艺术课程所教内容是什么，就是老师上课发本照着画，或者老师让跟着唱歌，下课就忘了，有时候隔一周才上一次课，跟上次课联系不到一起"。可见多数学生因为没有课本，无法对所学艺术知识进行巩固复习和形成艺术知识体系。

就教师层面而言，"循环教材"的问题在于，部分"循环教材"内容更新频繁，致使同一课程有不同版本、不同内容，增加教师授课难度，影响教学质量。同时，收发不便、各个艺术教师任意决定教学内容等问题非常普遍。据河南省三门峡市外国语小学商老师介绍，上下课收发教材非常耽误时间，而且老师虽然要求学生不能在课本上涂画，但依然有学生在教材上涂画，甚至将不良内容传阅到下一个班级，影响很不好，因此近年来上课就不再发教材，教师把教材内容整合到课件PPT（幻灯片）中供学生学习。音乐学科则在上课时分发一些曲谱教学，下课回收。音乐、美术课程因为不发教材，一般由教师决定上课上什么内容，通常也不进行艺术类课程考核，教师常常在课堂中随便找一幅画供学生临摹，或者直接在课堂上放映学生喜爱的动画片。

另一些学校则完全摒弃"循环教材"，如河南省三门峡市第一小学在试用"循环教材"几年时间后，就不再尝试艺术教育"循环教材"制度，近三四年时间一直由学生自己承担教材费用，音乐、美术等教材一人一本发到个人。美术教师王老师认为，"这样考试就比较

①　李翔.新课改理念下郑州市区初中音乐教材的调查研究［D］.新乡：河南师范大学，2011.
②　曲目数包括但不限于后四大类。

容易操作，比如低年级考试采用技法考核，画一幅画，高年级就出试卷进行考试，考查书中的一些美术知识点，学生复习也比较容易"。然而这样的艺术学科考试方式与教改理念又存在一定差距。

总之，在中小学艺术教育"循环教材"的推行改革中争议较大，不仅在新冠肺炎疫情期间存在图书传阅的卫生问题，而且加剧了艺术课程教材的管理难度，令艺术类课程更不受重视，教学质量难以提升。

第三，校本教材显地域特色，但建设改革尚不足，戏剧、影视、舞蹈等其他艺术门类教材大大缺乏。河南省中小学艺术教育在各个

学校校本教材建设方面依然不足，校本课程在各个中小学开设较多，但是大多课程不使用教材。这种情况在地市级城市较为普遍。

以河南省三门峡市为例，近年来，河南省"戏曲进校园"活动在各个地市先后开展，三门峡市的艺术教育也深入扎实开展"戏曲进校园"活动，并为此公开出版全省首部"戏曲进校园"教材《走进戏曲——戏曲进校园》。而此前出版的《工艺拼贴画》《剪纸》（见图2）也列入全省地方教材。此外，河南省三门峡市第二中学美术教师任老师介绍，之前为完成科研项目，曾出版过校本艺术教材《篆刻技法》《仰韶文化》等。

图2　河南省三门峡市特色校本教材

据统计，2011年以来三门峡市校本教材编写情况如下：灵宝市第一小学、三门峡市实验中学、灵宝市第一高中、三门峡市育才小学等纷纷选编了《经典阅读校本课程读本》《诵读中国》《儿童课程之晨诵》《中华诗词诵读》《小学生古诗文选粹》等，着重推荐国内文学史上的名篇佳作，供学生阅读欣赏。灵宝市第

三实验小学、三门峡市实验中学、灵宝市西闫一中则在书法、棋类等传统文化方面进行了探索，分别编写了《翰墨溢香——硬笔书法》《钢笔临帖》《传统文化精品选读》《益智棋类》《艺术腰鼓》等。三门峡市第三中学、灵宝市第四中学、灵宝市朱阳镇第一小学、陕州区实验小学等选编了心灵健康教育及文明礼仪教育

方面的读本，如《锦绣灵宝》《灵宝地理》《万里黄河第一坝》《铸鼎风云》等，更是以地方特色为突破口。三门峡市阳光中学依托数学、历史、地理三个学科编写了《悦动数学》、《崤函史韵》和《魅力三门峡》，已经印刷出了样书，英语、语文等学科的校本教材都已形成初稿，艺术类教材暂时没有编写规划。

从以上统计可以看出，艺术类地方自编教材主要结合地方文化，美术、书法、音乐等相关美育教材已有部分出版，影视、戏剧、舞蹈等艺术科目教材暂无出版。就已出版的校本教材使用情况而言，据三门峡市二中任老师介绍，"实际艺术课程通常不会完全按照自编教材体系上课，更不会将教材发给学生，在社团活动课程中偶尔使用。自编教材基本上都是为了教师自己的科研项目，为了评职称，上课时很少有老师用自己的教材"。可见校本艺术教材从编写、出版到使用均较缺乏，尤其欠缺影视、戏剧、舞蹈等学科门类教材。

## 结　语

据以上调研与分析，我国中部地区艺术教育当前在师资和教材方面的改革中，师资建设得到强化，教材革新也初见成效，但问题依然较多。例如，师资建设改革中存在校际教师专业发展水平不均、城乡艺术教育师资发展差距大、乡村艺术教育师资薄弱等问题。中小学艺术教育教师的职称晋升难、名师团队建设不足等问题未得到解决。后续应着重加强艺术教育师资梯队建设，减少艺术教育师资流失，打造校际名师团队。在教材建设改革中，虽然当前教材内容统一、连贯性好，但教师教学未能按照教材推进，教材的使用度较差，校本教材虽有地域特色，但整体而言艺术门类单一，教材艺术多元性不足。未来应进一步建设具有地域特色的艺术教材，尝试艺术教材的精品化、艺术品化打造；同时加强多种形态、不同艺术门类的独立教材建设。总之，为加强中部地区艺术教育的进一步改革，提升中部地区艺术教育的质量，在师资建设与教材建设方面，未来改革还有很长一段路要走。

作者简介：

李昕婕，讲师，北京师范大学艺术与传媒学院博士研究生，安阳师范学院传媒学院广播电视编导专业教师。主要研究方向为影视史论、艺术教育。主要教授课程包括影视写作、中外电影史、戏剧艺术通论、三维动画制作、视听语言等。发表学术期刊论文十余篇，主持地厅级以上课题八项，参编教材及学术著作八部。

# 我国北部地区中小学艺术教育改革
# 现状分析与路径探索*

赵金波

[摘要] 文章以我国北部地区中小学艺术教育调研为基础，对其师资、教材、课程、课程评价体系改革现状进行观察，调研发现地区内中小学艺术教育建设进程稳步推进并富有成效，但现阶段发展过程中仍存在发展不均衡的现实，存在教师资源利用不合理、课程与教材发展存在矛盾、课堂知识脱离艺术实践、教学目标难以完成等诸多问题。作者建议促进教师队伍发展和权益保障、提高教材的时代性和适用性、促进艺术教育课程建设、完善学业评价体系发展，推动北部地区中小学艺术教育实现全面发展。

[关键词] 北部地区　中小学艺术教育　改革现状　对策建议

中小学艺术教育是国家实施美育方针的有机组成部分，中小学通过开展艺术课程教学活动对青少年实施艺术教育是素质教育的重要内容。我国基础教育发展为艺术教育发展奠定了基础，艺术教育师资建设规模不断扩大、教材建设质量扎实推进、课程建设质量不断提高、课程评价体系建设趋于完善。中国近代教育家蔡元培认为，"美育之实施，直以艺术为教育"。艺术教育对青少年提升审美修养、丰富精神内涵、激发创新意识具有重要意义。

笔者的科研团队通过对我国北部地区中小学艺术教育地方政策、中小学校实地调查、与美育专业教师进行访谈等方式进行研究，发现师资、教材、课程和课程评价体系改革政策的落实与实际工作的实施存在较大差距。基于此，本文从北部地区中小学艺术教育改革现状、问题提出及改革发展路径探索方面进行分析和讨论。

* 本文系全国教育科学"十三五"规划重点课题"中小学艺术教育改革研究"（ALA190017）的结项成果。

## 一、北部地区的中小学艺术教育改革现状

### （一）师资覆盖惠及城乡，比例逐年稳步提高

我国义务教育阶段艺术教育教师人数由2015年的59.9万人增加到2020年的77.8万人，五年来增加了17.9万人。2020年7月，教育部在贯彻落实中共中央、国务院《关于全面深化新时代教师队伍建设改革的意见》（中发〔2020〕19号）的基础上，联合中央组织部、中央编办、国家发展改革委、财政部、人力资源社会保障部等部门出台《关于加强新时代乡村教师队伍建设的意见》（教师〔2020〕5号），在政策上保证了新时代城乡教师队伍建设的同时，在师资配备、业务水平、团队建设等方面提出了新的要求。为进一步提高农村教师质量，实施国务院办公厅关于印发《乡村教师支持计划（2015—2020年）》的通知（国办发〔2015〕43号）的内容，着力对薄弱学科师资提供支持与补充，实行多元化农村教师培养机制。此外，"特岗计划"、"国培计划"、支教计划、教育部直属师范大学师范生公费教育等系列支教计划的实施，大大缓解和改善了北部地区中小学艺术教育师资紧缺和结构不合理的问题，在原有发展基础上，基本实现了音乐、美术学科师资全域覆盖，现阶段重点调整艺术学科师资结构、推动建设农村艺术教育师资的发展。

中小学艺术教育师资队伍建设数量与质量发展不平衡，城市发展水平优于农村。基于以上问题，从2006年开始国家财政启动实施"特岗计划"，通过国家财政支持高校毕业生到农村义务教育阶段学校任教，向中小学音乐、体育、美术等学科倾斜，积极改善城乡师资结构不平衡的问题，对农村义务教育阶段艺术学科师资进行有效的补充，缩小了北部地区中小学艺术教育师资建设的差距。地区内现已基本配足美术、音乐两门艺术课程的师资，其他像书法、舞蹈、影视等艺术课程师资尚存在较大缺口。面对区域内中小学艺术教育师资存在专业水平差距较大的现状，为提高艺术教师专业水平，根据中共中央、国务院《深化新时代教育评价改革总体方案》《关于全面加强和改进新时代学校美育工作的意见》（国办发〔2015〕71号）文件精神和目标要求，对中小学艺术教师专业素质建设做出规划和部署。一是围绕高校艺术师范专业学生和教师开展基本功展示活动，推进地区高校艺术师范专业人才培养模式改革。二是多项举措提升教师队伍软实力。通过建立健全艺术教育教师人才建设，通过吸收优秀艺术工作者参与艺术教育教学工作、引进高校艺术教育专业优秀大学生参与支教、进行师资培训等多种渠道补齐配强美育教师；实行美育教师岗位激励制度，通过丰富和完善考核评价机制，鼓励和支持艺术教育师资人才承担艺术教育工作，为其职称评聘、教学科研提供支持，让其"留得住、站得稳"。

### （二）教材部署统一实施，结合实际创新发展

按照教育部办公厅统一要求，北部地区应结合辖地实际需要，进行中小学艺术教育教

材的选择、编写和改革工作。2005年2月，教育部办公厅发布相关文件，要求2005年秋季义务教育新课程改革在各地起始年级全面实施。2016年，中共中央办公厅、国务院办公厅联合印发《关于加强和改进新形势下大中小学教材建设的意见》（中办发〔2016〕66号），从制度层面对教材建设予以确认，促进了国家教材制度的完善。国家教材委员会成立后，进一步规范了教材的建设和标准的制定。在新课程改革的基础上，2020年4月，教育部办公厅发布《关于印发2020年中小学教学用书目录的通知》（简称《教学用书目录》），对中小学艺术教育实行分学段、分学科、分对象适配教材资源。

北部地区中小学艺术教育按照国家统一要求，在使用国家统编教材基础上，存在教材改革灵活性不足的问题。内蒙古自治区教育厅对中小学艺术教育教材的使用有明确规定，要求按照国家教材目录选用教材，严格地方课程教学用书的管理，规范民族语言授课学校教学用书，对教材内容、作者及出版审核等诸多方面提出严格要求，制约了该地区教材改革的自主性。而发达地区在国家统一要求使用国家统编教材的基础上，教材改革具有较强灵活性。北京市委全面深化改革委员会教育体制改革专项小组第一次全体会议审议通过《北京市中小学教材管理办法》（京教办〔2021〕16号），强调在国家统一要求使用国家统编教材基础上，积极贯彻《学校艺术教育工作规程》（教育部令第13号）精神和北京市教委体育卫生与艺术教育处艺术教育工作安排，深入贯彻体美处关于"把艺术教育工作纳入教学计划之中"的精神，在学校开齐开足美术、音乐等艺术课程的

同时，立足课堂积极建设像合唱、舞蹈、陶艺、戏曲等艺术类校本课程。教师结合教学实际情况制定教学计划、编写教材、开展艺术实践活动，提高中小学生艺术素养。北京市中小学校艺术教育充分利用地区、学校艺术资源优势，自主开设艺术教育课程，制定艺术教育标准、编写艺术教育教材，将传统艺术与现代艺术相结合，共同为中小学艺术教育创建良好的发展空间。

## （三）课程建设自主实施，双向模式良性发展

我国北部地区认真贯彻落实国务院办公厅《关于全面加强和改进新时代学校美育工作的意见》（国办发〔2015〕71号），2018年中小学艺术教育完成了学校美育改革发展备忘录全覆盖，探索建立了中央部门同地方政府联动机制，协调高校与社会资源共同促进中小学艺术教育的发展，初步建立学校、家庭、社会协同机制。

随着北部地区中小学艺术教育课程改革的不断深化，地区内艺术教育课程科目在原有音乐、美术传统学科的基础上不断拓展，中小学增设舞蹈、书法、戏剧、戏曲、影视等课程，极大地拓宽了艺术学科的范围，为中小学生提供更多选择。为不断巩固深化课程改革成果，中央斥资9.54亿元开展美育品牌建设项目，"高雅艺术进校园"活动已连续开展十余年，成功带领广大中小学生走进艺术；全国大中小学生艺术展演活动现阶段已经成为北部地区大中小学美育工作的常态品牌建设项目；农村艺术教育实验县项目加强了农村艺术教育综合实践能力，在很大程度上缓解了农村学校艺

术教育发展资源短缺的困境，改变了农村艺术教育发展水平滞后的现状。

欠发达地区通过内向发展模式对中小学艺术教育课程改革，突出课堂在中小学艺术教育中的主体作用。内蒙古自治区利用当地民族民间艺术教育资源，丰富艺术教育课程内容，通过三方面深化艺术教育课程改革，架构以审美和人文素养为核心的美育课程体系。发达地区通过外向发展模式对中小学艺术教育课程改革，结合优势文化资源，突出艺术实践在中小学艺术教育中的主体作用。北京市中小学艺术教育课程改革成果突出，通过中华优秀传统文化传承学校基地项目和义务教育阶段课外活动计划的实施，加强义务教育阶段中小学艺术教育同社会积极合作。北京市中小学积极寻求与博物馆、美术馆、艺术馆等社会资源合作，向中小学生开放，实现中小学校教育资源与社会资源的有效互补。

## （四）艺术教育体系构建，评价结构日趋完善

我国北部地区的中小学艺术教育课程改革和学业评价改革发展产生联动效应，强化了学校艺术教育发展的内生动力，为建立健全学校艺术教育课程评价机制奠定了坚实的基础。2015年，教育部关于印发《中小学生艺术素质测评办法》等三个文件的通知，分别从学生、学校、教育行政部门三个维度对学校艺术教育的质量进行立体评价，为监测评价全日制小学、初中、普通高中、中等职业学校艺术教育及其效果提供重要手段。教育部协同北部地区建立全国中小学艺术素质测评实验区，对中小学艺术教育发展情况、中小学生艺术教育学业

进行客观评价。对中小学生来说，各地区将中小学艺术教育结果纳入学生综合素质档案中，以此作为中小学生各学段艺术教育学习水平的重要参考，也把测评结果作为升学参考。对学校来说，各地区将严格执行中小学艺术教育主体责任，把中小学艺术教育工作自评纳入校长考核内容，并将其作为中小学艺术教育发展情况和学校工作的重要内容进行综合考察。

此前，欠发达地区中小学艺术教育课程评价环节缺失、标准模糊，普遍存在中小学艺术教师根据个人专业素质主观评价考核的现象。针对以上问题，内蒙古自治区在2021年《内蒙古自治区"十四五"教育事业发展规划》（内政办发〔2021〕65号）中明确提出加强教育服务能力、深化教育领域改革、强化教育基础保障等推进教育事业科学发展的重点举措，深化新时代美育教育评价改革。对区域范围内中小学艺术教育评价机制进行改革，将中小学音乐、美术、书法等艺术类课程及学校组织的艺术类实践活动纳入中小学生学业评价体系中，艺术类科目纳入初中、高中学业水平考试范围，艺术素质测评结果纳入初中、高中综合素质评价。根据教育部出台关于中小学艺术教育评价考核三办法，北京市东城区、西城区、海淀区作为发达地区的代表入选首批实验区，开展课程评价体系的科学探索，从主体性、全面性、创新性、审美性四个方面制定了中小学艺术素养指标，为中小学艺术教育成果和中小学生学业评价发展提供依据。学生是素质测评标准主体，学生自愿自主申报音乐、美术、戏剧、舞蹈等艺术项目素质测评，成绩计入中小学生艺术素质测评成绩。突出学生主体、课程创新、素质先行的中小学艺术教育发展理念，

凭借艺术教育评价体系的改革，提升地区美育改革发展水平。艺术教育实践学习全过程将纳入中小学生艺术教育学业档案，将成绩纳入学生综合素质评价体系中，逐步将艺术类科目引入中考改革及高级中学自主招生录取参考科目，作为地区内中小学生艺术教育发展水平、中小学校艺术教育发展指标和地区教育部门开展中小学艺术教育工作绩效的重要参考指标。

## 二、中小学艺术教育改革过程中的问题

本课题组调研结果显示，当前我国北部地区教育行政主管部门、中小学校、家庭已经把中小学艺术教育作为地区教育发展水平、中小学校园建设、学生素质教育发展的重要指标。在政府统筹、教育主管部门采取有效措施的前提下，有力地推动了各级各类学校艺术教育工作稳步推进。但在中小学艺术教育工作中也发现了诸多问题，主要体现在以下几个方面。

### （一）部分中小学轻视艺术教育，导致教师资源利用不合理

一是受升学因素影响，当前北部地区中小学艺术教育科目尚未全部纳入中考及高考改革，普遍存在忽视音乐、美术、书法等被视为"副科"的艺术课程，重视被视为"主科"的语文、数学、英语等文化课程，艺术课受文化课挤压现象较为突出。二是随着中小学艺术教育的快速发展，人才与岗位之间的矛盾突出。在专业艺术院校、综合类大学中艺术专业人才

不断增加的情况下，中小学艺术教育课程教师岗位招聘人数减少且要求不断提高，造成人才资源浪费现象严重。三是中小学艺术教育课程教师兼职学校行政管理工作，艺术教育教师教学工作重心的偏移和地位不公现象突出。在教育部2017年印发的《县域义务教育优质均衡发展督导评估办法》（教督〔2017〕6号）中对优质均衡县区的评估标准里，对每百名学生拥有艺术（美术、音乐）专任教师数量有明确标准，小学、初中应达到0.9人以上。[①]以上问题导致师生比例矛盾更加突出。

### （二）教材开发滞后、更新速度慢，导致课程与教材发展矛盾突出

我国北部地区少数民族文化资源丰富，多地进行各种中小学艺术教育课程开发实践，而中小学艺术教育基本使用国家统编教材，教材科目单一化，难以满足不同经济文化发展水平、少数民族地区多样化发展需要。教学用书目录中关于北部地区中小学艺术教材的使用要求中小学国家课程必须使用文件规定教材（特殊教育学校没有新编教材的学科及年级除外），在五类中小学国家课程教学用书目录中主要分为美术、音乐、语文·书法练习指导、艺术四个学科，均是在国家课程标准下编写，在全国范围内使用，对于北部地区艺术教育发达地区、艺术教育示范区、少数民族地区艺术教育的适用性有待商榷。一是北部地区中小学艺术教育发达地区、艺术教育示范区教材中教学内容的难易程度、地区匹配程度、教材学科门类等因素制约了中小学艺术教育发展。二是少数

---

① 周世祥.中小学音体美教师缘何"连年扩招"依然缺员［N］.光明日报，2021-03-23（14）.

民族地区中小学艺术教育发展地域失衡，未能与少数民族艺术文化匹配，导致部分地区存在完成课标水平困难的情况。

综合2020年版教学用书目录来看，中小学艺术教育教材存在的问题有：一些教材出版时间较早，一直未改版，知识更新速度跟不上艺术教育发展速度；一些教材出版时间较早，虽然已进行改版，但也只是基于旧版教材进行小修小补，未能从新知识体系和新的整体逻辑架构上进行完善。所以说，中小学艺术教育教材的编写与实施需要观照全国中小学艺术教育平均发展水平，北部地区中小学艺术教育发展不平衡、少数民族艺术文化优势教育资源开发不充分仍是接下来教材改革需着重突破的方向。

**（三）课程标准执行效果不理想，导致课堂知识脱离艺术实践**

中小学艺术教育课堂脱离艺术实践问题突出。为了完成教学任务，教师在艺术教育中存在忽视艺术实践活动现象。主要依靠艺术课教师讲授教材的知识内容，导致学生课堂知识学习脱离艺术实践，开课效果不理想。原因在于现阶段中小学艺术教育普遍存在艺术课程受文化课挤压、轻视课堂教学、硬件设施不完善等问题。

近年来，教育部为规范中小学艺术教育颁布了多个文件。早在2002年，教育部就颁布了《学校艺术教育工作规程》，此后，作为该文件的补充又相继出台了《义务教育艺术课程标准（2011年版）》（教基二〔2011〕9号）、《普通高中艺术课程标准（2017版）》、《普通高中美术课程标准（2017年版）》、《普通高中音乐课程标准（2017年版）》（教材〔2017〕7号），对

中小学艺术教育的发展提出了更多要求。根据艺术教育工作和课程标准执行情况对我国北部地区调研结果反映：小学艺术教育执行情况优于中学，普通类学校优于重点类学校，少数民族学校优于其他类学校，在艺术教育工作和课程标准执行中均存在各种各样的问题。在"双减"政策指导下，小学教育升学压力相对减小，学校、家庭把艺体等项目作为学生美育、智育、体育全面发展的重要选择；普通中学在升学率不占优势的情况下，积极开展特色学校建设，争取通过艺术特色教育的发展实现突围；少数民族中学在教书育人、民族团结方面发挥着重要作用，对政策的落实和执行有更加严格的要求，通过严格落实艺术教育工作和执行艺术课程标准，实现少数民族文化的继承与发展。

**（四）艺术教育评价体系建设不完善，导致教学目标难以完成**

我国北部地区尚未建立健全中小学艺术教育学业评价标准，部分地区存在艺术教育学业评价缺失的现象，中小学艺术教育评价考核体系建设工作亟待展开。在制定中小学艺术教育课程考核标准过程中，对课程评价体系建设的讨论不绝于耳。现在中小学校把学生艺术成绩作为结果性评价进行考评，而非形成性评价。艺术学科的学习目的是让学生认识美、感知美和创造美，传统艺术教育的评价依赖期末考试，很难完成学生掌握艺术知识和获得技能的目标，因此需要建立标准化的艺术教育评价体系。

在2022年全国两会中，针对学校美育与体育协调化共同发展的目标，推动博物馆、美

术馆成为学校的美育课堂，同时取消中小学生各种艺术类等级考试的提议在中国新闻社发起的网络投票中共有约9.8万名网友参与投票。其中，65 512名网友赞成取消中小学生各种艺术类等级考试，21 301名网友不赞成取消中小学生各种艺术类等级考试，持观望态度的有11 364名网友。以上评价和投票结果都是针对中小学艺术教育评价标准中的不规范现象提出的，对于中小学生通过学校开展艺术教育和通过标准化的方式进行艺术等级考评仍然是家长、学校和社会讨论的话题。

## 三、促进中小学艺术教育改革对策建议

### （一）提质增量，促进教师队伍发展和权益保障

扩大地区内艺术类高等院校、师范类艺术专业高校招生规模，补充紧缺薄弱学科教师数量，从根本上解决专业艺术人才需求的有效供给。相关艺术类高等院校、师范类艺术专业高校要制定相关专业建设发展规划，以适应学校、社会对艺术专业教育人才不断增加的需要。拓宽艺术人才进入中小学艺术教育渠道，通过国家政策支持实施多元化教师补充机制和人才引进计划。把公开招聘作为艺术人才师资建设的主要来源，综合免费师范生定向培养、特岗招聘、同城支教、农村紧缺师资代偿学费计划、人才引进等措施补充艺术专业教师，吸纳优秀文艺工作者参与中小学艺术教育工作，落实高校艺术专业大学生支教计划，建立高校与中小学校艺术教师互聘和交流学习长效合作

机制，重点对北部地区艺术教育发展薄弱学科倾斜。

支持地区内艺术教育教师队伍培训，着力提升艺术教育教师专业素养。启动区域内美育卓越教师培养计划，积极推进师范类高校专业艺术人才培养、高校优质艺术专业和院系改革；开展高校艺术专业学生、教师技能大赛和基本功展示活动；鼓励中小学、高校艺术教师，社会艺术团体专业技术人员建立专业集群，共同谋划区域内艺术教育的发展蓝图。面向本地区中小学艺术教育教师开展旨在全面提升在职艺术教师专业能力和水平的常态化专业培训和经验交流活动。全面整合社会资源，搭建师资学习平台。地区内各地教育主管部门联合文化部门、文艺团体和中小学校，充分发挥各自资源优势，组建艺术教育联盟、文艺工作者支援联盟。通过支持专业类艺术院校、师范类院校艺术专业共建艺术专业实践基地等多项举措，集合社会力量保障中小学艺术教育师资力量稳步提升。

国家在政策和制度方面确认艺术教师和其他教师待遇相同，在课时费与课时量之间达到平衡，确保获得同等尊重，在学校拥有平等地位。现阶段，北部艺术教育发达地区如北京、河北、山西、辽宁等省市已经出台相关政策和指导方案，教育部门、人力资源和社会保障部门完善教师编制标准，创新编制制备，通过"县管校聘"管理改革实现区域间中小学艺术教育教师资源均衡，在一定程度上缓解了艺术教育学科的师资压力，教师的合法地位和待遇得到制度保障。充分发挥地方主动权，推进地方创新探索，逐步形成以中央统一城乡教职工编制标准为基础、地方自主创新提高编制使用

效益的办法。

国家教育考试部门应根据中小学艺术教育发展需要，逐步扩大教师资格证科目以适应艺术教育发展，让艺术教师取得专业教师资格证，得到专业认证和社会认可。此外，加大中小学艺术教师岗位激励制度和培训力度，提高艺术专业教师职业自信心、荣誉感和责任感，同时建立和完善艺术教师职称评审和考核评价制度，保障艺术教师评奖评优、教学科研、职业发展公平。

## （二）加快开发，提高教材时代性和适用性

北部地区中小学艺术教育教材建设应围绕地区经济文化水平和艺术学科的发展需要进行，着力提高学科创新意识，激发教材建设改革活力。习近平总书记指出，"当代中国的伟大社会变革，不是简单延续我国历史文化的母版，不是简单套用马克思主义经典作家设想的模板，不是其他国家社会主义实践的再版，也不是国外现代化发展的翻版"①。对中小学艺术教育教材建设改革来说，需要充分认识中小学生知识结构、心理发展特点，保证教材内容难易适度、知识延续与各学段发展特点相适应。此外，还应充分发挥地区教育主体和艺术教育工作者的自主性，结合地区经济、文化发展需要，制订多样化艺术学科发展计划，以教材建设为中心，综合利用地区内艺术文化资源，满足中小学艺术学科的多样化发展。

促进中小学艺术教育发展应增强教材时代性，服务学生素质发展需要和国家现代化

发展需要。为适应艺术学科快速发展的需要，要实现中小学艺术教育教材改革理念由注重基础知识素养向实践素养转变。在教材内容上，体现艺术教育的创新思想，不再以注重单一知识记忆为主，更加强调艺术教育内容的整体性、延续性。就中小学艺术教育教材建设的改革与发展而言，应积极学习其他学科教学教法与先进经验，紧紧围绕艺术学科发展，加强艺术学科之间的联系与融合。鉴于知识体系的变化，应相应地对教材内容结构进行调整，更多关注中小学生现阶段文化基础、知识结构和心理发展需要。在教材改革中需观照学生行为习惯的养成，情感、态度、价值观的变化。

通过中小学艺术教育教学模式的变化推动教材改革。通过先进的教学理念和信息化教学手段，实现混合式教学模式的创新，将传统"灌输式"教学转变为"启发式"教学。更加注重学生的素质发展，通过丰富的信息化资源实现学生个性化发展需要，激发学生学习方式的变化，从而推动教材改革。艺术专业的学习要求贴近生活，激发学生对艺术和生活的热爱，提高学生的学习热情。通过课堂学习和艺术实践的互动，实现学生学习方式的改进，提升学生个性化学习能力和综合素质。素质教育发展理念深入人心，艺术教育的发展不能仅满足于知识的积累和专业实践水平的提升。只有通过先进的教学理念、一体化知识体系的建构，才能实现中小学艺术教育的长远发展。要推动教材及中小学艺术教育专业化的改革，实现教材的创新发展，进一步带动和完善专业课

---

① 白显良.回答马克思主义为什么"行"的四重逻辑［N］.重庆日报，2020-04-17.

程建设和课堂模式变革。中小学艺术教育教学模式的变化、课程建设创新发展、学生学习方式的变化对中小学艺术教材的适用提出了更高的要求。

随着互联网、媒介多样化发展的需要，教材建设改革应当基于满足全体中小学生个人素质发展需要。艺术教育教材应当更加灵活，在国家统编教材、地方教材、校本课程教材多元发展的基础上，实现学生自主学习和个性化满足；通过纸质教材与数字化教材资源互相补充，实现中小学艺术教育教材的时代性、灵活性。

### （三）深化改革，促进艺术教育课程建设

强化基础，明确中小学艺术教育各个阶段的培养目标，满足基础教育阶段完成艺术教育课程开齐开足的迫切要求。在此基础上，提高中小学艺术学科地位，从根本上转变主副科固化思想，实现艺术学科与文化基础课学科地位的平等。高等院校与地方教育部门开展合作，定期组织高校专家为区内中小学艺术教师集中授课，走进中小学校，参与学生合唱团、管乐团、舞蹈等艺术团指导。学校面向学生设置文化艺体课程，为学生全面发展搭建平台，通过艺术课程品牌建设提高了艺术学科的影响力，对中小学生素质教育，实现全面发展、引领正确价值观的作用不断显现，深化了对艺术学科地位重要性的认识。

五育并举，德智体美劳融合式发展，实现艺术教育课程改革。学校作为内生动力，对内作为工作主体科学地协调艺术教育同德育、智育、体育、劳育与文化基础课程的关系，推进

课堂教学、校园文化建设和社会实践深度融合，让学生在生活中发现、体会艺术之美，进一步实现创造美。对外加强社会资源的融通，实现艺术教育课程改革，联合艺术专业团体、研究机构、教育部门，建立全区域高校和中小学美育教学实践指导团体、学校艺术类专业教学指导团体、高端智库等，多方合作实现产、学、研一体化建设。

在实施中小学艺术教育的基础上，地区内积极推广基于当下艺术基础设施和艺术实践水平的艺术实践活动，如合唱团、舞蹈队、美术等艺术实践活动小组。实现城乡均衡、艺术教育学科门类齐全的艺术实践机制，完成区域内全体中小学生艺术"勤练"与"常演"机制常态化，同时各地区要拓宽基础教育领域教学实践资源，满足校内、校外资源共同助力中小学艺术过程的全阶段发展需要。学校积极同社会合作开发美育课程，实现同步课堂，共享优质在线资源，实现城乡一体化发展。进一步支持高校开展定向帮扶中小学艺术教育志愿服务。在此基础上，打造"高雅艺术进校园"活动品牌，带动其他地区中小学艺术教育发展。利用互联网技术建设中小学艺术教育互联网展播平台，为区域内中小学校、多个艺术学科提供独立的数字化展示平台。

### （四）优化配置，完善学业评价体系发展

推进中小学艺术教育综合改革，只有改变不合理的教育评价制度，才能从根本上解决教育学业评价制度指挥棒问题。通过艺术教育评价体系改革记录学生成长、素质发展的全过程，最终建成学生审美素养和中小学校艺术教

育工作评价制度。笔者通过调研发现，学校艺术学业考评成绩工作落实情况较好，但"唯分数"的单一评价导向已深入师生内心。

各地教育部门落实教育部等九部门发布的《中小学生减负措施》，在初中采用综合素质评价、在高中改革招生录取的方式，通过过程评价更多关注学生在艺术学习过程中的课内课外活动表现、音乐美术基础知识和基本技能、校内艺术学习和校外艺术实践，以及个人艺术特长展示评价、监测和督导等方面的内容，对学生初中学段学习过程进行综合性评价。例如，青岛市成为山东省首个将艺术专业科目纳入中考总成绩的城市，中考改革为山东省艺术教育评价机制发展、提高学生美育水平起到了先行示范作用。此外，青岛市还将结合艺术教育评价改革实施过程中的问题以及中考艺术科目实施的调研情况，在全市开展长短课教学、分层走班教学等课堂教学改革，推行学生艺术素质测评典型案例并加以推广，以此总结艺术教育改革经验，提高青岛市中小学艺术教育水平。

党的十八届三中全会提出"改进美育教学，提高学生审美和人文素养"，教育部《关于推进学校艺术教育发展的若干意见》（教体艺〔2014〕1号）提出了"建立评价制度，促进艺术教育规范发展"的要求，将中小学艺术教育阶段学习成果全面纳入学生综合素质档案，真实客观记录中小学生素质教育成长过程，填补了中小学艺术教育评价制度的空白，为进一步完善中小学艺术教育评价体制提供了制度保障。严禁社会艺术考级同升学挂钩，不将其作为中小学艺术特长测评依据。把中小学生的审美、人文素养的发展情况和学校美育工作开展的情况，作为"小升初"、中考和学校、地方教育部门工作绩效考核的重要指标。坚持完善中小学艺术教育以兴趣为导向与社会艺术水平考级相结合，积极引导把社会艺术考级评价体系作为中小学艺术教育的有效补充方式，从根本上激发和引导学生艺术学习的兴趣。

## 结　语

随着中小学艺术课程标准、中等职业教育艺术课程教学大纲、普通高校公共艺术课程指导纲要的颁行，北部地区中小学艺术教育通过师资建设、教材改革、课程改革、课程评价体系的完善和发展，实现了艺术课程从原有的"技能课"向"审美体验"转变，教学质量稳步提升。接下来，地区教育部门和各中小学将继续贯彻落实教育部《关于进一步加强中小学艺术教育的意见》，按照国家教材委员会的统一部署进行科学规划、资源整合，切实加强中小学艺术教育的发展。

**作者简介：**

赵金波，硕士，内蒙古鸿德文理学院讲师。主要研究方向为亚洲电影、中小学艺术教育研究。

# "双减"政策下如何借助影视教学培养"大国少年"

## ——以"光影实践队"中小学影视美育协同育人教学实践为例*

雷 雷

[摘要]"双减"政策为影视教育的发展提供了新的路径和机遇。为进一步贯彻落实新时代美育要求,践行发展影视美育协同育人,"光影实践队"中小学影视美育协同育人团队提出"大国少年"影视美育协同育人长效机制的建设理念。通过初步尝试创新构建多方协同育人新格局、打造通识普惠立体网络新机制、推进立德树人五育并举新样态、搭建儿童友好全方位育人矩阵等形式,力求践行儿童友好理念,以优秀影视作品浸润童心,建设影视美育协同育人长效机制。在"双减"政策的契机下积极探寻借助影视教学培养"大国少年"的路径和机遇,达成家校社协同育人的影视美育新生态。

[关键词]"双减" 中小学影视教育 大国少年 协同育人

## 一、背景:贯彻落实新时代美育要求,践行发展影视美育协同育人

我国对中小学影视教育有着长期而深远的战略规划,自2008年以来,国家相继发布《关于进一步开展中小学影视教育的通知》(教基〔2008〕15号)、《教育部关于加强和改进普通高中学生综合素质评价的意见》(教基二〔2014〕11号)、国务院办公厅《关于全面加强和改进新时代学校美育工作的意见》(国办发〔2015〕71号)、《中小学德育工作指南》(教基〔2017〕8号)、《关于加强中小学影视教育的指导意见》(教基〔2018〕24号)等文件,不断强调中小学影视教育的重要意义,明确中小学影视教育的各项任务,加大对中小学影视教育的支持力度。

* 本文系北京市教育科学"十四五"规划2021年度课题"首都中小学生借助影视文化传播进行'四史'教育效果研究"(项目编号:30200078)的阶段性成果。

2021年7月，中共中央办公厅、国务院办公厅印发《关于进一步减轻义务教育阶段学生作业负担和校外培训负担的意见》（简称"双减"），指出应"完善家校社协同机制。进一步明晰家校育人责任，密切家校沟通，创新协同方式，推进协同育人共同体建设"①，为影视教育的发展提供了新的路径和机遇。

随着5G时代"融媒"加速向"智媒"转变、疫情防控逐渐常态化、数字读图时代愈发占据主导地位、城市发展呼唤儿童友好理念，优秀影视作品不仅应只是学校教育的重要着力点，也应成为弥足珍贵的家校社协同育人教育资源。"双减"政策下如何借助影视教学培养"大国少年"呢？笔者认为应加速推动布局适应新时代发展的"停课不停学"的影视美育长效机制，助力中小学影视美育家校社协同育人发展。

## 二、"大国少年"影视美育协同育人长效机制的建设理念

所谓"大国少年"，是有着国家认同、文化传承、责任担当、奋斗精神、实践创新等品格的国家大格局少年。其中，"大国少年"教育格局之"大"涉及教育宽度大视野，教育远度大志向，教育厚度大胸怀，教育高度大格局。"大国少年"价值导向之"国"体现在国家认同、民族自豪，心明历史、脚踏大地，责任担当、服务社会，人文情怀、实践

创新。②影视艺术是融合绘画、雕刻、建筑、音乐、诗歌（文学）、舞蹈、戏剧等艺术形式的综合艺术，借助影视教育能很好地培养学生艺术审美素养、异质同构能力、鉴赏创作实践、人文关怀精神等，全方位发挥优秀影视作品的育人功能。

具体而言，可以通过初步尝试创新构建多方协同育人新格局、打造通识普惠立体网络新机制、推进立德树人五育并举新样态、搭建儿童友好全方位育人矩阵，力求践行儿童友好理念，以优秀影视作品浸润童心，建设影视美育协同育人长效机制。

### （一）校内校外、共教共管，创新构建多方协同育人新格局

苏联著名教育家苏霍姆林斯基曾说过，最完美的教育是学校与家庭的结合。③校内教育和校外教育可谓是教书育人的重要阵地。我国发布的《关于深化教育体制机制改革的意见》《教育部关于加强家庭教育工作的指导意见》《中国教育现代化2035》等政策，都把促进家校社协同育人作为根本性任务，呼吁加快推动家庭、学校、社会的密切配合，共同培养德智体美劳全面发展的社会主义建设者和接班人。

如笔者创建的"光影实践队"影视美育协同育人团队以独创绘本推广影视美育、打造萌娃观影团启迪课、坚持影院常驻影视课堂、搭建影视教育托管课堂、助力视障群体

---

① 关于进一步减轻义务教育阶段学生作业负担和校外培训负担的意见［EB/OL］.（2021-07-24）. http://www.moe.gov.cn/jyb_xwfb/gzdt_gzdt/s5987/202107/t20210724_546566.html.

② 和美君.大国少年，德行天下：中国儿童中心"大国少年"融合课程探索［J］.中国校外教育，2021（1）：5-7.

③ 苏霍姆林斯基.给教师的建议［M］.王颖，译.武汉：长江出版社，1984：539.

公共服务的"五位一体"协同育人影视美育实践为手段，创新构建起家校社多方协同育人的新格局，广受社会好评。

以独创漫画绘本进行影视宣讲，涉及文明观影纪律、专家访谈实录、胶片修复过程、影视美育案例、原创绘本故事等（见图1），使宣讲更加生动活泼，符合儿童话语体系。通过宣讲帮助大众了解影视美育的内涵和外延，让受众更好地熟知"影视美育"这一概念，再通过专家采访给宣讲和调研的内容提供更专业的理论支持，为后续课堂实践中呈现拟态影视课堂打下坚实基础，为不断测评和改进影视美育课程提供可能，是形成"大国少年"影视美育协同育人的重要支撑。

同时，团队与企事业单位合作推出了影视教育托管课堂，以影片作为活动载体，拓展中国特色校外影视教育辅助学校教育、家庭教育的协同育人方式。在没有学校老师和家长陪同的情况下，模拟真实影视教育课堂，并对课程进行完整的演练，其中包括课程研讨、制作教案、备课说课等详细流程。通过对电影的观赏、后期的讲解与分析，使得参与课程的同学，无论是低年级学生还是高年级学生都进行了热烈的课堂回应，可见这种影视教育形式深受学生喜爱。

苏联教育家凯洛夫曾用三因素论分析协同教育的重要性，凯洛夫把影响人身心发展的因素归结为遗传、环境与教育三个因素，并认为环境对人的发展起决定作用。[①]电影自诞生之日起就天然地依附特定观影环境，相比于学校中小学影视课堂，以家庭和社会群体为单位的影院教学会带来更多的观影文化仪式感和沉浸体验感，以逼真的影像环境空间助力家校社共教共管，创新构建"大国少年"多方协同育人新格局。

图1 原创影视美育漫画绘本

---

① 上海市七宝外国语小学课题组.运用先进教育理念，构建家校协同教育的"学习共同体"[J].现代基础教育研究，2012，5（1）：55-63.

## （二）线上线下、共建共享，打造通识普惠立体网络新机制

在新冠肺炎疫情的冲击下，我国互联网产业展现出巨大的韧性和发展活力，短视频更是在全民通识艺术学习中展现出磅礴力量，助力抗疫战争取得重大胜利。2020年中国互联网络信息中心（CNNIC）发布的第47次《中国互联网络发展状况统计报告》显示，截至2020年12月，我国网民规模达9.89亿，我国网络视频（含短视频）用户规模达9.27亿，较2020年3月增长7633万，占网民整体的93.7%。其中，短视频用户规模为8.73亿，较2020年3月增长1.00亿，占网民整体的88.3%。[①] 2020年我国已步入视频社会化元年。

用户规模的扩大离不开"停课不停学"政策的引导和推动，网民群体中学生占比最多，达23.7%，疫情期间全国2.82亿在校生转向线上课程，线上线下融合（OMO）已成为教育行业发展趋势。可见，短视频艺术教育正在倒逼传统教学方式进行改革。

乔治·西蒙斯是著名的联通主义的倡导者，曾在《联通主义：数字时代的学习理论》（Connectivism：A Learning Theory for the Digital Age）一文中系统提出了联通主义的思想，指出学习不再是一个人的活动，学习是连接专门节点和信息源的过程。[②] 传统的线下教育资源和形式限制了知识探究的边界，而线上教育资源则成为知识探究的原点，扩展了知识的边界。因

此，学习成为对网络信息的遍历和建构，通过社区内不同认知的交互而形成新的知识。[③]

笔者创建的"光影实践队"影视美育协同育人团队以联通主义理论为基础，除了丰富的线下教育实践活动，还依托漫画绘本、微视频影视美育、微信群建设进行线上互动，积极探索5G（第五代移动通信技术）时代学习的互联特性。团队将教学实践过程、相关知识点、原创故事等以原创漫画绘本的形式记录下来，在微信公众号上传播；疫情期间严守防控要求、无法开展线下活动时，则推出影视、音乐类短视频陪伴学生持续学习；进行亲子电影院微信群建设，及时沟通反馈每次教学效果。团队利用"互联网+"的学习优势，系统化、体系化推出高质量线上课程，推动线上线下混合式教学，且所有绘本、影视普及小贴士、短视频等资源免费向社会公众开放，打造通识普惠的"大国少年"立体网络影视美育新机制，推动"大国少年"进行有意义的交互并逐步形成远程协作反应学习框架。

## （三）课前课后、共鸣共振，推进立德树人五育并举新样态

影视作为一项新的教育教学手段，部分中小学已经将其纳入校本课程，但是社会大众化的影视教育仍处在发展的初级阶段。如何才能更好地发挥影视美育的文化意涵与社会功能、如何践行影视美育成为新的时代课题与挑战。

影视教育应当注重艺术审美教育，以审美作为教育的宗旨，从而让人真正对人类内

---

① 第47次《中国互联网络发展状况统计报告》[EB/OL].（2021-02-03）. http://www.cac.gov.cn/2021-02/03/c_161392 3423079314.htm.

② 陈玉琨.中小学慕课与翻转课堂教学模式研究[J].课程·教材·教法，2014，34（10）：10-17，33.

③ DOWNES S. Places to go：connectivism & connective knowledge[EB/OL].（2012-01-12）. https://www.doc88.com/ p-773476295156.html.

心世界的美好有更深入的体会和体验。①为了影视美育取得更好效果，"光影实践队"影视美育协同育人团队以美育为基础，五育并举培养"大国少年"，推出影院沉浸式体验课堂进行K12（学前教育至高中教育）影视美育启蒙，成立北京地区萌娃观影团，组织学生和家长进入电影院集体观影，截至最后一次观影活动结束，共有三百余人参与其中（见图2）。

作为国家文化中心的首都，北京拥有雄厚的影视教育资源，团队坚持影院常驻影视课堂的理念，不仅举办电影点映，邀请明星主创与学生互动交流，还充分发挥电影场馆的教育属性参观学习。团队与伯乐影视合作举办了《银河补习班》北京首映礼，邀请众多教师工作者及其子女共同参与影片放映及主创交流环节，众多参与者在观影过程中泪洒现场，自发在社交媒体中写出观影评价。

2020年10月，教育部、国家文物局发布《关于利用博物馆资源开展中小学教育教学的意见》，团队以国家政策为引领充分发挥博物馆、资料馆的育人属性。如借助前门大观楼影城一楼展厅帮助观众了解中国电影发展史；深入中国电影资料馆近距离参观电影修复工作室，了解胶片电影修复手法、胶片电影转数字电影的方式等，促进博物馆资源融入教学体系，实现博物馆与影视综合实践的有机结合（见图3）。

图2　萌娃观影团活动照片

图3　大观楼影城一楼展厅和中国电影资料馆电影修复工作室

---

①　周星.青少年影视教育的历史使命与实施路径［J］.浙江师范大学学报（社会科学版），2019，44（2）：58-64.

博物馆等场馆的教育功能自古以来就受到中西方教育家、学者的重视。1880年，美国学者詹金斯在其《博物馆之功能》一书中指出，博物馆应成为普通人的教育场所。1906年美国博物馆协会成立时就宣言，"博物馆应成为民众的大学"[①]。"蔡元培认为，博物馆是重要的社会教育机构。杨钟健认为，博物馆相当于若干个大学。"[②]影视教育实践中也应大力发展儿童场馆教育，强化电影博物馆的教育属性和育人功能，沉浸式体验学习影视文化。每次活动前对电影涉及的知识进行讲解，包含电影工具知识、内容中的自然知识、德育情感等；活动结束后带领学生制作动画手工或废物利用自然生态手工等，开创跨学科、跨领域的创新育人路径，融合德育元素、提升美育熏陶、加强媒介融合，将德育、智育、美育、体育、劳育融于影视教育之中，坚持立德树人，推进五育并举培育"大国少年"新样态。

### （四）特殊人群、共勉共进，搭建儿童友好全方位育人矩阵

在课堂实践环节之外，团队同样注意到了社会少数群体的需求。由于视觉障碍者身处视觉信息接收的困境，他们看似无法参与到影视教育中来，但观赏影视作品也是他们生活需求的一种，影视教育亦然。

团队前往中国盲文图书馆的口述影像馆，了解并协同观赏了一场无障碍版电影《流浪地球》。无障碍理念起源于欧洲的平权运动，

认为以健全人为中心、忽视残障者需求的社会不是一个正常的社会，主张通过无障碍设施和技术的支持帮助残障者回归社会主流，达到融入社会的目的。[③]所谓无障碍电影就是在影片的制作中加入一条特殊音轨，对环境音及画面进行播报，如"刘培强，又一次在太空舱的窗上描绘出了木星的形状，这些形状越来越大，表示他们与木星的距离越来越近"。这样的外加音轨作为视觉障碍者辅助理解的工具是十分有效的。此外，这样的无障碍版影片通过加入背景音的字幕对听觉障碍者同样适用。

作为文化中心的首都，北京十分重视社会中少数群体的文化需求，少数群体的文化教育也是重中之重。因此，团队考虑到社会少数群体对于影视教育的需求，通过与中国盲文图书馆相关负责人乌日娜老师的交流、对中国盲文图书馆的口述影像馆志愿者采访等，整理出特殊群体影视教育需求调研报告，积极为视障群体公共服务。团队关注特殊人群影视教育问题，能在一定程度上知晓、帮助该人群的观影实践，并生成研究报告、论文，参与相关学术会议，呼吁更多爱心人士加入特殊群体影视教育的志愿服务、版权减免等活动中来，综合以上各种育人实践，打造出全方位的儿童友好育人矩阵。

通过映后的交流与互动，我们可以看到，这种无障碍影视教育受到了特殊群体的强烈欢迎，不仅仅是因为影片的娱乐性，更因为课堂中同学们在老师的引导下能接受这种体验情感

---

① 单霁翔.博物馆的社会责任与社会教育[J].东南文化，2010（6）：9-16.
② 黄琛.漫谈博物馆宣教服务体系建设[N].中国文化报，2008-07-04.
③ 黎建飞.残障人法教程[M].北京：中国人民大学出版社，2016：147.

的新方法，这正是影视教育的目的之一。只要我们付出更多的努力，少数群体影视教育的未来也同样充满了希望。但《马拉喀什条约》于2021年10月才被批准引渡至中国，且《马拉喀什条约》允许复制、发行的作品形式仅限制于文字、符号和（或）相关图示，影视无障碍版权的获取道阻且长，急需全社会的关怀与探讨，一起为积极搭建儿童友好的全方位"大国少年"育人矩阵而努力。

## 结　语

通过不同形式的影视教育课堂实践，可以看到影视美育的需求很大，当前迫切需要形成影视美育名师、名课、名教材，以点带面辐射全国，探索建立和初步实施儿童综合素养评价体系。影视美育本身蕴含着强大的发展潜力，不仅应该进入校园作为基础教育的重要组成部分，还应该以家庭为单位，作为家庭教育的有效手段。另外，由于影视资源的社会属性，社会也应对影视美育做出更为积极的回应。目前团队正积极探寻搭建"看电影学党史"的电影思政课堂，将"四史"教育融入中小学影视教育课堂，真正在"双减"政策的契机下积极探寻借助影视教学培养"大国少年"的路径和机遇，实现家校社协同育人的影视美育新生态。

作者简介：

雷雷，中国儿童中心儿童影像教师，北京师范大学戏剧与影视学博士。主要研究方向为影视艺术与理论、中小学影视教育、电影地理学。

# 北京市东城区中小学古琴艺术进校园调研报告*

杨 子

[摘要]"2022新课标"发布及"双减"有关政策的实施，对中小学课堂教学和课后服务提出新要求，明确了音乐、美术艺术类课程主线地位。古琴艺术是音乐类"非遗"的优秀代表之一，蕴含中华优秀传统音乐文化的精髓，是"以美育人"提升中小学生艺术素养和审美能力的重要载体。本文通过调研深入了解北京市东城区中小学音乐类非物质文化遗产古琴艺术教育现状，探索区域"非遗"教育的相应对策和有效路径，为促进中小学音乐课堂教学质量提升和满足学生课后多样化学习需求，打造具有"历史底色"的"非遗"教育模式提供参考依据。

[关键词] 新课标 "双减" 古琴艺术 中小学 "非遗"教育

## 一、"新课标"背景下中小学"非遗"教育的重要意义

### （一）国家政策的高位引领

近年来国家颁布一系列政策，积极推动非物质文化遗产（简称"非遗"）在中小学校的传承和保护。2005年3月国务院办公厅发布《关于加强我国非物质文化遗产保护工作的意见》中反复强调"通过社会教育和学校教育，使非物质文化遗产代表作的传承后继有人……发挥非物质文化遗产对广大未成年进行传统文化教育和爱国教育的作用"。2014年教育部印发的《完善中华优秀传统文化教育指导纲要》中指出"深入开展创建中华优秀传统文化艺术传承学校活动，邀请传统文化名家、非物质文化遗产传承人等进校园、进课堂。依托少先队、共青团、学生党支部、学生会、学生社团等，开展主题教育、理论研讨、社会实践、志愿服务、文艺体育等形式多样、丰富多彩的活动"。2017年中共中央

* 本文系北京市教育学会"十四五"教育科研课题2021年度一般课题（项目批准号：DCYB2021-300）的阶段性成果。

办公厅、国务院办公厅印发的《关于实施中华优秀传统文化传承发展工程的意见》提出"把中华优秀传统文化全方位融入思想道德、文化知识教育、艺术体育教育、社会实践教育各环节，贯穿启蒙教育、基础教育、职业教育、高等教育、继续教育各领域……以幼儿、小学、中学教材为重点，构建中华文化课程和教材体系""丰富拓展校园文化，推进戏曲、书法、高雅艺术、传统体育等进校园，实施中华经典诵读工程，开设中华文化公开课，抓好传统文化教育成果展示活动"，明确将中华优秀传统文化贯穿国民教育始终，高度重视优秀传统文化的传承和教育。在前述各级各类有关中华优秀传统文化、"非遗"保护等政策文件中，不难发现国家对"非遗"传承和保护的决心和重视，将中华优秀传统文化的教学实践上升为国家的教育战略。

## （二）中小学是"非遗"教育的重要场域

非物质文化遗产是国家和民族历史文化成就的重要标志，是中华优秀传统文化的重要组成部分。中小学校是"非遗"传承的重要场域，当前我国基础教育领域中"非遗"教育仍处于初步探索阶段，将优秀传统文化通过课堂教学、课后服务、综合实践活动等方式进行"活"态传承仍是重要的研究课题。在教

育部制定的最新版《义务教育艺术课程标准》（2022版）、《义务教育音乐课程标准》（2011版）和《普通高中音乐课程标准》（2017版）①均强调音乐课程内容要以中华优秀传统文化为主体，将本地区民族民间音乐（尤其是非物质文化遗产中的音乐项目）运用到音乐课程中，使学生从小受到民族音乐文化的熏陶，树立传承民族音乐文化的意识。"双减"政策激发了中小学课后服务时段的办学活力，要求学校结合办学特色、学生学习和成长需求，充分调动教师的积极性和创造性，开展丰富多彩的文艺、体育、劳动、阅读、兴趣小组及社团活动，尽最大努力满足学生的不同需求。通过课堂、课后齐发力，不仅可以有效地涵养中小学生的民族音乐文化和民族精神，树立传承中华优秀传统文化的意识，提升中小学生音乐艺术素养，而且真正把青少年人文艺术素养的培养纳入育人全过程具有重要的理论意义与实践价值，无疑是探索基础教育、"非遗"进校园路径的有效举措和重要使命。

## （三）古琴艺术进校园区域调研的必要性

古琴艺术作为中国音乐类"非遗"的优秀代表，受到世界各国人民的热爱和保护。它蕴含的独特的中国传统文化内涵和民族精神，

---

① 教育部最新版《义务教育艺术课程标准》（2022版）在"课程设计"中指出，"课程内容坚持以中华优秀传统文化为主体，讲好中国故事，吸收、借鉴人类文明优秀文化成果，追求精神高度、文化内涵、艺术价值相统一"。《义务教育音乐课程标准》（2011版）在"课程资源开发"中要求"要善于将本地区民族民间音乐（尤其是非物质文化遗产中的音乐项目）运用到音乐课程中来，使学生从小受到民族音乐文化熏陶，树立传承民族音乐文化的意识"。《普通高中音乐课程标准》（2017版）在"课程基本理念"条目中阐明"中国民族音乐历史悠久，博大精深，积淀丰厚，是中华优秀传统文化的重要组成部分，值得世代珍惜和忠实传承。中国各地区、各民族的民歌、器乐、歌舞音乐、戏曲、曲艺和民间舞蹈等传统艺术形式，汇聚了中华文化的精华，是民族音乐文化的根脉，理当是音乐课程的重要内容"。

在乐器形制、减字谱、琴家流派、音乐作品、音乐历史、演奏（唱）技法、思想品德等多方面得以体现。北京市东城区作为首都核心区，文化底蕴深厚，拥有得天独厚的"非遗"艺术教育研究优势，"崇文争先"的东城理念和"文化强区"的战略方针的全面实施，使"以文化城、文城一体"的城市氛围更加浓厚。东城区始终走在基础教育改革的前列，东城教委于2017年启动"文化·传承2030"工程，明确指出"将优秀传统文化教育纳入学校文化建设、教育、教学课程顶层设计及课内外、校内外活动之中"①。在此基础上，笔者设计并下发《北京市东城区中小学古琴艺术进校园现状调查问卷》，以问卷调查与访谈相结合的方式对东城区中小学古琴艺术进入校园进行专项调研，调研对象为全体中小学音乐教师、教学干部、中小学生。②通过深入调研，了解区域中小学校古琴艺术进校园的情况，找到区域"非遗"艺术进入校园的有效路径，促进音乐课堂教学质量整体提升，使区域"非遗"艺术教育更加规范、科学、合理，教学质量进一步提升，让传统文化与现代文明在校园交相辉映，让历史文脉与文化教育相得益彰，为塑造"文化东城"的区域品牌打下良好基础。

## 二、北京市东城区中小学古琴艺术教育现状分析

调查问卷由填空、选择（单选、多选）和主观题三种题型组成，内容包含区域中小学音乐教师"非遗"素养基本情况、古琴艺术进入课堂实施情况、音乐类"非遗"进入中小学校园的建议等三个维度。访谈提纲基本涵盖问卷调研的三大维度，但访谈比问卷更加细致、深入，问卷比访谈能更宏观、更全面地了解区域整体情况。问卷和访谈各具特点，二者互补互鉴。调研问卷问题及问卷分析如下。

### （一）关于东城区音乐教师"非遗"艺术基本素养方面

**1.您了解我国的非物质文化遗产吗?（见表1）**

表1　关于"非遗"熟知程度的比例

| 选项 | 小计 | 比例 |
|---|---|---|
| A.非常了解 | 2 | 0.95% |
| B.比较了解 | 126 | 59.72% |
| C.不太了解 | 80 | 37.91% |
| D.不了解 | 3 | 1.42% |

---

① 参见关于东城区政协第十四届四次会议第132号提案的办理答复意见（A类）》。
② 调查问卷于2021年9月完成，调查对象为东城区中小学校音乐教师，共有63所学校、211位教师。访谈于2021年10月完成，对北京市东城区灯市口小学、北京市第一零九中学、北京市第一中学、北京市第五中学、北京市第五十中学分校、北京市府学小学、北京市东直门中学附属雍和宫小学等7所学校进行抽样访谈。访谈对象为音乐教师、教学干部、中小学生，共60余人。

**2.您对古琴艺术是否了解？（见表2）**

表2  关于古琴艺术熟知程度的比例

| 选项 | 小计 | 比例 |
|---|---|---|
| A.非常了解，熟悉各琴派特点和代表作品，并有所特长 | 5 | 2.37% |
| B.比较了解，知道部分琴家和代表作品，能够演唱或演奏若干首 | 81 | 38.39% |
| C.不太了解，对古琴艺术的认识较少 | 114 | 54.03% |
| D.不了解，教学和生活中很少接触 | 11 | 5.21% |

教师作为课堂教学第一责任人，是推动"非遗"融入课堂的重要角色。从统计结果来看，东城区59.72%的音乐教师具有良好的"非遗"文化基本素养，为区域"非遗"艺术进校园的工作顺利开展提供前提和保障。有37.91%的老师对于"非遗"不太了解，在211位调查对象中，仅有两位教师掌握音乐类"非遗"技能。就古琴艺术而言，东城区一半以上中小学音乐教师对于古琴艺术处于不太了解和完全不了解的状态，只有38.39%的

教师具备一定的知识素养，知道部分琴家和代表作品，能够演唱或演奏若干首作品。通过访谈得知，老师们的演唱或演奏是基于钢琴伴奏的声乐教学或音乐鉴赏，而不是通过古琴"打谱"进行琴歌演唱教学，原因是区域古琴艺术方面的专业人才缺乏，音乐教师对于古琴等音乐类"非遗"的学科素养亟待提高。

**3.学校是否配有古琴等"非遗"教师？（见表3）**

表3  关于"非遗"教师的配比

| 选项 | 小计 | 比例 |
|---|---|---|
| A.专职教师 | 2 | 0.95% |
| B.兼职教师 | 7 | 3.32% |
| C.没有配备 | 202 | 95.73% |

95.73%的学校没有古琴教师等"非遗"专职教师。通过访问了解到，只有府学小学、史家小学两所学校配有古琴等"非遗"专职教师，定安里小学、崇文小学、培新小学、前门小学四所小学配有兼职教师。在师资配比中，东城区音乐类"非遗"专业师资配备不完善。学校加强师资力量培养是未来推进区

域音乐类"非遗"进校园的重点之一。

**（二）关于东城区音乐类"非遗"古琴艺术进入课堂教学方面**

**1.您是否将古琴等"非遗"音乐有关的内容融入课堂教学？（见图1）**

在涉及音乐教师是否将古琴融入课堂教

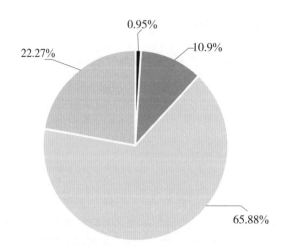

- ■ A.完全融入，自己所教授、研究的领域与其密切相关
- ■ B.经常融入，有较强的意识，在数字活动中主动拓展和延伸有关内容
- ■ C.偶尔融入，只在教材涉及的单元中有融入，很少对其拓展、延伸
- ■ D.没有融入，与自己教授的学科、研究的领域关系不密切

图1 "非遗"音乐课堂教学融入程度

学的问题时，65.88%的音乐教师能够融入课堂教学，说明大部分教师能够将古琴艺术融入学科教学，但是仅限于教材涉及的单元，很少对其有关内容进行拓展延伸和深挖内涵。还有22.27%的音乐老师表示完全没有融入课堂，他们认为古琴艺术与音乐课关系不密切，此观点反映部分音乐教师对于"非遗"传承与保护意识有待提高，缺乏整体、深度的课程规划。

**2.学校对于古琴艺术的传承有哪些方式？（见图2）**

数据显示，74.88%的学校缺乏对古琴艺术的宣传和教育，18.48%的学校将古琴教学融入音乐课堂，13.74%的学校曾组织古琴讲座或音乐会，5.21%的学校组建过学生古琴"非遗"社团，还有两所学校开设过

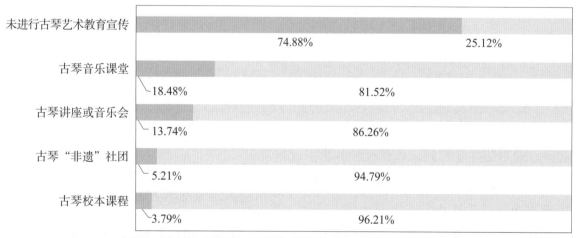

图2 古琴艺术传承方式占比

古琴校本课程。总体来说，古琴专业教学十分缺乏，部分学校曾组织过教学或开设校本课程，但存在连续性不强、内容不深入、没有形成显著课程特色等问题，大部分学校没能将音乐类"非遗"艺术纳入学校整体发展规划中。

**3.您学校组织过什么样的古琴艺术教育活动？（见表4）**

表4　东城区中小学古琴艺术教育活动情况

| 序号 | 内容 | 学校 |
|---|---|---|
| 1 | 学生才艺展示 | 革新里小学、黑芝麻胡同小学、史家实验小学、府学小学、工美附中 |
| 2 | 校本课程 | 府学小学（学院日课程）、东四七条小学（博物之旅课程有涉及古琴课程）、光明小学、板厂小学（走近民族乐器中的一节课）、艺美小学、第五十中学分校（高二年级曾开设古琴演奏课） |
| 3 | 讲座 | 黑芝麻胡同小学、东四九条小学、崇文小学、广渠门中学附属花布小学、东交民巷小学、汇文中学 |
| 4 | 综合实践活动 | 前门小学、灯市口小学、东交民巷小学、光明小学（组织师生去中山音乐堂聆听古琴音乐会）、第一七一中学（游学观摩） |
| 5 | 学生社团 | 景山学校、第九十六中学（吟诵社团）、第二十四中学（曾经组织过古琴社团） |
| 6 | 学科教研 | 和平里第九小学 |

东城区中小学有关古琴艺术进校园主要有课堂教学、校本课程、艺术社团（兴趣小组）、组织讲座或音乐会、学生才艺展示等方式。

**4.您认为古琴等"非遗"艺术融入中小学音乐课堂是否有必要？原因是？（见表5）**

表5　中小学音乐课堂"非遗"教学必要性的比例

| 选项 | 小计 | 比例 |
|---|---|---|
| A.是，有利于丰富学生的音乐知识素养 | 129 | 61.14% |
| B.是，有利于补充学生的人文知识素养 | 131 | 62.09% |
| C.是，有利于加强学生思想道德素养 | 100 | 47.39% |
| D.是，有利于帮助学生形成文化自信 | 122 | 57.82% |
| E.是，有利于弘扬中国优秀传统文化 | 137 | 64.93% |
| F.否，与学科教学联系不紧密，没必要开设此类课程 | 17 | 8.06% |
| G.否，想法很好，但受限于学校经费、课时安排、师资力量等因素，实施较为困难 | 47 | 22.27% |
| H.可有可无，没有想过这个问题 | 13 | 6.16% |

超过半数教师认为古琴等"非遗"艺术有必要融入中小学音乐课堂，64.93%的教师认为有利于弘扬中国优秀传统文化，62.09%的教师认为有利于补充学生的人文知识素养，61.14%的教师认为有利于丰富学生的音乐知识素养。同时，也有部分教师对于古琴等"非遗"艺术融入中小学课堂的实施有所忧虑，主要原因是受限于学校经

费、课时安排、师资力量等因素，导致实施较为困难。还有8.06%的教师认为"非遗"艺术与学科教学联系不紧密，没有必要开设此类课程。

**5.您认为当前古琴艺术进入中小学面临的最大困难是？（见表6）**

表6　中小学"古琴"教学困难原因的比例

| 选项 | 小计 | 比例 |
| --- | --- | --- |
| A.经费不足，有关教学实践活动较难开展 | 118 | 55.92% |
| B.师资力量薄弱，缺少专业教师 | 193 | 91.47% |
| C.学校、教师对于古琴等"非遗"音乐不够重视 | 73 | 34.60% |
| D.古琴等"非遗"艺术与学科教学联系不紧密，较难融入基础教育 | 87 | 41.23% |

从调查数据来看，91.47%的教师认为学校在"非遗"艺术方面的师资力量薄弱，缺少专业教师，专业人才的匮乏已成为"非遗"进校园的最大障碍。另外，有55.92%的教师认为聘请专业教师、购置乐器、教材等教辅用具等需要经费支持，经费不足是导致教学实践活动无法顺利开展的另一重要原因。41.23%的教师认为古琴等"非遗"艺术与学科教学联系不紧密，较难融入基础教育。在访谈调查中，也有不少教学干部反映，当前古琴艺术进入中小学面临的最大困难在于师资和设备购置。在区域"非遗"艺术教育规划中，专业人才、资金支持以及如何与学科教学相融合等方面是研究的核心问题。

## （三）关于区域音乐类"非遗"艺术进校园的建议和意义

### 1.您对古琴艺术进入中小学校园有什么建议和期望？

本次调研中绝大多数音乐教师表示"希望古琴艺术能够早日进入中小学校园"，但也有教师对于古琴进校园的方式提出思考，[①]如何让学生真正体会到古琴的艺术魅力是"非遗"融入基础教育的难点。大部分教师从音乐课堂一线教师的角度积极建言献策，让古琴艺术真正走进校园，从学会鉴赏开始再进一步逐渐普及，从课堂教学入手，融入学生，以古琴课程丰富学生的音乐体验，拓宽视野。也有教师对教学方法提出通过分层教学的方式进入中小学课堂，从先了解、有兴趣、学一学，最终到可以演奏，通过实践教学让学生亲身感受到中国传统文化的无限魅力，在循序渐进的教育中形成文化自信。还有的老师从学生的发展需求提出以兴趣为引导，组织兴趣小组，同时加入其他古代乐器一起进行讲解、学习，拓展学生音乐素养。在师资队伍建设方面，多数教师建议由区有关部门组织音乐教师进行"非遗"音乐素养培训，聘请有关专家进行现场教学，开设校本课程，组织古琴进校园系列讲座，学校配备专业教师或提供教学课程案例，共享到各学校推广普及。此外，教学干部也希望区教委或有关

---

① 如九十六中学一位老师认为："古琴自古以来就是少数人独乐乐的艺术，吟诗作画、吟诵弹琴可以静心养志，如何能让学生真正体会到弹古琴的乐趣，可能是古琴艺术进校园的第一步。"

部门能够给学校提供"非遗"进校园的资金保障，用于配备专门的"非遗"研习教室和乐器等基础设备等。

**2.您认为中小学生学习古琴等"非遗"艺术的意义是什么？**

在本次调研中反映出两种观点，98%的教师认为"古琴在中国乐器中具有重要的意义""在中国传统文化中，古琴是极具代表性的乐器之一，对于学生认识、感受并建立文化自信是很重要的一环"。也有两三位老师表示疑问和否定，有一位音乐老师在建议中提出"为什么是古琴？"的疑问，也有老师认为中小学生学习古琴等"非遗"艺术没有意义，原因是"与基础教育联系不多"。

从传承精神、弘扬民族文化角度来说，教师们认为古琴艺术进课堂可以增强中小学生对中国传统文化的理解，帮助青少年建立文化自信；从知识素养提升角度来说，教师认为学习古琴艺术可以帮助学生拓宽视野，进一步了解中国民族器乐，同时理解中国古代音乐文化及其蕴含的"礼"，加深对中华优秀传统文化知识和音乐知识的积累；从美育角度来说，古琴艺术进课堂能够有效地提高学生艺术素养、艺术审美认知，提升审美能力；从学校课后服务来说，增加"非遗"类课程、社团、兴趣小组，能够较好地丰富学生社团活动，提升课后服务质量。

## 三、结论与对策

问卷调查结果和访谈资料表明，东城区

中小学古琴艺术进校园的特点如下。

### （一）东城区中小学古琴艺术教育特色

**1.以课堂教学为主阵地，进行音乐类"非遗"古琴艺术教学活动**

课堂是教育教学主阵地，也是弘扬中华优秀传统文化的主战地。《义务教育音乐课程标准》（2011版）中明确指出将民族民间传统音乐、非遗中的音乐项目运用到课程中[①]。在中小学教材中均有古琴艺术等音乐类"非遗"，是音乐教师必须要完成的教学任务和知识重点。正如北京市第一中学的音乐教师所说："在讲到古琴单元时，会把自己的古琴拿来为学生讲解和演奏，学生们表现出极大兴趣，远比书上图片感受深刻。"通过本次调研发现，东城区大部分中小学（共164位音乐教师）已经将古琴等"非遗"音乐有关的内容融入音乐课堂教学，为区域性"非遗"进校园活动的开展提供良好的生长土壤。

**2.利用学校、社会资源，开展丰富多样的教育形式**

东城区中小学古琴艺术教育呈多样态形式，主要有学校文艺活动中学生才艺展示、校本课程、鉴赏讲座、课堂教学赏析、综合实践活动、学科教研、社团等方式，小学较为积极，而中学只有三四所开展相关活动。如革新里小学、黑芝麻胡同小学、工美附中等学校通过校园艺术节、才艺小达人等校园活动为学生提供展示古琴技艺的平台。府学小学的学院日课程、东四七条小学的博物之旅

---

① 《义务教育音乐课程标准》（2011版）"课程资源开发"条目中明确要求"要善于将本地区民族民间音乐（尤其是非物质文化遗产中的音乐项目）运用到音乐课程中来"。

课程、板厂小学的"走近民族乐器"中涉及古琴，艺美小学等在校本课程中有古琴艺术教学活动，尤其是第五十中学分校的音乐老师曾在高二年级开设古琴演奏课程，为"非遗"校本课程的实施做出有益尝试。黑芝麻胡同小学、东四九条小学、汇文中学等学校曾邀请专家进入校园进行古琴艺术讲座。光明小学（组织师生去中山音乐堂聆听古琴音乐会）、第一七一中学（游学观摩）也纷纷利用综合实践活动组织师生研习古琴艺术。有学校发挥学生社团作用，如景山学校、第九十六中学（吟诵社团）、第二十四中学（曾经组织过古琴社团）积极推进古琴艺术等"非遗"在中小学的落地。

### 3.教师作为第一传承人，普遍具有良好的"非遗"保护意识

从问卷和访谈的结果来看，超过半数的一线音乐教师支持古琴等音乐类"非遗"进入中小学音乐课堂。他们对于中小学生学习古琴等音乐类"非遗"的重要性认同感普遍较强。访谈中，七所抽样调查学校的教学干部均对"非遗"进校园表示认同和肯定，认为学校在课程建设方面需要加强和重视"非遗"课程。老师们表示非常愿意学习古琴等音乐类"非遗"，并在教学技法、教学方式、教学内容、课程设计等方面从教学实际需求出发为区域"非遗"项目的教师培训提出意见，东城区中小学音乐学科教师队伍对音乐类"非遗"进校园持良好的支持态度。

### （二）存在的问题

#### 1.学科教学中古琴艺术的深度、广度和专业性需要加强

不同学段的音乐教材中均有古琴艺术相关内容，[①]区域内绝大部分学校没有将古琴艺术与学科教学有效结合。通过访谈和调查问卷可知，个别融入学科教学的音乐教师由于缺乏相应的专业素养和教辅工具，教学内容多以赏析为主，没有进行专业知识的扩充和实践教学，也没有建立整体而全面的音乐类"非遗"课程体系。其主要原因是一线音乐教师缺乏相关"非遗"专业素养，同时课程设计者与任课教师的教学重点和观念也需要及时更新调整。

#### 2.古琴教育实践活动持续性不强、课程设置不完备

东城区中小学开展古琴艺术进校园活动的学校不多，在少部分开展实践活动的学校中形式较丰富，如部分学校在校本课程中的某节课中介绍古琴艺术，有些学校以"请进来、走出去"的方式邀请古琴演奏家举办讲座或组织师生参加走进博物馆、音乐厅等综合实践活动，但教学时间和教学内容呈普及性、片段性等特点，没有形成完整的体系，导致活动效果和教学质量欠佳。也有多位老师明确提到"希望古琴艺术进校园可以具有连续性、序列化""不要东一榔头西一棒槌"的建议。

#### 3.缺乏"非遗"素养的师资培训和专职教师

古琴艺术在中国已有三千年的悠久历史，

---

① 如人教版高中音乐鉴赏教材中高一年级第九单元"文人情致"包含《广陵散》《流水》《阳关三叠》《扬州慢》，小学六年级（下册）第一课"古风新韵"《关山月》等单元均涉及古琴艺术。

其曲风和所表达的文化内涵成为中国古代文人音乐的代表。[1]由于当前高校音乐师范类课程设置以西方音乐教育为主的局限性，中小学音乐类师范毕业生普遍不具备古琴艺术教育教学的基本素养（识减字谱、打谱、琴歌演唱等技能）。调查显示，东城区95.73%的学校没有古琴等"非遗"专职教师，只有府学小学、史家小学两所小学配有古琴等"非遗"专职教师。在师资培训方面，府学小学曾由工会组织古琴学习班，教师下班后自愿参加学习。定安里小学、崇文小学、培新小学、前门小学四所小学配有兼职教师。东城区一线音乐学科教师对于音乐类"非遗"艺术的基本素养较为欠缺。对于古琴艺术，一半以上的中小学音乐教师处于不太了解和完全不了解的状态，缺乏学习古琴等音乐类"非遗"的机会和渠道，亟须加强有关知识的专业学习。

### 4.缺少政策和资金的支持，教室、乐器等硬件需要配备

政府相关职能部门是文化保护和宣传的重要保障，建立健全对音乐类"非遗"进校园的政策和措施十分必要，如设立相应的管理部门、增加"非遗"专职教师配置、给予一定的资金扶持，加强对"非遗"保护和传承的监管等。学校配齐"非遗"专用教室、乐器、琴桌椅等基本的教辅设施；利用课堂教学和课后服务，合理安排中小学生"非遗"项目的学习时间，设计适合中小学学习的"非遗"课程和有关实践活动。

### 5.中小学生对音乐类"非遗"保护与传承的认识有待提高

东城区中小学一线音乐教师和教学干部对于"非遗"艺术进校园和弘扬中华优秀传统文化具有较高的意识，但是中小学生对"非遗"艺术、中国传统音乐、古琴艺术的热度不高，尤其是一部分中学生不愿意走进"非遗"，相反，被访谈的小学生对"非遗"艺术充满好奇，求知欲较强。笔者认为，一方面，个人兴趣爱好反映出中小学生对"非遗"艺术知识的匮乏；另一方面，中学生有升学压力，而学习新知识需要花费精力和时间，再加上"非遗"与应考知识点联系不紧密，所以他们不愿意走进"非遗"。

### （三）区域推进古琴艺术进校园的建议和对策

#### 1.音乐教师"非遗"素养和"非遗"传承意识有待提升

教师是音乐课堂的第一责任人，教师自身具备一定的"非遗"素养和专业知识，可以有效地运用到课堂教学中来。而教师具备"非遗"保护和弘扬中华优秀传统文化的意识和相应素养，是打开"非遗"进入音乐课堂的第一步。因此，区校两级在组织学科教研、教师培训中，建议增加有关音乐类"非遗"课程和教研活动，提升音乐教师的"非遗"素养和传承中华优秀传统文化的责任担当。访谈中有老师反映，希望能聘请专业教师进校指导或录制成微课，方便教师自主持

---

[1] 古琴艺术流派众多，明清时期流传至今的乐曲据不完全统计三千余首。它拥有独特的记录左右手音位和弦位的减字谱记谱方式，与现在记录音高、节奏的五线谱大相径庭，在演奏、演唱时表达的情绪、艺术处理与现在的以西方音乐教育为主的中小学音乐教育截然不同。

续性学习。

## 2.研发满足中小学不同需求的系列课程和实践活动

"双减"政策明确要求"学校要结合办学特色、学生学习和成长需求，充分调动教师积极性和创造性，积极开发设置多种课后服务项目，切实增强吸引力和有效性"[1]。在区教委"文化·传承2030"工程的推动下，京剧、中医药等传统文化项目呈良性发展，而作为世界级"非遗"的古琴艺术教育则相对薄弱，缺少较为系统、成熟、科学适用于中小学生的古琴课程和实践活动。建议开发适用于中小学生学习的古琴课程、实践活动（包括校本课程、艺术社团、兴趣小组等）及有关学习材料；在资金充足的情况下，还可以引进优质课程资源，结合信息技术制作古琴微课，以优质视频课的形式进入课堂，让更多学生有机会接触古琴艺术。

## 3.科研助力，加强"非遗"艺术素养教育的普及和宣传

学校应该鼓励、引导音乐学科组或音乐教师个人申报相关研究课题，以科研为引领，组建"非遗"课程专家团队，通过跟踪调查及时对学校活动进行专业指导，在做中学，在学中做，使学校课后服务、校本课程、艺术讲座、艺术展演等综合实践活动方式更加专业化、规范化、科学化，逐步完善"艺术基础知识基本技能+艺术审美体验+艺术专项特长"的教学模式，使"非遗"艺术真正融入课堂教学。

## 4.加大区域规划指导政策和资金支持

东城区教科院作为东城区基础教育学术高地，中小学音乐教研室通过在中小学音乐教研活动中组织区级公开课、做课、讲座等方式，[2]积极开展音乐类"非遗"艺术的研讨。教师培训部借助区教师公共选修平台开发中华优秀传统音乐文化与名曲赏析、古琴欣赏与演奏培训等课程。建议在以后的课程开发和教研活动中合理规划、重点落实，有针对性、持续性地组织传统音乐、"非遗"艺术等专项教研活动和师资培训，加大对中国传统音乐、民族民间音乐教育教学的研究和探讨。

## 结　语

青少年正处于人生中的"拔节孕穗"期，首都核心区的中小学艺术教育工作者要吃透"新课标"的要求，充分利用"双减"政策，激发区域"非遗"传承新活力，借助中小学音乐课堂主阵地，基于中华优秀传统文化与学科的内在联系，结合学科具体主题、单元、模块等方面融入"非遗"相应的内容和载体；同时，丰富课后服务内容，通过校本课程、购买专业课程服务等形式开展特色美育教学活动。艺术教育工作者不仅要将中华优秀传统文化的优秀代表技艺得以传承，还要更有利于弘扬中国优秀传统文化，提升中小学生的人文知识素养，丰富音乐知识素养，帮助

---

① 教育部基础教育司司长吕玉刚在2021年7月13日教育部新闻通气会上的讲话。

② 2017年9月6日，北京市东城区教科院小学研修部音乐教研室组织以"文化·传承2030——清微淡远的古琴艺术"为主题的东城区小学音乐教师研修活动。2021年4月23日，北京市东城区音乐学科教学研究大会上，第五十中学分校张鹏老师展示的"高中《演奏》模块线上、线下交互示教学《古韵传承——古琴演奏技法初探》"公开课等。

青少年树立文化自信。因此，以区域为引领，加大对中小学生音乐类"非遗"的教育和普及势在必行，迫在眉睫。

**作者简介：**

杨子，中国音乐史博士，北京市东城区教育科学研究院教师。曾主持北京市教育学会"十四五"课题"古琴艺术走进中小学音乐课堂的可行性研究"。撰写的《传承文化艺术经典 涵养中华美育精神》获北京市中小学第十二届"京美杯"一等奖，《以文化人，以文育人——提升中小学教师中华优秀传统音乐文化素养的教学策略探究》获北京市首届"教师专业能力"教育教学研究成果二等奖。

# 关于我国高等舞蹈教育与中小学舞蹈教育话题对谈

**访谈对象：**马云霞（中央民族大学舞蹈学院院长）

**访谈者：**王杰（北京师范大学艺术与传媒学院舞蹈系舞蹈教育教研室主任）

随着时代的进步和发展，艺术教育在我国越来越受到民众的关注，艺术教育的功能和作用也越来越被民众认可。作为艺术教育科目之一，舞蹈教育的价值也不断显现，但是我国的中小学舞蹈教育改革与高等舞蹈教育的发展目前还存在相近或连带的问题，因此这次对谈的两位教授就相关问题展开探讨和分析，为中国舞蹈教育的发展碰撞出许多令人耳目一新的观点。

## 一、针对中小学舞蹈学科教材相关问题的探讨

**王杰：**马老师您好，您在我国舞蹈高等教育方向上经验丰富，硕果累累，桃李满园，而中小学舞蹈艺术教育与高等舞蹈艺术教育之间也有着密切的联系，所以想跟您进行一些相关话题的交流和探讨。首先想要探讨的是高校的艺术研究工程如何跟中小学舞蹈艺术教育的课程改革衔接，在这个问题上您有

什么样的看法呢？

**马云霞：**好的，王杰老师。在我看来，高校舞蹈艺术教育对接中小学舞蹈艺术教育的第一个落脚点应当在教材上。作为中国传统优秀文化的一部分，中国民族民间舞能够为学生提供身体律动、协调性等方面的训练，也是我国优秀传统文化与我国新青年连接的重要纽带，是启迪学生在优秀传统文化浸润中成长的关键一步。现阶段很多中国民族民间舞教材尚未涉及普及舞蹈的教学对象，尽管涉及普及型教材的出版，但落实在中小学的实践中也有一定难度。中央民族大学曾经出过普及方向的民族韵律操，运用在实践过程中效果很好，动作不难，很多学生在跳过之后就能大概了解哪个是佤族舞、哪个是傣族舞，会带着兴趣继续了解这方面的知识，提升了学习民族文化的兴趣。后来，在此基础上我们的老师还创编了小学版的《花开中华》、中学版的《爱我中华》，还有大学版的。我认为这个方式很好，这不是单纯锻炼身体

的体操，在体操过程中带有民族舞蹈韵律，也使得学生在这个环节中初步感受不同舞蹈的艺术风格。最大规模的一次活动在北方民族大学，一万两千人齐舞，效果非常好。推广民族韵律操时也在北京多所学校展开活动，有的院校还设置了评分考核环节，但是非常可惜的是，这些举措在中小学推行了一段时间后因为各种问题悄无声息地被搁置了。当然，教材和课间操也是有一定区别的，但是现在很多舞蹈课程的教材刚起势就消失，昙花一现，没有坚持住，非常可惜。所以关于教材的设置和落实是当下中小学舞蹈教育进程推进的一个重点。

此外，教材的创编相对来说是容易的，但是中小学舞蹈教育方向尚未有成体系的教材，新教材出来放到什么板块也是一个问题，它应该是一套体系，不能想起来做一套，不想就没了。

**王杰：**您提到教材出版、落实及整体性等问题，这的确是咱们中小学舞蹈教育现在面临的一个重要问题。就比如咱们民族民间舞肯定应该放到总体的课程中，因为这对于我们民族自信的增强，包括中华文化精神的弘扬都有重要作用，但是究竟放在什么模块、什么学段、对应培养孩子什么方面的能力等也应该是专家学者认真考虑的问题。

## 二、针对中小学舞蹈教学的师资问题

**马云霞：**除了教材的问题，另一个就是中小学舞蹈教育的师资问题。我们之前在做"高参小"项目的时候也取得过不错的成果，我们的研究生或编导老师对于学校舞蹈艺术的发展做出很多贡献，但是在项目结束以后，学校本身并没有动员和发展更多的师资来支撑舞蹈艺术普及教育的跟进，这些活动就慢慢停滞了。舞蹈行业有非常多的优秀师资、编导资源，但多针对职业舞蹈学生的培养方向，因此舞蹈界应该培养中小学普及舞蹈教育特有的师资人才。此外，培养针对普及舞蹈教育的师资队伍以及设计相关培养方案也应当是舞蹈界诸多高校的一个重要方向。

**王杰：**是的，马老师，现在中小学舞蹈普及教育的确面临舞蹈师资链断裂的问题。我们这次改革也是基础教育和高等教育连带改革，而不是说只改某一学段，修铁路不能只修一段，所以从国家政策上来说，大学里的舞蹈教育培养方案也要进行转向设计。基础教育有了，缺少师资。现在掌握的数据是只有音乐和美术老师，加在一起70万，如果把舞蹈、戏剧等学科开全、开齐的话，近10年之内至少缺30万舞蹈老师。但是仅仅靠高校培养，可能力量有限，所以我们也考虑动员社会上舞蹈工作者的力量，共同来补齐师资的缺口。

**马云霞：**是的，师资非常重要，不过在设置课标（课程标准）的工作上，我觉得您正在进行的工作非常有意义！您现在做的课标特别重要。现在很多舞蹈专业学生考音乐方向的教师资格证，这一现象非常奇怪，舞蹈生进入中小学教育系统成为音乐老师了。我们应该有单独的舞蹈师资，您刚刚提及的动员社会舞蹈工作者参与中小学舞蹈教师队伍的培训也是十分重要的。

## 三、高校教育为中小学舞蹈教育师资培养应做出的尝试

**马云霞：**在中小学舞蹈教育师资培训中，高校的舞蹈教育也应该做出尝试和改变。中央民族大学的很多本科毕业生进入中小学当音乐老师或舞蹈老师，为许多地区提供了师资能量，非常受欢迎。但是他们也应该进行教学能力提升的相关课程培训，如怎么教不同类型的教学对象、课堂教学应该注重通过哪些细节来提升上课质量等。我觉得现在大学本科的舞蹈课中也应该单独开一门关于授课能力相关的课程。目前，对于这类课程，我们学校面对硕士研究生开设了，现在的课堂教学形式的汇报成果也是有的。这门课程要求学生提升自我表达、动作示范、课堂氛围调动、突发事件处理等多方位教学能力。学生也觉得这样的课程在工作面试时特别有效，在应聘环节中特别有展示上课技能的表现欲，这些与研究生的论文设计也紧密相关。

**王杰：**是的，在这方面，北京师范大学也非常重视，本科和研究生阶段都开设了教学能力培养的课程，名称为"舞蹈课程与教学"，目的是对学生的教案编写、教课授课等这些基本教学能力有所培养。我们还设置模拟课堂，教非专业的学生、专业学生有不同的方式，为的就是要求学生对不同学习群体都有教学与培养的能力。我们还设置教育实习，学生在大四的时候会有中小学实习，教育实习的科目有必修的学分，有指定的实习学校，这方面我们非常关注。舞蹈老师不能是只会跳舞蹈的"哑巴老师"，还要有点拨学生、恰当帮助学生的能力。实际上，今天的教育现状对于舞蹈老师的整体素养要求很高，中小学的舞蹈老师不能只会编会跳，还得会表达和引导。这些也是高等教育和基础教育衔接的关键，是大学舞蹈教育要深入探究的点。

这个学期我给研究生开设了"双师课堂"。因为疫情等大环境影响，当下许多行业都面临着工作模式的转变，我们考虑到这些孩子毕业时会面临授课等多种形式的考验，再加上有些学生回到地方可能要做直播课的情况，所以学校开设这门课程来帮助学生进一步提升适应教学环境变化的能力，让学生知道这些课程如何有效开展。北师大对于教育的与时俱进性要求很高，像前沿性的概念也要求舞蹈专业的师生积极跟进。

**马云霞：**这个观点非常好，也非常新颖实用。未来咱们的学科课标是在全国推行的，在解决偏远地区孩子们的艺术教育需求时也可以采用"双师教学"的方式来进行教学。

**王杰：**的确，必须考虑这方面的情况。偏远地区在舞蹈师资方面可能会有明显欠缺，但是这不应该是我们放弃对这些学生进行艺术教育的理由，"双师教学"的落实和实践在一定程度上会缓解师资匮乏带来的教学压力，在当地的舞蹈教育师资力量相对薄弱的时候，"双师教学"可以解决相关问题。现在国家支持"数字教材"课件的设计，"数字教材"辅助"双师教学"，相当于资源共享，把一线城市的资源分享到偏远地区，帮助提高教学的质量和效率。

此外，舞蹈教学现在最大的问题就是没有体系，我们在这方面要向音乐教学、美术教学学习，不能想到什么做什么。我走访了很多中小学课堂，舞蹈老师教课的内容标准非常混乱，的确是具有个人特色，但是也有个人局限性。老师有自己擅长的教学内容是可以的，但是必须有体系和章法。有地方特色的教材是可以的，如云南地区可以跳拉祜族舞蹈、傣族舞蹈，但是国家是有标准的，就是所有学生必须完成的内容，除此以外，这些具有地方特色的课程可以作为选修。

马云霞：这个特别好，有一个模板、体系，在这个递进关系上，根据内容的不同给予相应的删改或补充。现在舞蹈教育无论是中小学教育还是高等教育的课程都没有充分体系化，知识较为零散，不利于学生掌握。对于规定的部分，老师应当按照设置好的教学任务完成，剩下的内容可以供老师来发挥专长。

## 四、对于市面上少儿舞蹈考级的思考

马云霞：现在市面上很多少儿舞蹈教材的制作存在一定问题，虽然有优秀传统文化的知识，但并没有做到舞蹈与文化的真实连接，很机械，很古板。舞蹈教育面向儿童时，应当给予的是对孩子素质、审美、良好品行的培养，此外，还要将中国传统文化融合其中。这必定需要优秀专家团队先深入设计再进行执行，可以我们设计完，再培养师资。现在舞蹈考级形式化非常严重，既没有塑造孩子们在技能上的一技之长，也没有让

孩子们在学习中懂得德艺双馨，走流程式的舞蹈学习过程与本来应该充满艺术文化氛围的舞蹈教育严重背离。在思考中小学舞蹈教育时，我们要意识到培养对象是全体学生，培养目的并不是让他们成为高精尖的舞蹈人才，也不是为了学习考级内容来敷衍了事，而是让他们在舞蹈中感受一种生命力，培养他们体验肢体运动带来愉悦心情的能力，培养他们拥有更加完整、健康、阳光、自信的人格。

## 五、提问环节

王杰：未来舞蹈艺术教育是否要把载歌载舞的形式加入舞蹈课程中呢？这样的形式是否可以作为艺术课程考核的一个项目发展呢？

马云霞：这个必须要有的，歌舞应当是不分家的，特别是少数民族的文化中载歌载舞的形式特别多，因此歌舞融合进校园的方式一定是最能让孩子们对艺术有所体验的形式之一。舞蹈可以在发展到一定阶段之后加入音乐的唱，甚至可以加一些沙锤、手鼓、蒙古族的酒盅、筷子等这样的道具，既能培养孩子们的音乐素养，又能丰富孩子们对民族知识的进一步理解。听歌词和唱歌对孩子们的影响一定是特别不同的，尤其是一些地方的方言或者少数民族的语言，一定能给孩子们带来研究和尝试的新乐趣。

王杰：这个是艺术学科融合的表现，我们十分鼓励这种形式的整合和汇报。将来一定会对学生提出多方位学科素养综合要求的，艺术不仅应为学生带来学科的技巧能力，更

应为学生带来一种认知世界的思考方式。这是因为对于孩子们来说，艺术总在潜移默化中发挥着重要的影响。一堂课能解决很多问题，但是我们不能随便拿起一个东西就跟舞蹈融合，而是要以舞蹈为主、其他手段为辅设计舞蹈的教、学和成果展示。

**作者简介：**

马云霞，硕士，教授，中央民族大学舞蹈学院院长。教育部高等学校教学指导委员会委员，北京舞蹈家协会副主席，"国家民委领军人才"。出版6部专著和教材，主持国家级和省部级项目多项。获国家级、省部级专业奖30余项。

王杰，艺术学博士，副教授。北京师范大学艺术与传媒学院舞蹈系舞蹈教育教研室主任，北京师范大学中外舞蹈教育发展研究中心主任，中国艺术学理论学会艺术教育专业委员会常务理事兼秘书长，中国成人教育协会理事兼艺术教育专业委员会秘书长，北京中国民族民间舞蹈家协会副会长。出版多部专著和教材，主持国家级和省部级课题多项。

# 对新时代音乐教育教学的思考

**访谈对象：**程郁华（北京教育科学研究院基础教育教学研究中心小学音乐教研员、中小学舞蹈教研组组长）

**访谈者：**肖艳（北京师范大学艺术与传媒学院音乐系副教授）

**肖艳：**看到程老师昨天很晚了还在忙。

**程郁华：**教研员的常态吧。"双减"背景下有很多需要进一步研究的，单位也成立了相关的项目组，每个项目组都有独立而又相关的研究角度。

**肖艳：**程老师，近几年教育改革速度迅猛，出现很多新名词："深度学习""大概念"等。近期又颁布了"双减"文件，义务教育阶段新的课程标准也已出台。您能谈一谈教育改革背景下音乐课程面临的挑战吗？

**程郁华：**这是一个好问题，这个问题把音乐课程和其他课程放在了一起，从课程角度去看待它的责任和义务。

很长时间，音乐老师认为自己是搞艺术的，不太关心其他学科在做什么。而在教育改革迅猛的今天，核心素养、深度学习、单元整合、素质评价等也成为我们学科教师的话题。这实际上反映出我们学科在课程认识上的巨大转变，更加明确了自身的责任和义务，在努力实现立德树人上的学科贡献。

其实任何教育改革、任何教育政策的出台，都在传递当下对教育本质的认识与追求："什么是教育？""什么是好的教育？""怎样才能提供好的教育？"所以我们看到"深度学习"的提出、"双减""美育"等文件的颁布、提质增效的强化，都体现了社会对教育的期待，时代对教育的诉求。

对于音乐课程来说，这么多年来，音乐课程在从业人员的共同努力下不断精进：课程理念更加明确，课程内容更加完善，音乐特性更加彰显，教学方式不断更新，但在教学中仍然存在重技术轻艺术、缺乏思维方法培养、"以美育人"流于形式等问题。这就要求我们进一步提升课程认识，认真思考"什么是音乐""为什么学音乐""怎么学音乐""音乐对于人一生的作用和价值是什么"，进而回应"培养什么样的人""为谁培养人""怎么培养人"这一系列教育的根本问题。

我想，如何通过艺术的实践过程实现"以美育人"，可能就是我们音乐课程面临的最大的挑战吧！

**肖艳：** 那您认为面对这样的挑战，我们教师应该如何更好应对？

**程郁华：** 2021年5月，我受邀参加了教育部高等学校音乐与舞蹈学类专业教学指导委员会、中国音乐学院主办的全国音乐教育专业建设论坛，在大会发言及后期《中国音乐》约稿中正好谈到了这个问题。

2018年中国学生发展核心素养框架的提出在教育领域引发巨大变革：课标发生变化，教材发生变化，教学发生变化。这就对教师提出更高的标准和要求。在中共中央国务院颁布的《关于全面深化新时代教师队伍建设改革的意见》中，对教师队伍提出高素质、专业化和创新型的要求，随后教育部针对不同层级的教师有了更加明确的标准设定。比如对卓越教师，明确了教育情怀深厚、专业基础扎实、勇于创新教学、带领综合育人、具有终身学习发展能力的标准；对师范生，从师德践行能力、教学实践能力、综合育人能力、自主发展能力上明确了教师职业能力的标准。

国家层面对教师队伍建设的标准设定，是能够匹配当下对于中国学生发展核心素养培养的诉求的。在这样的一个背景下，我们现有教师有哪些缺失呢？从共同的缺失来讲，我个人认为是创新教学、综合育人；从终身学习发展来讲，这是我们现在教师的共同缺失。

对我们音乐教师来说，是否也存在同样的问题呢？在《中国音乐》发表的文章中，新时代音乐教师应具备的核心素养设定为学科

素养、跨学科素养、师德素养和内省素养等四个方面。我认为现有音乐教师缺失较为严重的主要体现在跨学科素养及内省素养（包括反思和学会学习）上。这与音乐老师受教年代所接受的教育相关，和艺术生文化底蕴相关，和艺术生的思维特性相关。

如果想解决这些问题，需要将高等师范教育和基础教育打通，做好贯通和衔接，对现有的（教师）进行改造，对未来的（教师）进行塑造，形成一条完整的"生产链"和"加工链"，只有这样才能切实解决现存的及未来可能出现的问题。

**肖艳：** 在"双减"背景下，您认为音乐学科教学如何实现"提质增效"？

**程郁华：** "提质增效"是近期老师们比较关心且交流比较多的一个话题。对于孩子来说，教育的公平应主要体现在学校教育的结果上。对于教师来说，"提质增效"并不是一个新的理念和认识。"向40（45）分钟要质量""向课堂教学要质量"，我刚做教师时就知道这些要求。只不过随着教育认识的不断精进，质量的内涵也在不断更新。我们既可以把它看作教育认识的重要回归，也可以把它看作追求教育本质的具体举措之一。

在这里，我们得先搞清楚什么是"质"、什么是"效"。"质"就是质量，指的是一个产品或一项工作的优劣程度；"效"就是效率，指的是单位时间所完成的工作量。在"双减"背景下，课堂教学中"质"的标准是什么？提高"效"的方法有哪些呢？

对于音乐学科来说，明确课程改革的需要与学科的现实问题，真正意义上实现通过艺术实践过程培养人是"提质增效"的关键。

这就需要我们往上看，往下看。因此，我们必须对两个方面有清晰的认识，一是前面提到的课程认识，二是学科现存的制约因素。

不论是教育教学研究者还是教师，都需要明确什么是音乐、什么是音乐教育、音乐对人一生的作用和价值是什么、应该如何学习音乐。如果教师对这些问题没有产生清晰的认识，就会在教学中出现各种各样的问题，导致"以美育人"流于形式，如重技术轻艺术、缺乏对思维和方法上的思考等。

我们先来谈谈"重技术、轻艺术"。在音乐教育专业的学历教育中，我们会学习很多音乐专业课程，如声乐、钢琴、视唱练耳、乐理、和声、曲式、中外音乐史等；还会学习很多教育相关课程，如教育学、心理学、各种教法课等。其实这些都是为了形成我们对音乐的认识、对音乐教育的认识。

何为音乐？其实音乐和语文、舞蹈一样，都是用于表情达意的，只不过话语体系不同。舞蹈通过肢体表情达意，语文通过语言文字表情达意，而音乐通过声音表情达意，通过音乐独特的语汇来表情达意。但在现实教学中，部分老师存在过度关注技术，以知识技能的难度和容量作为评价教学优劣标准的问题。这就会失去对音乐本质的追求，也违背了义务教育的性质。教师必须明确技术和艺术的关系：技术不等于艺术，艺术需要技术的支持，但单纯的技术成不了艺术。

当下音乐教育应指向艺术素养的培养，要让知识技能服务于人的艺术表达，形成对人的感动，让音乐为人的一生增添色彩和灵动，并通过艺术实践过程培育人，也就是培育个体和社会所需的核心素养。其中既包括知识和技能，又包括思维方法、价值观等。这些都应该是音乐学科所承载的，否则就会失去音乐学科的价值。

我们再来谈谈思维和方法。任何学科都有适用于它的思维方式和学习方法。这可能就是我们学科实现"提质增效"的关键。什么是音乐？音乐如何通过音乐要素和结构来表情达意？当学生找到了音乐的"摩斯密码"，音符就不只是音符，节奏就不仅仅是节奏，他们就会变成一把把钥匙，打开音乐的大门，更好地感受体验创造音乐之美。那我们用什么方法打开音乐之门呢？

老师们都有音乐学习经验，我们的日常生活中有大量时间在唱、奏、听、演等。为什么？因为它是由音乐存在的形态和表达的方式所决定的，艺术学习必须在大量的艺术实践中来进行。对于学生来说，他们的认知也决定了他们适合用这样的方式进行学习。所以我们看到2011版音乐课标中将体验、模仿、探究、合作、综合作为音乐课程的过程与方法；在2022版的艺术课标中，综合艺术实践方式也应成为老师们的思考角度。当然，如何有效地"动"，以促进学生对于音乐的理解、表达和创造，是后期需要更加深入探讨的话题。

**肖艳：**在课程内容的结构上，新修订的义务教育课程方案和课程标准更加强调设置与开展"跨学科主题"的学习活动。那么您认为为什么要提出和强调"跨学科"呢？

**程郁华：**"跨学科"的提出和强调可以看作对教育本质追求的具体体现。学以致用，学习是为了在现实生活中能够解决困难问题。

在现实生活中，我们会发现很多问题是

需要多学科知识技能的参与才能解决的，如买菜需要识字和算术、问路需要交流和导航等都反映出"跨学科"的必要性。

在艺术学科内部，也同样存在"跨学科"，如一个地区音乐风格的形成一定和当地的文化等密切相关。如果演唱陕北民歌，演唱者仅仅掌握音乐的技能，但对当地的相关文化不了解，是不可能准确理解和表达的。

抓住了事物本质，就会明白国家各级各类文件中为什么会多次提到"跨学科"，而且会有相应具体的课时安排，也就会理解为什么课程标准由音乐改成艺术，并且强调艺术学科内部及和其他学科的联系与融合。

**作者简介：**

程郁华，高级教师，北京教育科学研究院基础教育教学研究中心小学音乐教研员、中小学舞蹈教研组组长、中国教育学会音乐教育分会副秘书长，教育部2019年度国家义务教育质量监测结果反馈艺术学科首席专家。

肖艳，博士，北京师范大学艺术与传媒学院音乐系副教授。近年来发表学术论文20余篇，主持参与国家级、省部级课题多项。

# 新时代基础教育新思想、新观点、新理论

**访谈对象**：王婷（深圳市光明区玉律学校校长，2021年全国"百佳美育校长"）

**访谈者**：肖艳（博士，北京师范大学艺术与传媒学院音乐系副教授）

**肖艳**：王校长您好！首先祝贺您获得2021年全国"百佳美育校长"的荣誉称号！在从教研员到校长的角色转化中，您的工作都有哪些变化？请您谈一下不同角色中您对当下艺术教育理念与教学实践的理解。

**王婷**：谈起这两个角色及其背后工作的变化，我认为教研员这个角色，更多的是负责整个区域的艺术教育发展，是在全区艺术特色建设上做出努力。在中小学生艺术展演和音乐教师基本功、课堂教学各项比赛中，我带领着全区的老师们一起努力，均获得了令人满意的成绩，光明区的中小学艺术教育在各项比赛中取得了飞跃性的进展。在取得优越成绩的喜悦之下，我开始进行了更深入的思考：比赛获奖是否就等于全体学生在艺术素养上都获得良好的提升发展呢？当时，光明区作为深圳新区，在艺术教育发展上仍有一段很长的路要走，许多学校的生源中劳务工子女占比大，这些孩子在家庭教育中的艺术素养教育很匮乏。如何能真真正正地将艺术教育扎根落实到每一个孩子身上？我想，打造一所艺术教育示范性学校在当时显得尤为重要。因而，我义无反顾地选择了校长这个角色。

成为一名校长，我真真切切地扎根在了校园这一片播种艺术教育的土壤之中。我每天面对的不仅仅是学校的老师，还有艺术教育之下的学生们，这让我与受教育的对象更接近了。因此，不管是从24个班到56个班，从六年制小学到九年一贯制学校，我都能通过我个人带领的教师团队共同带领孩子们真正实现艺术教育的落地。

在艺术教育理念和实践的理解上，教研员更多的是作为区域教师的领路人，给予教师们在艺术教育理念上的指导，同时深入教师教学实践的探索中去。而对于校长来说，无论是学校艺术理念的确立，还是教学实践的执行，都必须从学校的定位、师资队伍、孩子成长所需等方面进行综合考量。而从理念到实践的落地，需要有专家、市区教研员

进行指导，不断地完善、梳理、提炼出真正适合学校发展的理念。在教学实践中，我们要将理念落实到学校的日常课程中去，真正做到变普及为特长，变特长为特色。

从艺术教育理念到教学实践是一个在前期进行理论设计，在实践过程中专家引领、落地实施、反复更新调整的动态过程。因此，艺术教育理念与教学实践是相辅相成、相互转化的。教师有了教育理念的指导，才能够进行教学实践，实践后进行反思，才能实现二度调整，再实践。艺术教育理念与教学实践的发展同时也是一个螺旋式递增、循序渐进的发展过程，不断促使学校美育特色的形成。

**肖艳：**您认为校园文化、美育活动与艺术教育有何联系？打造品牌校园文化与丰富校园活动对艺术教育的发展有何影响？

**王婷：**一所学校的发展蜕变，必须根植"学校文化"的灵魂，只有通过学校文化的内涵引领，美育工作和艺术教育才更具有生命活力，才更能实现美育普及的全民化并发展学校独特的美育魅力。因此，在"生命·实践"教育学理念的引领下，我校形成了独特的"美玉"核心文化，引领学生传承中华优秀传统"玉"文化，并从中提炼出艺术教育的"律"文化，全面提升学生"美"的素养，创生出独特的玉律大美育品牌。无论是学校的校园文化、美育活动，还是艺术教育，都是在"美玉"核心文化的重整构建之下展开的，其在发展过程中都是相互渗透的。

如果将艺术教育比作一张网，那校园品牌文化与丰富的校园活动就好比网上的一个个结点。这一个个结点是对过去艺术教育的碰撞、展现及总结，同时也是艺术教育新实践的开始，共同编织成艺术教育这一张网。而打造品牌校园文化、丰富校园活动能为学校营造一种如沐春风般的文化艺术氛围。长期在这样的氛围熏陶下，师生艺术教育意识不断增强，能更好地激发校园活动对学校及师生的积极效应，每位师生都能真真切切地受益，从而形成一个优越的良性循环，促使学校的艺术教育得到不断攀升。

**肖艳：**在您自身的艺术教育实践中，您认为好的艺术教育（艺术教学）是什么样的？好的艺术教育（艺术教学）能为学生带来什么影响与改变呢？

**王婷：**有的人说，进行艺术教育时，只要让孩子接受熏陶、体验艺术带来的快乐就好了；有的人说，既然要进行艺术教育，就必须专业地进行艺术教学。那究竟什么才是好的艺术教育呢？从我的角度出发，我觉得我们不能用二元对立、非此即彼的对立关系去看待问题。我认为好的艺术教育，就是让孩子在艺术教育之中感受艺术带来的美感，学有所展，乐在其中。真正好的艺术教育，要给予他们一个舞台，给他们一方展示的天地。艺术教育工作者通过不同社团、不同层次平台给予孩子更多输出表现的机会，让孩子身上的每一个艺术细胞在一次次展示中尽情跳跃。像我们学校除了每天日常的教育教学之外，还有校园舞蹈、运动会开幕表演、琢玉美术展等，充分给予孩子艺术表现的空间，这样的艺术教育才是好的教育。

好的艺术教育能让人如沐春风，受益一生。从艺术角度来说，学习艺术的孩子能够浸润艺术，提升艺术基础素养和艺术审美。

同时，孩子的思维不断得到锻炼，学习能力也得到加强，并且艺术教育带给孩子的学习能力也能助其在其他学科上的学习。学习艺术的孩子在未来学习上更有定力、更有韧性、更有毅力。

此外，这些孩子从小接触艺术这种美好的教育，眼见皆是落英缤纷，耳闻皆是钟鼓之乐，长期沉浸于艺术世界的精彩纷呈里，更容易感受到世界的美好。在以后的漫漫人生路上，学习艺术的孩子的性格更加开朗明快，生活态度更加积极向上，能更好更快地融入社会生活中去。随着我校艺术教育的普及化、特色化，我看到我们玉律的孩子身上逐渐焕发出艺术带来的优雅气质，他们的眼睛里更有光了，笑容更加灿烂了！

艺术在舞台上绽放是一种形式，存在于每个人的生活，融在每个人的生命中，又是另一种美好，我们真诚地希望更多的人都能拥有这样的美好。

**肖艳：** 请问在中小学教育教学实践中如何更好地落实艺术教育理念？

**王婷：** 艺术教学理念的落实是一个长期复杂的实践过程，是从顶层设计、文化建设、专家引领、课程设置、活动开展到落地实施不断推进与调整的动态过程，是需要多方共同努力的一个结果。

艺术教育理念的落实，需要在教育教学的不断实践中将艺术教育理念生活常态化，让美育教育成为学校生活的遍地之花，在方方面面潜移默化地去影响学生。艺术教育的生活常态化，使学生更容易接受与学习，从而在生活中去感受、体验、欣赏和再创造，并提升为自我的艺术感知。为了传承中华优

秀传统文化，探索四季生活节律，我校将校园的四季生活分别命名为"探春""嬉夏""品秋""暖冬"，让学生在学校生活中品味四季艺术，并将艺术节、科技节、体育节等融入四季，开展"美丽春天节""缤纷夏天节""向上秋天节""温暖冬天节"系列活动，全方位、全过程提升学校艺术教育质量，这就是将艺术教育理念落实到中小学教育实践中最好的体现。

**肖艳：** 对于未来中小学美育校园建设与艺术教育教学，请问您有何看法与建议？

**王婷：** 在当前美育校园建设与艺术教育教学的发展上，我希望美育渗透在全学科课程中，如语文课程中的优美诗词、数学课程中追求严密逻辑的美、历史课程中伟大英雄人物光辉事迹的人性美、科学的规律美、体育的动作协调美、英语的语法美等。可以说，我们的教学过程中追求的不仅是既有文化知识的硬性记忆，最终的目的是希望学生在既有的知识基础之上进一步挖掘、探索、创新，不断地丰富自己已有的知识库，形成对美、对艺术的感知，并在此基础上大胆创造新的真善美。

与此同时，我认为在未来中小学美育校园建设及艺术教育教学中，要加强校际联动，校长及教师们要不断地进行交流。作为玉律学校的校长，我觉得我们身上具有这样的责任感和使命感。我们也很愿意通过自己的实践和研究给予同行伙伴们更多的思考启发和实践平台。这几年来，上百批次的名校长、名师，包括帮扶区域的教师来到我们学校跟岗学习，在交流碰撞后都能给其他学校带来教育教学上的新变化，这都是非常有价值的事情。

　　我一直坚信："一花独放不是春，万紫千红春满园。"我们希望，一个学校团队扎实的努力可以慢慢辐射到周边社区，通过社区各个其他学校的示范和辐射不断扩大美育教育实践的范围。希望在不久的将来，美育教育可以走进每一个学校，走进每一个孩子渴望的内心，开出一朵朵绚丽且芬芳的花！

**作者简介：**

　　王婷，深圳市光明区玉律学校校长，2021年全国"百佳美育校长"。

　　肖艳，博士，北京师范大学艺术与传媒学院音乐系副教授。近年来发表学术论文20余篇，主持参与国家级、省部级课题多项。

# 至礼坚净

## ——专访北京师范大学启功书院副院长于乐老师

**访谈对象：**于乐（北京师范大学启功书院副院长，北京师范大学艺术与传媒学院教师，北京书法家协会会员）

**访谈者：**周晓阳（北京师范大学启功书院教师、经济师，研究方向为书法美育、艺术教育、书法策展）

北京师范大学启功书院成立于2012年，是以北京师范大学教授启功先生名字命名的书画创作和理论研究机构，旨在传承启功先生的学术精神，弘扬和发展中国传统文化艺术。作为北京师范大学的一张文化名片和学校书画艺术对外交流展示的平台和窗口，启功书院秉承"艺术境界、学术品味、文化精神、责任担当"的办院宗旨，致力于整合校内外资源，深入开展以书画艺术为主的理论研究、教育培训、创作展览、公益服务等活动，积极承担国家文化建设任务，广泛开展国际交流合作。

依托深厚人文积淀的北京师范大学，启功书院以传承和创新中国传统文化艺术为己任，力争建设成为高水准、示范性、国际化的教学科研机构和文化交流平台。

**周晓阳：**启功书院作为北京师范大学艺术学科的重要组成部分，您认为书院在书法或艺术教育方面都发挥了哪些平台优势？

**于乐：**北京师范大学启功书院一直以来以弘扬中华优秀传统文化为己任，重视推动学校美育建设，积极推进学校"双一流"建设，坚持营造高品位校园文化氛围，将优秀艺术作品和书画知识引入校园，积极发挥校园文化熏陶感染、潜移默化的教育功能。

我们重视将高校教育资源与社会需求相对接，广泛培养、培训书画教育工作者和书画艺术创作人才，始终致力于整合优秀的书画教育资源，倡导科学系统的学书理念，为广大从业者和爱好者提供专业的学习交流平台。

书法教师高级研修班、书法创作高级研修班、中国画创作高级研修班等都是我们的传统优势培训项目。另外，在书法教育的研究方面，我们组编"书法进阶训练""中国现代书法大家"系列丛书等。同时，为配合中小学书法进课堂，充分发挥北京师范大学作为中国书法教育重镇的示范作用和强大的学科号召力，结合我国目前书法培训发展的现状，启功书院与北京师范大学出版社合作出版《书法概论》等17种中小学书法教师培训教材，并配套录制视频课程。

启功书院也与教育部中国成人教育协会艺术教育专业委员会合作，制定了《汉字书写艺术测评标准与教学大纲》和《汉字书写艺术教师测评大纲》，为目前书法教学和教师、学生测评提供权威、科学、系统、专业的测评标准。

当然，书画、艺术、国学等领域的展览、专业研讨、发展论坛、国际交流等，我们也在做，"元白讲坛""启功杯"书法大赛等就是一些很有影响力的项目品牌。其中，启功书院策划主办的"丝路翰风——百位中国书法博士作品邀请展"更是在"一带一路"沿线国家包括马来西亚、新加坡、印度尼西亚巡回展出，通过与兄弟院校的联动产生了热烈的社会反响，为汉字书法互动、国际文化交流发挥了积极作用。

**周晓阳：**启功先生除了是我国当代著名的书画家、国学大师，同时也是教育家，您对启功先生多有研究，想必对先生的教育、教学思想也有一番自己的见解吧？

**于乐：**启功先生这样一位书法家、国学大师是北京师范大学的一张文化名片，他的书法自成一派，名扬海内外，具有非常深远的影响。同时，先生也是一位教育家，他的书法学思想对我们今天的书法学习及书法教育非常具有启发意义。

他用自身成功的实践为我们指明了一条正确的学书之路，他的很多书学理念都非常精彩。关于如何进行书法教学，先生还写了很多相关文章，如《破除迷信十三讲》，就谈到了学习书法遇到的方方面面的问题，避免了很多初学者掉入学习书法的一些陷阱中去，非常具有启发意义。所以我们中小学书法老师也要多了解启功先生，找到一条正确的学书之路，同时找到一条合理的教学之路，避免走入误区，以便更加科学有效地提高教学效率。

启功先生的书法可以说在书法史上是能够留名的，他的启体书法与书法史上的颜柳欧赵一样都是对传统书法正脉的一脉相承，是当今时代的一个伟大创新，所以我们对先生书法的历史定位不能仅仅是"文人字"。启功先生自幼学书，在练字上下了非常大的功夫，日书万字也是有的。另外，先生的艺术视野也非常广阔，如他曾鉴定了很多书画作品。当时作为全国书画鉴定小组的负责人，先生对全国各地博物馆的许多古代书画藏品进行了鉴定。先生自己表示，经他过眼的作品不下10万件，这是个相当庞大的数字。由此可见，他对传统书画的理解一定是非常深刻的。所以启功先生在书画艺术上的审美及思想都成为当今中国传统书画的典型代表。

启功先生将书法根植于传统国学基础之上，认为写字绝对不能做一个写字匠，这不仅仅是技法层面的要求，而且要将书法与传统文化紧密结合，这样才能表现出丰富的文化内涵，最终也会使书法技法和品位在深厚的积淀之上走向极致。

**周晓阳：** 作为启功书院的副院长、知名书法家，我们知道您习得一手好字。您能为我们简要介绍一下您的习字或学书经历及您书法艺术特色的形成主要受到了哪些因素的影响吗？

**于乐：** 我这几年主要在启功书院参与一些工作，并不是什么知名书法家，只是在向先生学习，看到先生这样一座高峰，自己知道还差得很多。我们笔下的字跟先生比差得太多了，书法艺术好比一块需要不断打磨的玉石，要像启功先生一样活到老、学到老、临到老，要不断地提升，它绝对不是在短期内就可以迅速达到非常高水平的一件事情。启功先生也是在60多岁才逐渐形成自己的风格，这都值得我们不断地去努力探索，向先生学习。

我自己从本科、硕士到博士一直在北京师范大学学习，我的导师是秦永龙教授，秦老师也跟随启功先生学书多年，深得"启体"精髓。当时在上学的时候，启功先生曾给我们做讲座，邀请我们去他家里，我们有幸可以聆听先生的教诲。在我们学生的书法作品展览上，启功先生也给予了每个同学细致的点评和鼓励，送给我们每人一本智永《真草千字文》，激励我们好好学习，学习传统、学习经典，而不要受一些社会不良书风的影响，保持一条根植于传统的学书之路。对于现在社会上一些流行书风、现代派书法，启功先生其实并不是很认可的，他认为我们要学习古人，学习经典。

我自己主要学习启功先生的书法风格。我自己很喜欢，我所做的研究也主要围绕启功先生的书法艺术，如我的博士论文研究的就是启功先生的书法艺术。确实一开始我对启功先生的字的认识比较粗浅，觉得好看，但没有更多的感受，但是随着学习的不断深入，在北京师范大学这片土壤上受到滋养和耳濡目染后，慢慢地真正意识到先生的书法达到的高度可以用尽善尽美来形容，无论在技巧上、法度上还是风格气象上，都达到了相当高的高度，可以比肩任何古人。所以有人评价启功先生是当代的王羲之，我非常认同。我下一步除了继续向启功先生学习之外，还要学习古人，学习启功先生的博采众长，然后慢慢消化、融会贯通，最终形成自己的风格，我认为这是一条正确的学书之路。

**周晓阳：** 如今出现的国学热潮，尤其是教育部出台《中小学书法教育指导纲要》以来，书法进课堂引起了各方关注。您认为将书法教育纳入中小学教学体系意义何在？面临的挑战又将是什么？

**于乐：** 我觉得将书法教育纳入中小学的教学体系非常有意义。中小学书法课的要求不光是"写好中国字，做好中国人"，在技法上能够得到一个提升是更重要的。我认为书法是传统文化的一个典型代表，通过学习书法，我们可以打开进入传统文化的一扇门，更多地了解中国传统文化。比如与书法相关的历史学、文学、文字学、传统哲学、绘画艺术，以及舞蹈、音乐这些艺术，都是与书法密切相关的。我们通过学习书法可以更好地感受到这些文化艺术更为丰富的内涵；同时，书法所表达出来的审美，如它的和谐之美、阴阳之美，也都是我们传统美学的特色和精髓。所以通过学习书法我们能够理解和提高审美，更深入地理解中国文化的特点。

这样一来，我们学习书法的意义就与传统文化绑定在一起了。我们书写的汉字就成为文化的载体，进而再写一些比较有内涵的文字内容，如写经典的名句、典故、诗文等，这些本身就有教育意义。我们通过书法表现理解的文字内容，能更加深刻地理解传统文化，这与我们国家重视传承中华优秀传统文化的要求是吻合的。

自2016年以来，随着中小学书法教材《书法练习指导》的出版，书法课正式进入了中小学课堂，但是专业师资力量还是比较缺乏的，这是一个主要问题。另外，书法老师的培训、老师教学水平的提升，也是有待改善的，需要全社会关注，需要国家各个部门的协调。从教育部和全国各地教育部门的导向、要求到高校中关于基础书法教育的研究，再到中小学学校的配合实施，都需要出台一些有利的政策去推进书法教育的完善。

在中小学书法课程的教材也存在着一些问题，虽然教育部审定通过了11家出版社的书法教材，但水平参差不齐，这11套教材之间对书写技法的教学方法也不太一样。比如在我们看来可能是错误的技法教学（如横画的书写在收结时要"画圈"）在不少教材之中却存在。这种技法教学的标准不统一等问题，都是值得我们今后不断进行讨论和改进的地方。

还有就是在教学中存在重技法而轻文化的现象。我认为需要进一步加强文化方面的教学培养力度，因为中小学书法教育的主要目的不是培养书法家，如果按照书法家的培养路线来执行，那就有问题了，因为书法家是需要花费大量时间在技巧上进行练习的，但中小学生没有那么多时间，也没有必要都成为书法家。我们的目标是提升他们的写字水平，达到汉字实用书写的要求即可，而不是说要达到更高的艺术水准，都达到书法家的要求也不现实。

我们开设书法课，在提高中小学生书写水平的同时，还要让他们感受、学习、了解更多中国传统文化的内涵，这是我们将书法教育纳入中小学教学体系更加重要的意义。现在的中小学素质教育仍然存在着一些缺失，学生缺少独立思考的能力，还存在很多填鸭式教学现象，这都容易使学生的心智不成熟。学生到了大学，就有可能会存在心理问题，严重的甚至会抑郁。我也担任大学班主任的工作，身边就有这样的例子。所以，我希望在中小学阶段，如果可以通过让学生接触书法、通过文字书写这一载体来拉近我们与古人的距离，去学习古人的经典，学习古人的智慧，提升综合文化素养，同时起到避免一些心理问题的作用，我认为这样就太好了。

作者简介：

于乐，北京师范大学启功书院副院长，北京师范大学艺术与传媒学院教师，北京书法家协会会员。

周晓阳，北京师范大学启功书院教师、经济师，研究方向为书法美育、艺术教育、书法策展。

# 艺术课程的突破与融合
## ——舞团教学案例分析

王　玲

[**摘要**] 本文通过教学中发生的实例，运用"师生共情、设身处地""理解家长、和谐沟通""寻求方法、说服他人"的思路，来分析文化教育与艺术教育在特定情况下发生冲突时该如何权衡。通过案例反思，笔者认为面对教学问题时，要把事情做到前面，潜移默化地对学生进行心理教育。

[**关键词**] 文化教育　艺术教育　美育　舞团教学

为深入贯彻落实习近平总书记关于教育方面的论述，北京市教育部、原文化部、原国家旅游局等共同合力，先后出台"高雅艺术进校园""高参小"等各类措施，使孩子接受文化教育的同时接受美育，努力提高他们的审美素质与人文修养。可喜的是，我校深入贯彻落实了这一举措，开办了舞蹈艺术团，而我有幸担任此团教师。深知艺术教育以潜移默化、以情感人、寓教于乐等特点与文化教育不大相同，故在展开工作的同时，我竭尽所能，努力带领我的学生做到"文""艺"相馨，让学校、家长、我、学生共同感受艺术的魅力，并在这一过程中感受到坚持的力量。

## 一、案例背景

人物A（舞团王老师，笔者自己）：从事多年专业舞蹈教学工作，教学能力突出，但对于非专业舞蹈生教学经验不足，面对问题容易急躁。

人物B（学生小尹）：高二学生，文化课成绩优异，有望考入重点大学，艺术方面也极具天赋，舞蹈能力强，是舞团的重要成员，但缺乏主见。

人物C（小尹父亲）：朴实、善良，为了小尹能上理想的大学而付出一切，但是略有偏执，压制小尹的兴趣爱好。

**人物D（小尹文化课教师）：**文化能力突出，教学经验丰富，但是对学生学习特长略有偏见，支持度较低。

2019年我校积极参与北京市第二十二届学生艺术节舞蹈展演活动，我作为舞团排练教师，既荣幸又紧张。此次活动若要取得圆满成功极其不易：第一，从学生本身角度来看，参加的20个学生来自不同的年级，面临不同的升学压力。第二，从家长角度来看，有些家长对于舞蹈排练怀有抵触心理，认为这会影响孩子的文化课成绩。第三，从文化课老师角度来看，有些教师认为这是考学关键时期，不可耽误学习时间，而去排练舞蹈。

鉴于以上原因，我在排练前就做好各种计划和准备，以备排练顺利进行，然而问题还是发生了。

## 二、案例过程

小尹是舞团不可或缺的一员。假期集训时，前两次排练时她都正常到场，但第三次排练却没有来，我电话问其原因，她回答"有事无法到场参加排练"，第四次排练时她依旧没来且未请假。小尹未到场排练影响了整个进度，我的内心开始急躁，但思考一番，觉得小尹的行为很反常，于是我便找到小尹，当面询问其原委。原来，小尹是想参加排练和比赛的。但面对家长及班主任的压力，她不得不临阵脱逃。

接下来，我安慰她，并问其是否能够协调好舞蹈排练和文化学习的时间。

她答道："老师，我可以牺牲自己的休息时间排练，但是爸爸那里已定好的补课时间，我不知如何协调……"

"好的，小尹，你爸爸和文化课老师那边，老师解决，但是你也要有自己的主意，要不怕困难、勇敢地表达自己的观点，不能一味地逃脱。不管遇到什么问题，你都要先学会自己尝试解决，知道吗？"

"嗯……老师，我知道了……我会勇敢地表达我的想法。"

……

接下来，我找到了小尹的班主任了解情况。原来，小尹近期的考试成绩有所下降，学习状态不是很好。

之后我又找到小尹的爸爸，肯定了孩子在舞团的优秀与在艺术方面的天赋，告诉他艺术的学习与比赛的成绩在今后高考中也是会为小尹加分添彩的，并希望他能支持小尹的比赛。经过我耐心的说明与解释，小尹的爸爸终于同意了小尹继续参加排练与演出。

第二天，我又找到小尹，我还未说话，小尹便喜笑颜开地和我说了一句："谢谢老师！"那一刻，我明白了……

后来，我们正常排练时，小尹从未缺席，越跳越好。在之后的排练中，还有其他同学遇到类似的问题，泄气过，喊累过，抱怨过，我都积极面对问题并及时与学生谈心沟通。最后在大家的全力支持下，我们不负众望，获得了金奖！而且在下一学期的考试中，参加比赛的学生的文化课几乎没有退步，不少同学反而进步了。

## 三、案例分析

此次一波三折的排练、参赛过程不仅丰

富了我的教学经验，而且拉近了我与学生之间的距离，也使得学校与家庭互相理解。以下为我对此次案例的部分分析，不足之处在日后有待进一步研究解决。

### （一）师生共情，设身处地

"美育者，应用美学之理论于教育，以陶养感情为目的者也。"[1]那么我作为老师，此次舞蹈排练的主要负责人，真正体会到了情感在现实教育活动中的重要性。当学生遇到问题后，我应该先了解情况，用一颗包容之心去了解，而不能不了解情况就指责学生不参加排练。如果那样，学生会更委屈。所以老师一定要和学生建立良好的情感网络，互相倾听对方的声音，设身处地为学生着想。在这样的情况下，老师应该理解学生，并竭尽全力去帮他解决困难，而不能只想着老师自己的利益，一味地埋怨。

### （二）理解家长，和谐沟通

互相理解是人与人之间相处的重要原则之一。家长是孩子的第一监护人，是孩子最亲近的人，我应该理解家长的苦心，与他们和谐沟通交流，而不能站在对立面，一味地指责家长的不支持。我做出实际行动解决问题，如在处理小尹的问题上，她每次补课结束后，我给她定外卖、叫车，小尹在车上吃午饭稍作休息，再赶到学校进行排练。这样既没有耽误小尹的学习，也使她参加了舞蹈排练，这一做法获得了小尹爸爸的支持，也使得这一问题得以解决。

### （三）寻求办法，说服他人

遇到问题，要先找到解决办法，再说服别人，这样会事半功倍。前提是这个办法是大家都认可的。在此次案例中，通过和班主任的交流，我知道了学生们存在的主要问题是学习文化课的时间和舞蹈排练时间无法协调。所以我将舞团的排练时间进行调整，使之和文化课学习时间不冲突。同时我还格外关注舞团学生学习情况，随时与他们及相应班主任交流沟通。此外，在舞团中我还实行考试成绩上升奖励制，鼓励学生在训练的同时更能取得好成绩。

以上三条经验是我从案例中真切感受到的最真实的存在，涉及老师、学生、学生家长、学生班主任等多个主体。当围绕一件事的时候，会涉及多方面的利益，而我作为负责人，应该积极主动、全面应对，争取问题最小化、利益最大化，统筹全局。

## 四、案例反思与启示

反思案例的目的是从中总结经验、吸取教训，尽量避免类似问题的发生，现将此次案例进行反思。

### （一）排练前的工作不够到位（解决办法：把事情做到前面）

排练时遇到这类问题，超出了我以往的认知，以为所有的学生都像舞蹈专业生一样，老师、父母都是无条件支持排练的，然而事

---

① 蔡元培.蔡元培美学文选［M］.北京：北京大学出版社，1983：174.

实并不是这样，这群学生是以文化课为主考学的。我应该与其家长、班主任提前交涉，将可能发生的问题提前解决。

### （二）对孩子们的心理情况没有做到有效引导（解决办法：潜移默化进行心理教育）

我忽略了学生所承受的来自家庭、学校的多重压力。在这样的情况下，我应该提前给学生讲清楚此次排练的利与弊，并在排练时对其进行心理教育，让他们自己有一个权衡与判断的过程，当出现问题的时候，有一颗强大的内心去积极应对，而不是选择逃避。

艺术教育作为审美教育的重要手段之一，在孩子接受教育及成长过程中发挥着重要的作用。苏联著名美学家斯托洛维奇指出："人的审美教育可以通过多种途径实现，但是不能不承认，艺术是对个人目的明确地施加审美影响的基本手段，因为正是在艺术中凝聚和物化了人对世界的审美关系。因此，艺术教育——对艺术需要的教育、对艺术感知和理解的发展、艺术创造能力的形成和完善——组成整个审美教育不可分割的一部分。"[1]作为教育工作者的我们，需要积极引导

学生。学生缺乏判断意识、是非观念，教师应该团结一致、齐心协力，共同为了学生的身心健康发展而努力。

文化教育对于每个学生的成长都不可或缺，国家有九年制义务教育，加上高等教育，乃至更高级教育体制。与此同时，艺术教育也作为一种潜移默化、润物无声的教育方式，滋养着每个学生的身体与心灵，与学生所接受的文化教育相辅相成，共同促进每个学生的全面发展。艺术教育作为美育的核心，根本目标是培养全面发展的人。学生在接受审美教育的同时受到真、善、美的熏陶和感染，并且思想上受到启迪，实践上找到榜样，认识上得到提高，在潜移默化中，其思想、感情、理想等发生深刻变化，从而正确理解和认识生活，树立起正确的人生观和世界观。

**作者简介：**

王玲，北京舞蹈学院汉唐古典舞专业，北京师范大学第二附属中学未来科技城学校舞蹈教师，"京师艺堂"系列课程舞蹈示范课编委及高级教师，青少年艺术教育核心素养测评标准与评价体系项目专家委员会委员。所编排作品多次获得区级、市级金奖。

---

① 邝嘉.浅议艺术教育中的审美教育 [J].北方文学（下旬刊），2014（2）：199.

# "路"在何方？

## ——中小学舞蹈教育的一些思考

崔春杰

[摘要] 作为长期从事舞蹈艺术教育的工作者，笔者对目前中小学舞蹈教育教学存在的问题进行了一些思考，提出以舞蹈技术教学为主的教学模式已经不能满足目前中小学素质教育的要求，迫切需要新型的舞蹈教育教学，真正地从培养学生高尚的人格出发，为培养具有实践、创新能力的人做准备。

[关键词] 素质教育　舞蹈教学　反思　中小学

我从小是在传统的艺术氛围中度过的，曾经的艺术现在看来只是技术的学习。什么是艺术？真正的艺术是什么？在多年的学习和教学当中，我也在思考这些问题。近几年，我在国家课题"素质教育舞蹈课程教学"的研讨中进行了探索研究与课程实践。在每次的研讨会议上，不少专家学者分析现阶段艺术教育的目的，一致认为艺术教育作为素质教育的重要组成部分必须注重独立型人格的养成、注重认识和改造自然的能力和注重基本心智的发展三个方面。而在中小学舞蹈教育教学中，如何真正摆脱技术教学走向"以德树人"，培养具有创新能力和实践能力、具

有健全人格的人，是对传统舞蹈教学的一场革命。在研讨会上，大家对美国小学舞蹈艺术课实况录像进行了讨论学习。老师教学生们一个基本舞步，让学生在基本的舞步中感受不同的音乐节拍、律动及手的变化赋予舞步的不同感受，并教学生如何运用步伐，让学生有机会展示并超越老师所教的知识点，进行拓展和丰富。当前，我所理解的素质教育就是运用艺术的手法结合以上教育观，达到真正意义上培养、挖掘人的目的，而舞蹈教学也正为培养具有高尚的人格和具有实践、创新能力的人做准备，否则单纯的动作训练教学无意义。舞蹈教育作为素质教育的重要

组成部分这一观点已得到我国许多教育专家的认可，相应的政策也已出台，但在实行过程中还存在着一些问题值得我们思考。传统的舞蹈教育是否真正适合中小学艺术素质教育的发展？怎样的舞蹈教育才是真正的艺术教育？用什么方式评价新型的舞蹈教育？这些是我们需要思考的问题。接下来我从这三个方面谈谈我的一些心得和体会。

## 一、传统的舞蹈教育是否真正适合中小学艺术素质教育的发展

### （一）中小学素质教育的目标

1997年10月29日，国家教育委员会正式出台了《关于当前积极推进中小学实施素质教育的若干意见》。它是依据《教育法》规定的国家教育方针，着眼于受教育者及社会长远发展的要求，以面向全体学生、全面提高学生的基本素质为根本宗旨，以注重培养受教育者的态度、能力，促进他们在德智体美劳全方面生动、活泼、主动地发展为基本特征的教育。这一发展为中小学舞蹈教育指明了方向和目标。我们的教学在注重形式的同时，不应忽略对内容的理解，应真正让学生们在情感上体会艺术的真谛。

### （二）传统的舞蹈教育是否真正适合中小学艺术素质教育的发展

苏联教育家苏霍姆林斯基曾说："我们发展学生在艺术方面的才能，其目的并不是把音乐、舞蹈或绘画作为他们未来的职业。我们的责任是全面地发展每一个学生的个性，发现他们的禀赋，培养他们对艺术创作的能力，以便使他们享有一种多方面的完满的精神生活。"[1] 作为具有从事舞蹈教学20多年工作经历的我，更多的体会是传统的舞蹈教育存在不少弊端。近些年，国家在教育体制上将美育作为素质教育的重点。什么叫"素质教育"？我认为是真正培养、挖掘人的教育，培养具有高尚人格和具有实践、创造能力的人的教育。因此，新型的舞蹈教育势在必行。那么什么样的舞蹈教育模式能让学生喜欢的同时能满足素质教育的需求，是我们艺术教育工作者值得进一步深思的问题。

## 二、怎样的舞蹈教育才是真正的艺术教育

前不久，我校融入了小学部舞蹈教学，我和小学部舞蹈教师一起讨论了艺术教育的新型理念。在这一理论的指导下，我也尝试着小学课程的舞蹈教学方式。让我高兴的是，学生们能以较大热情投入，取得了较好的效果。下面我以小学新型舞蹈教学课例《数字歌》来介绍体验课的特点。

体验性学习注重教师和学生行为的交互性。新型的舞蹈课就是教师来引导，学生由被动学习转为主动学习，让学生在教材固定的、静止的内容基础上发挥自主能动性和创造性。体验课《数字歌》以阿拉伯数字0到9为元素，让学生进行数字形态的模仿来培养

---

[1] 郭平均.浅谈音乐欣赏教学与学科整合 [J].读写算（教育教学研究），2011（9）：227.

学生的创造能力；在元素基础上打乱数字，以游戏方式分组锻炼学生的肢体协调能力和反应能力。通过游戏，个别协调能力或反应能力稍差的同学也能感受到乐趣，因此能够积极参与。最后，教师引导学生大胆想象，通过欣赏歌曲进行数字元素的二次创作。在"自由精神"召唤下，让学生体验放松、快乐的气氛，是给予学生实现个性化创造灵感的源泉。让学生解放肢体，敢于探索、敢于创造、敢于表达、敢于追求是开放性体验课追求的目标。所以，对于小学舞蹈课来说，舞蹈教育工作者应鼓励思维的新颖独创，爱护新思维的幼苗，允许探索中出现失误，细心呵护突破与前进的萌芽。

我认为任何一种教育，首先必定是给予学生思维、心灵的教育。教师要通过灵活运用多种教学方式，结合学生的心理特点与教材自身的功能和内涵，为课堂注入体验性学习的机制和方法，使教学内容开放，具有趣味，充满活力。其次，新型的体验课应让孩子体验到创造的乐趣，运用肢体去感受舞动的内心，这样才能真正达到寓教于乐的境界。

## 三、用什么方式评价新型的舞蹈教育

### （一）新型的舞蹈教育到底需要什么样的土壤

当今的舞蹈教学作为美育素质教学必须迈上一个新的台阶，不仅单纯传授肢体动作的"美"，真正地传达给学生一切美的事物都是艺术的体现，还需要文化、思想和情感做积淀，使之为培养健全的人格做准备。

赋予学生选择舞蹈素材的权利。目前中小学舞蹈教学没有固定的教材指引，需要教师在选择教材上以学生兴趣为主，从大自然、科学、人文、礼仪等多学科中提取素材并给予学生选择素材的权利，允许学生运用自己擅长的肢体表现手法来表达赋予思想感情的肢体动作。

教学中强调的应该是"发现"知识的过程，而不是简单地获取结果：舞蹈教学是一个体会和感悟的过程，任何一种肢体的表达都是思想情感所赋予的最生动的语言。如何引导、挖掘学生的潜能，并在常规教学上"收放自如"，是舞蹈教师的必备条件。

### （二）用什么样的方式来评价新型的舞蹈教育

第一，认清教学评价的多元化。在评价中，对以往教师注重动作技术的做法改进优化，从学生的身心特点出发，挖掘学生个性的身体语汇，从而实现创造性学习。开展自我评价，再进行学生互评，始终让学生处于自主学习状态，学生会热情高涨，课堂气氛活跃，学生学习积极性特别高。学生自评，以学生自我介绍作品和讲述自己的方法为主，目的在于培养学生的表现能力和表达能力，通过自评给他人以成功的经验，给自己以提高的方法。学生互评是要学生客观地评价他人的作品，提高他们的评价、欣赏、审美的能力。所以说，多样的评价方式是从注重创作结果向注重创作过程的舞蹈教育观发展的。在教师评价的环节中，我用五星级评价作品的方式代替传统的"优、良、差"的等级评价方式，每个星代表作品中表现优秀的一个方面，如气质之星、表现之星、智慧之星、合作之星、团队之星。每一颗星都是对学生的表现做出的肯定评价，使每个学生都能星光灿烂，从而增强信心，不断提高。

第二，让评价充满人情味。在教学中，针对每位学生创作的作品给予恰当的评价，用交流形式将建议传达给学生。"老师的笑脸"是一种有趣并富有人情味的评价方式，在教学活动中特别受学生们的欢迎，强烈地刺激了学生创作的欲望，大大满足了学生的成就感，充分发挥了学生的创新意识。因为我的评价方式着眼于学生创造性学习的过程，无论他们自己创造的肢体动作是否"美"，我都积极地肯定它的独特，我认为只要敢于表现、敢于创造就是最棒的。

第三，尊重学生个性。学生努力的过程就是学生素质发展的过程，我们从学生参与学习活动和表现作品的过程中去发现学生的舞蹈热情，从学生的作品中发现学生本质的、有个性的东西，培养学生的观察力、想象力，保护学生新思维的幼苗就是对创造能力的培养。

第四，加强综合评价。对学生在学习过程中的参与意识、合作精神、审美情趣、态度习惯、兴趣爱好、探索能力等方面进行综合评价，因此评价不仅要关注学生的肢体的训练，更要发现和发展学生多方面的潜能，了解学生发展的要求。

我们只有运用恰当、准确、客观，才可以活跃学生的思维，使学生逐渐形成良好的习惯和品格，健康、快乐、全面地发展，体验着舞蹈学习的快乐。舞蹈课堂评价的最终目的就是让每个学生都获得成功的感觉。课堂评价如果多一点欣赏鼓励，多一点期待关注，多一点尊重宽容，多一点征询探讨，多一点浓厚的人情味，为学生创设良好的课堂心理氛围，促进学生认知的发展、情感的建构，那么我们的舞蹈课堂将充满生机和活力。

**作者简介：**

崔春杰，北京市八一学校，高级教师，发表系列论文并获得各类奖项，如论文《中小学舞蹈美育改革与实践探索》(《学校教育研究》)，曾获2021年国家级（普通）学校教育研究论文大赛一等奖。

# 多元文化视域下藏族舞蹈教学法学理
# 建构与路径探析综述*

杨　姝

[**摘要**] 多元文化意喻着文化集美①，它可以是汇聚了不同学科的教学原理，也可以是不同地域的文化集合。从当前的著作、数据库中进行查阅可以发现，将藏族舞蹈作为研究对象进行探析已收获了一定的科研成果，但研究方向呈小众化、碎片化、区域化的样态，分布在各种文献资料的具体内容之中。由于藏族舞蹈教学法还处于被悬置起来的状态，既没有搭建出整体框架或内容，也不曾落地有过实施或评价，因此对于这一缺位现象，本文从史料的范畴入手，结合藏族舞蹈的史境、价值来揭示其与教学法之间的关联性，尝试将藏族舞蹈与教学法二者进行整合与汇通，以期在多元的视点下构建具有整体感的藏族舞蹈教学法学理基础或体系。

[**关键词**] 多元文化视域　藏族舞蹈教学法　学理建构　路径探析

## 一、藏族舞蹈之考境探源

考境探源，即需要回归到历史的环境中还原藏族舞蹈的起源、变化与发展历程。利用史实考证的科学态度和研究方法，避免将藏族舞蹈作为一个孤立的形象或载体展开论述，在史学意义的背景下了解其常态化的产生方式、作品内容和表现手段等，探究其体现出的"自然美"。就像宗白华先生在《美学

*　本文系四川省绵阳市社会科学界联合会"舞蹈文化艺术研究专项课题"重大项目"藏族舞蹈教学法"（项目批准号：WDWHYS2021ZD03）的阶段性成果。

①　"文化集美"一词由王一川在《跨文化学视阈下的文化集美》一文中提出，他认为"文化集美不是要求把众多不同文化之美融合为一体或实现统一，而是承认它们各有其独立价值，只是让它们集束起来但又同时保持各自的独立性"［见王一川.跨文化学视阈下的文化集美［J］.东南学术，2022（1）：201-211.］。本文把跨文化学中的文化集美问题转借在藏族舞蹈教学的方法研究之中。

漫步》中引用《乐论》"不全不粹不足以谓之美"来解读艺术美一样，"艺术既要丰富地全面地表现生活和自然，又要提炼地去粗存精，提高、集中，更典型、更具普遍性地表现生活和自然"①。这句话对于全面、深入地分析藏族舞蹈在"天人合一"作用下所映射出来的"艺术美"同样适用。

截至2021年11月，以"藏族舞蹈"为主题词进行检索共计531条结果。2009年后发表的论文数量呈上升趋势，论述涉及的范围有：服饰品鉴（如商丘师范学院孙晓燕撰写的《云南藏族舞蹈服饰文化意蕴》）、作品剖析（吉林艺术学院曲佳楠刊发的《解析藏族舞〈转山〉的舞蹈语汇与民族文化的联系》、北京舞蹈学院梁舒寒发表的《浅析藏族舞蹈的审美特征——以藏族舞蹈作品〈我的歌〉为例》等）、教学实践（中央民族大学宗昊梳理的《旦周多杰藏族舞蹈男班教材建设研究》、南京师范大学徐欣宁的硕士学位论文《高中舞蹈选修模块中民族民间舞蹈的教学研究》、中南民族大学玛秀草发表的《高校藏族舞蹈教学体系构建》等）、符号聚合（以中央民族大学杨泽蕊论述的《藏族舞蹈符号文化现象分析》为代表）、多元文化（如四川大学易辛、唐艺井、何苗合撰的《浅析藏族"锅庄"的多元文化特征》）等，上述文字资料呈现出当前藏族舞蹈领域内不同的研究纬度。若搜索"Tibetan Folk Dance"，合计18篇外国文献可供参考，主要探析的是藏族舞蹈的分支或应用领域，如口述史研究（如"Exploration and Reflection on the Research Method of Oral

History of Tibetan Dance"）、课间舞编排（如"Analysis of Characteristic Between-class Exercise Choreography in Primary School under the Background of Tibetan Dance Inheritance in Ganzi — A Case Study of Characteristic Between-class Exercise of Boarding Primary School in Guza District"）和现象分析（如"Analysis and Research on the Application Phenomenon of Tibetan Dance GuoZhuang for the National Fitness"）。而舞蹈学科类的6本专业著作架构起了藏族舞蹈界域内的学术经度：第一类以藏族舞蹈教程为主，如慈仁桑姆主编、中央民族大学于2015年出版的教材和扎西江措编著、四川大学于2021年出版的教材，均为讲解舞蹈知识与动作技术；第二类是关于蕴含了一定人文社科内容的西藏民族民间舞蹈文化，如于2021年上海音乐出版社出版的罗旦的专著。

对于藏族舞蹈的历史起源与发展，主要参考了切吉卓玛主编的《藏族舞蹈文化论文集》和周华的《藏族史话》这两本著作。藏族人民和平解放前的历史脉络可划分为象雄古国、吐蕃王朝、割据时代、元明清（主要有萨迦派、帕木竹巴、甘丹颇章）时期、七至十四世达赖喇嘛时期。纵观历史长卷，在诸多参考资料中不难提炼出藏族舞蹈研究之间的共性特点，具体体现在以下几个方面。

## （一）文献成果集中在吐蕃时期

根据黄奋生教授在《藏族史略》中的记载，"蕃"这一地区与印度相同，自古就存在并有人居住，与周朝时期称作的"古羌"

---

① 宗白华.美学漫步[M].武汉：长江文艺出版社，2019：140.

同源。而"吐蕃"一词的称谓则是由六七世纪当时统治政权王国所在的地形地势演变而来的，"唐以前，吐蕃和内地没有联系"①。直至松赞干布统一各部族，建立了西藏统一的王朝，"始通内地"。在此期间藏域臣民与唐朝在对外交流上保持着积极、友好的往来，因此在历史典籍中关于生产经济、艺术文化方面的互通都呈现出较为良好的发展态势。此外，从历史长河的跨度来看，吐蕃经历了唐、五代、宋、元等多个朝代的交替变更，直至明太祖朱元璋为了实现"分而治之"的目的建立了土司制度。以史料作为线索，参考了2009年民族出版社发行的《藏族简史》和洲塔、乔高才让合著的《甘肃藏族通史》等著作可发现，舞蹈艺术在这一时期的典籍记载依然较为稀少，对于文化方面的呈现主要还是集中在农耕、文学、宗教等领域。

### （二）生活性与宗教性巧妙融合

藏族舞蹈的生活性体现在舞蹈的表现动作多与高原劳作有着密不可分的关系，如放牧狩猎、收割打夯等，甚至还会借助身体的姿势对藏区的动植物（如鹰、牛、马、树）进行拟态，这些舞蹈动作均源于日常可见的形象或生态环境所呈现的一种"直觉"（视觉上的直观感受，也可称为源自生产生活的直接经验）。藏族舞蹈体现的是"自然美"，是一种具有原生态或生活形态特性的民间舞蹈。众所周知，佛教自传入藏区后，对当地的经济、文化等诸多领域产生了较为深远的影响，在该舞蹈衍变发展的过程中逐渐孕育

并形成了苯教文化、藏传佛教、因明学说等诸多具有藏族代表性特点的哲学思辨或宗教信仰。

### （三）地域性与娱乐性相互兼容

对藏族文化的分类，专家和学者们长期以来都在论述中提供了多种不同的归类方式，如按照藏语的不同语系划分为安多、康巴和博巴。丹珠昂奔在《藏族文化发展史》专著中则以地域进行了区分，即卫藏、安多和康巴地区。由于青藏高原地域辽阔，生活在不同地区的藏族人民对于舞蹈的加工创作呈现一定的区域特色，才有了如今的卓、依、热巴和堆谐等舞种。藏族舞蹈的娱乐性主要体现在有喜庆佳节、男女交际、亲朋欢聚等场合时进行表演，民众在精神层面获得愉悦体验的同时，也在嬉戏的场景中交互传达着开心、快乐、热情等积极的情绪或情思，借助舞蹈展示个性、活跃氛围、交流情感等。

2021年恰逢西藏和平解放70周年，自《中央人民政府和西藏地方政府关于和平解放西藏办法的协议》（简称《十七条协议》）签订到贯彻执行以来，国家投入了大量的人力、物力和财力，对藏族的传统文献、医药、歌舞等进行了抢救性地普查、搜集与整理；在开展了一系列传习活动、扶持项目的基础之上，还借助数字人文的科技手段，在前述蓬勃发展的有利发展背景下，使藏族舞蹈作为藏族传统艺术文化的一个分支得以焕发新生，在不同渠道、路径的宣传下扩大其文化影

---

① 黄奋生.藏族史略［M］.北京：民族出版社，1985：7.

响，该舞蹈艺术的精粹也得以在不同领域以多元维度进行传承。

## 二、藏族舞蹈教学法之母题研究

"母题"一词见于西方比较文学，又称主题学，常用来"探讨在不同时期、不同地域的流变、变迁和转化"[①]；该词运用于此，主要用来阐释"藏族舞蹈教学法"一词的原型或主体。从字面意思来看，该词涵盖了藏族舞蹈与教学法两层含义。首先，在知网中以"教学法"作为主题检索词进行搜索，显示有超过61万条的搜索结果，研究涉及的内容较为宽泛，按学科划分有英语学科的问题教学法、语文学科的情境教学法等；按学段划分有幼儿园动态教学法、小学项目教学法、初中案例教学法等。舞蹈无论在教学还是表演时都离不开音乐，二者有着相辅相成的关系；而藏族舞蹈在不断的发展变化中又衍生出了歌舞和乐舞。因此本文此处所阐述的教学法主要是指融入音乐学科范畴内使用的三种国外教学方法，即达尔克罗兹、奥尔夫和柯达伊教学法。达尔克罗兹教学法由瑞士日内瓦音乐学院教授埃米尔·雅克·达尔克罗兹创立，其核心是体态律动、视唱练耳和即兴，在教学过程中通过节奏训练、律动语汇，并结合想象来表现音乐。这一教学方式"对奥尔夫教学法的形成产生了直接影响"[②]。奥尔夫教学法是由德国作曲家、音乐家卡尔·奥尔夫创设，利用节奏、旋律练习，再结合基本的形体动作，构成元素性音乐教育。无论是

达尔克罗兹教学法还是奥尔夫教学法，均侧重节奏学习，而歌唱部分的训练在国内较为广泛地运用了柯达伊教学法，如首调唱名法、柯尔文手势、节奏唱名。反观国内的音乐教学，最早可追溯至清末民初的"学堂乐歌"时期，在这100多年的时间里，伴随着"艺术大纲""课程标准"等系列文件的颁布，中国的音乐课程教研体系建设逐步趋于完善，教学内容及授课方式也日趋规范。目前已有多种民间艺术被挖掘，地方上的特色文化资源也常被二次开发并运用于中小学日常的音乐歌唱、欣赏综合课之中。当前国内由于地域、文化、学科发展等存在差异，尚没有全国统一的音乐教学授课模式或师生互动方法手段。以"中国音乐教学法"进行检索，三大外国音乐教学方法在国内的幼儿园、小学低段（一至二年级学段）运用较为普遍，研究视点主要集中在外国教学法"与本地音乐教学的改革、融合、运用"等领域，从以前侧重比较研究逐渐向音乐教育本土化的分析与探究层面过渡。

若以"藏族舞蹈教学"为主题词进行检索，共有68条结果；若以"藏族舞蹈教学法"为主题词进行检索，仅有三篇文献可供参考。当前已有与藏族舞蹈教学相关的横向论述观点涉及课程思政、训练意义、教材编写、教学体系构建等；纵向（具体教学内容）的研究主要集中在堆谐舞蹈、白马藏族舞等。此外，还有与体育学科结合，包含了藏族舞蹈元素的健美操教学探析等。为了更深入地理解藏族舞蹈教学的内涵和外延，便于后期剖析舞蹈作品中表现、衍生出来的意象或意境，除了梳理上述数据库

① 李倍雷.李倍雷学术代表作［M］.南京：东南大学出版社，2020：287.
② 曹理.普通学校音乐教育学［M］.上海：上海教育出版社，1993：68.

中的期刊资料外，还采用了选修在线课程、体验藏族舞蹈教学（实践）相结合的方式展开。根据项目的研究内容及方向，在文学和史料领域还通过智慧树平台遴选了西南民族大学德吉草教授开设的"藏族文学史"精品课。该系列课程讲授的内容遵循历史的发展，以原始社会和奴隶社会时期的藏族文学为开端，在品读经典藏学作品的基础上，旨在从文学角度探寻藏文化的书写逻辑与发展趋势。但由于该课程仅有少部分章节（绪章及第四章"作家诗"）为汉语教学，其余均采用藏语、藏文进行讲授，因此从"故事体"的讲解到封建农奴制社会后期的史传文学、"诗镜注释"等部分的研究主要依赖书籍论著[①]。综观当前已有资料，若要开展"藏族舞蹈教学法"的研究工作，我们会发现历史、人物、传记类的著作发行、出版的时间普遍较早，即使采用文献传递的方式也较难获取电子文档。新版精编类的书籍如《藏族诗学入门》《丹珠文存》《中国藏族文化年鉴》等涉及交叉领域的参考资料，定价普遍在三位数。此外，阅读大量采用藏文记叙的资料对于研究者来说也是一大考验。另外，将"藏族舞蹈"作为母题来撰写该学科的教学方法，资料的编撰思路还依托绵阳师范学院扎西江措教授在智慧树平台开设的"藏族舞蹈"一课的内容。

## 三、藏族舞蹈教学法之体系搭建构思

过去，西方的艺术以无限接近上帝、神作为作品的最高表现意境，而中国的艺术发展则是以人的灵气与精神作为作品的境界体现。藏族舞蹈作为一种民间艺术亦涵盖了两个维度的内容，即技术和精神。技术主要是指藏族舞蹈的三态九艺；精神则囊括了民俗活动、宗教信仰等，如藏传佛教的身、语、意三境。从写作的脉络来说，若想体现藏族舞蹈由浅入深、循序渐进的教学梯度，初步考虑选择"由器进道（舞蹈技术与艺术）—意境学（藏族舞蹈历史）—藏舞美育"的思路来探究对应和关联的"教学法"内容，不分上、下位学科，将音乐、美术、舞蹈、文学、历史等姊妹学科相"汇通"，目的在于把常规的藏族舞蹈授课方法从单一的孤立、悬置状态转变为关联式语境，或采用情境教学方法揭示、解释藏族舞蹈艺术的现象、变迁和规律。

学科体系的搭建主要参考了部分高校的艺术史学科，还借鉴其他院校在艺术学、比较艺术学等专业方面的课程建设。鉴于此次文献梳理的课堂教学需要面向各年龄段的全体学生展开授课，也考虑到教学对象的个人身体素质存在差异，因此藏族舞蹈教学法的主旨定位是基本掌握、逐步渗透和全面指导，从教学内容来讲要突出从理论到实践的哲学规律，可概括为"念、法、式、态、表"等五个维度。详细体例做如下展开，并进行阐释。

### （一）念

念，即观念、概念及理念。个体借助并调动听觉、视觉、触觉等联觉从生活经验中直接获取并积累主观感性观念，如通过观察客体、浏览视频、预习或复习经典文献等方

---

① 有关史传文学部分见黄奋生的《藏族史略》（民族出版社，1985年）；有关"诗镜注释"部分见切吉卓玛的《藏族舞蹈文化论文集》（中央民族大学出版社，2021年）。

式积累本学科在理论方面的基础知识，为学识的进阶性认知铺垫基础，从而与藏族舞蹈发展历史中前述的"生活性""宗教性"相呼应，避免学生在教学过程中出现对授课教师动作的单方面模仿，便于教学主体提取、了解每个动作背后蕴含的人文信息，深度感悟舞蹈"语汇"与"语句"，从而提升个人及作品的表现张力。综上所述，可按照从部分到整体的理论展开客观理性的归纳和演绎，以此来建构藏族舞蹈教学视域内的母题概念——学科核心素养，可以归纳概括为审美概观、艺术阐发和文化释析。

## （二）法

法为办法、方法和做法。在常规的藏族舞蹈教学过程中，动作技巧的讲解通常与主题音乐处于分离状态，授课流程大致采用技术分解、组合律动、完整表现的方式进行教与学。由于"音乐是听觉艺术，存在方式是以时间为单位展开的，故此，又称为'时间艺术'，其载体主要是声音。舞蹈最大的特征是它的载体是我们人类自身，这是一个极为特殊的载体，它既有造型元素，占有空间，又是在一定实践中展开情节的存在方式，是'动态艺术'"[①]。由此可见，音乐与舞蹈的结合是具有抽象性与流动性的。对于初学者来说，教师常采用口述节拍、描述点位的练习手段来辅助学生理解，目的在于运用量化的方式把舞蹈独立在空间层面，将动作的技术处理碎片化和具象化，这种做法摒弃了音乐这一要素。若对这一教学现象进行优化，在教学

方法上不妨考虑选择奥尔夫教学法将节奏与形体动作相结合的办法，选择木质类的响板、双响筒等具有清脆、短促音响效果的打击乐器替代教师在分解动作时的语言讲授。即使只采用一种奥尔夫教学法打击乐器，也能融入音乐的要素——节奏、速度和力度，如有需要，加入钹、锣、鼓等响器也同样适用。

## （三）式

式是样式、方式与形式的融合。在新版《义务教育艺术课程标准（2022年版）》中，"舞蹈学科"中反复提及了运用情境素材的教学建议，倡导采用协作学习的活动策略来组织课程内容。结合念的学习要求，在藏族舞蹈的教学形式上除了使用传统的多媒体课件，有条件的办学场所还可以运用数字媒体技术来创设情境，营造沉浸式的学习体验，这对师生的互动实践都能带来正面积极的影响。此外，在理解、掌握了藏族舞蹈与教学法的功能、意义后，教师可结合课堂现状与教学主题将学生按一定的人数编成小组，以戏剧表演的方式分配角色（可以是花、鸟、天空等意象）或描述场景，学生在感知音乐旋律后借助自己的肢体动作来表现所学习的藏族舞蹈的音响主题，也可以在聆听音乐后对在课堂上学习的内容进行二次阐述或即兴创编式的舞蹈表演。一节课无论按照40分钟还是90分钟，运用在导入或新课初始阶段，可以起到关节活动的热身作用；放置在中部时段，则可以达到对重难点进行解析的教学目的；若是在拓展总结环节，借助镜像回顾（回看录播视频）的方式，可以以小组为

① 李倍雷.李倍雷学术代表作［M］.南京：东南大学出版社，2020：31.

单位进行生生互评，以"观察者"的角度陈述前序舞蹈表现的优势与不足，也可以采用基于班级整体的评价方式，如师生点评来归纳、引申出当堂课所学藏族舞蹈的人文内涵。

### （四）态

态字意含"形、动、活"三意，即藏族舞蹈教学法需要集形态、动态和活态于一体。从前期对线上、线下的课堂观摩中了解到，当前的教学方式还是以讲授、模仿为主，形态这部分基本上按照"动作—组合（两个及以上的动作的连接）—语汇"这样的流程在设置课程内容，在学生通过反复练习的基础上再形成舞蹈的动态，达到熟练的程度后方能呈现整个舞蹈作品的"动态"。另外，还应考虑科技在教育技术领域发挥的重要作用，如运用校企合作的方式来协同育人，借助研发的软件等辅助手段动态监测学生身体数据，类似于"雨课堂"的各种后台记录，便于师生同时查看反馈进行调整，通过技术层面的突破反向助推藏族舞蹈教学法的创新。受2022年冬奥会开幕式的启发，"科技美学"一词受到全国各界的极大关注，如能否通过数字媒体技术［如VR（虚拟现实）、AR（增强现实）、手机客户端等］与数字人文领域的结合（参考三星堆文化），用这一新思路为藏族舞蹈及教学的"活态传承"开辟新的路径。

### （五）表

表是指藏族舞蹈教学法的表演、表现与表述。从课堂教学的角度来看，表演通常体现为教师的示范。若选择分层教学，舞蹈个体、小组的学生可以通过模拟、自修、自练等方式来尝试表现，若是以集体形式呈现的群舞，则可以运用生生互助、师生合作的表演方式达到深入感悟、二次创编作品的教学目的。此外，表演还能从评价这一教学环节进行理解：常用的课堂评价方式为形成性评价及终结性评价，师生可运用口头表达、图画表格等方式在学习新课的过程中实施。结合"双减"政策的要求，部分中小学还采用了等级、赋分制等新的评价机制辅助美育、美学层面的"提质"和"增效"。参考2019年高中必修版《音乐》《舞蹈》教材的编写修订思路，表述可以从赏析、鉴赏的角度开展，通过教师的引导、梳理与总结，在教学过程中培养学生的成就感和集体荣誉感，启发师生在内心层面对藏族舞蹈作品及教学有更宽广、深邃的思考。

## 四、跨学科视域下的藏族舞蹈教学法

从跨学科的角度来组建藏族舞蹈教学的体例，还参考了《义务教育艺术课程标准》（2022年）、《普通高中音乐课程标准》（2020年修订版）等教育部纲领性文件的编写结构（见图1）。

藏族舞蹈教学法在教学层面会以逐步进阶的形式呈现：第一环节以感受鉴赏为主，通过深入掌握章节内容能够知悉藏族舞蹈的历史背景。在前序单元学习的基础上能够理解课程目标与主要结构，后续环节需要掌握卓、依、堆谐[①]、热巴等藏族舞蹈的实施案例

---

① 罗旦.堆谐及其在藏族舞蹈教学中的应用研究［J］.北京舞蹈学院学报，2014（2）：10-14.

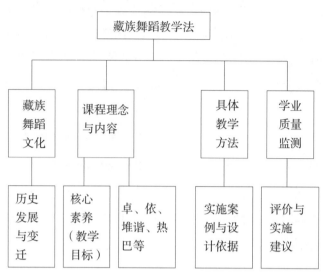

图1 藏族舞蹈教学法

与设计依据。最后为评价监测与实施范围，包含教学要求、教材编写、自主命题、资源开发等。教研培训主要针对深入田野进行调查与记录的活动，在这一环节将搭建具有梯队、体系式的教师团队，包含民间艺人和专家学者，平台建设则可以从社团、基地、数据库等范畴着手推进。

通过阅读关于藏族舞蹈教学法的文献，收获了大量学者具有启发性、独创性的学术思考，但藏族舞蹈教学法在学理建构与路径探析道路上面临的若干困境值得深入思考。一是教学对象的划分标准还需潜心研究与确定。当前从舞蹈学科专业的角度进行划分，按照性别不同分为男式、女式的教学班级；学校教育将学习者按照学段的不同划分为义务教育、高中阶段，而在高等教育的视野下，藏族舞蹈教学法实际上是要探究、开辟一种"大中小一体化"都适宜的教学路径。除此以外，授课对象无论是按照个体还是集体划分都具有社会身份，如学生、教师、职员、退休人士等，教师的授课方式就有可能面对一对一式教学、年会演出、广场舞授课等教学情境，学习者不同的社会身份一定程度上又影响、制约了学习内容和评价方式的采用。因此藏族舞蹈教学法的施用和适用对象分类标准也是亟待确定的一个重要节点。二是回顾此次搜集、浏览的诸多资料，在梳理藏族历史和学理脉络方面，舞蹈学科领域内的文章在此部分的论述普遍具有散、乱、杂的特点，具体体现在：虽然文献主旨是论述舞蹈，但对应的史料背景要么不提，要么轻描淡写一笔带过。究其原因是研究者不仅在前期需要筛选、阅读大量的史书、典籍，如有必要还应在文史资料的基础上结合考古图像甚至历史文物等进行互证探究。此外，涉及藏族人文内容的相关资料，还有藏文、英文等多种译本、著作，这对研究者来说无疑又增加了"取证"难度。田野调查虽在一定程度上能解决这一问题，但对于藏族舞蹈素材或舞蹈本体也多是"走马观花"式的记录。而回到"历史田野"中去探寻藏族舞蹈的"历时性"又确实是一项烦琐而浩大的工程。湖南师范大学的赵书峰教授在《中国舞蹈人类学研究再思考》这篇文章中提出了历史舞蹈人类学研究，这与东南大学李倍雷教授提出的考境探源有异曲同工之意，舞蹈若不回归到历史的语境中去，"原物"将不能被再现，作品的再现无法体现出深度和意。同时，在藏族舞蹈教学法研究和实施过程中，还要注意避免单纯地将不同的学科进行糅杂的情况。

## 结 语

无论藏族舞蹈采用何种方法进行传授，势必会存在一些具有共性或特性的教学现象有待观测、记录与改进。瓶颈一旦突破，藏族舞蹈在教学法方面实施的互动策略就能得到优化与提升，而前述的措施、策略最终的落脚点都是为了延续、弘扬藏族舞蹈及其文化内涵。最近几年也涌现了一批优秀的舞蹈节目，如《丽人行》源自诗圣杜甫的同名诗作；郑州歌舞剧院编排的《唐宫夜宴》则取材于河南出土的乐舞俑；水下舞蹈《祈》的打造是根据曹植的《洛神赋》；2022年大火的《只此青绿》是根据北宋王希孟所作的《千里江山图》进行表演与呈现。这些作品将舞蹈与历史名人、文物宝藏等相联系，使作品符号化，从而更易于在社会中进行广泛宣传。而未来藏族舞蹈新作品的打造，也可以结合岩画、唐卡、哈达等代表性符号，沿用或借鉴前述舞蹈的创作思路，实现1+1＞2的传播效果和传承路径。

**作者简介：**

杨姝，四川师范大学音乐学院教师，主要研究方向为音乐教育。曾在《四川戏剧》《戏剧之家》等期刊上发表论文。

# "双减"视域下的小学音乐教育新路径探究<sup>*</sup>

胡鹏飞

[摘要]针对"双减"问题，作者对其政策的背景与内涵进行阐释；结合音乐学科"审美情趣"的核心素养，对小学音乐教学的现状与问题进行剖析，提出当下小学音乐课堂存在的三个问题；以教学实例的方式探究两种小学音乐教学新路径：以经典作品为核心，开展项目研究学习，深度体验经典之美；以创编短剧为抓手，实施小组合作编演，提升音乐创造能力。

[关键词]双减　小学音乐教育　新路径

"双减"问题是近年来最受关注，也是引发普遍热议的教育问题。教育部公布的最新统计结果显示，2020年我国共有各级各类学校53.71万所，在校生2.89亿人，专任教师1792.18万人。我国不仅在办大教育，更是在办强教育，公平、质量无疑是做强、做大教育的核心。《中国美好生活大调查（2020—2021）》显示，子女教育在家庭面临最困难的问题中，除了收入、住房之外名列第三，表明教育焦虑已经成为中国老百姓最头疼的话题。①

## 一、"双减"政策的落地

2021年5月21日，习近平总书记主持召开中央全面深化改革委员会第十九次会议，审议通过了《关于进一步减轻义务教育阶段学生作业负担和校外培训负担的意见》。"双减"（减轻学生作业负担和校外培训负担）是教育战线贯彻新发展理念、构建新发展格局、推进高质量发展、促进学生健康成长的重大举措，必须加快公共教

---

＊　本文系2021年度北京市教育学会"十四五"教育科研一般课题"基于核心素养下的小学音乐鉴赏能力培养研究"（JSZYYB2021-040）的阶段性成果。

①　央视调查：2020主要家庭困难中子女教育焦虑感高达36%［EB/OL］.（2021-04-27）. https://www.sohu.com/a/463274325_100121295.

育体系重构，大力推进现代教育治理体系建设。

"双减"政策的提出，是为缓解学生身心压力大的现状，在培养德智体美劳全面发展的社会主义建设者和接班人的宏观目标下，制定的现阶段具体实施方法。"双减"并非单方面的减压，同时意味着身体素质和艺术素养的"双增"。教育部于2021年10月26日召开新闻发布会，表示为了儿童青少年的健康成长，在"双减"落实的同时也在推动"双增"，即增加学生参加户外活动、体育锻炼、艺术活动、劳动活动的时间和机会，增加接受体育和美育方面课外培训的时间和机会。

2021年3月，习近平总书记强调："教育，无论学校教育还是家庭教育，都不能过于注重分数。分数是一时之得，要从一生的成长目标来看。如果最后没有形成健康成熟的人格，那是不合格的。"[①]

通过解读政策，可知"双减"减的是重复、机械化的单一知识性训练，"双增"增的是对于少年儿童长远发展层面的体魄、艺术素养能力。因此在中小学实际的教育教学中，应当改变重"主科"（语、数、英）、轻"副科"（音乐、美术、体育、科学等）的现状，改变"唯分数论"的评价标准，改变"做课"、"说课"及教学设计大于实际常态课堂的教师功利化思想，做到真正从学生长远的人格发展的角度重新思考课堂教学的意义。

## 二、小学音乐教学的现状与问题

近年来，学生发展核心素养成为基础教育领域的热议话题。2014年在《关于全面深化课程改革落实立德树人根本任务的意见》（教基二〔2014〕4号）中首次提出"学生发展核心素养体系"的概念，以全面发展的人作为最终培养核心，将"核心素养"的内涵划定为国家认同、审美情趣、身心健康、学会学习、实践创新等九大素养。音乐学科对应的审美情趣素养指出，作为"个体在艺术领域学习、体验、表达等方面的综合表现"[②]，审美情趣包含感悟鉴赏与创意表达两个层面的内容。感悟鉴赏需关注学生"具有发现、感知、欣赏、评价美的意识和基本能力；具有健康的审美价值取向；懂得珍惜美好事物等"。创意表达要求学生"具有艺术表达和创意表现的兴趣和意识；具有生成和创造美的能力；能在生活中拓展和升华美，提升生活品质等"[③]。

结合"双减"政策的落地，对于小学音乐课堂的教学，应着眼于音乐学科特有的审美情趣的切实提升。然而，伴随音乐学科被纳入中考、高考，以及北京地区的小学正在实施三年级、六年级的"3+1"（3指语、数、英，1指一门除语、数、英之外的任意一门学科）抽测，音乐学科正逐步走向笔答卷、量化卷的考核评价。考核方式倒逼着学科教师对音乐课堂进行改革，很多音乐教师为了提高所谓的学生素养水平，在课堂上紧锣密鼓地

① 杨学为.高考文献：下（1977—1999）［M］.北京：高等教育出版社，2003：150-151.
② 中国学生发展核心素养（征求意见稿）［J］.安徽基础教育研究，2016（2）：4-5.
③ 骆静禾.20世纪以来中国基础音乐教育观念研究［D］.福州：福建师范大学，2017.

训练模唱音高、节奏记写、聆听音乐要素等题型，以期学生在测评中取得优良成绩，提高教师自身的绩效得分。

一堂优质音乐课的评价标准逐步被形式多样、功利实效等条条框框所束缚，教师们忙于"做课""说课""磨课"，优质的音乐课成为教师表演自己的舞台，学生也演变成准备充足的小演员，甚至连很多小组合作的"学习单"都是多次练习过的。细细想来，实际的音乐课堂与"双增、双减"的政策要求及真正审美情趣的提高之间有着很难跨越的鸿沟。如何将理想付诸现实，真正让下一代成为全面发展的社会主义接班人，需对当下的教育教学问题进行深入分析，以求在此基础上获得解决问题的思路。

笔者作为有六年小学音乐教学经验的一线教师，在课堂教学、教研学习、听评课等过程中通过观察、反思、分析，将小学音乐教学的现状与问题总结如下。

### （一）重视唱歌课的演唱教学，轻视欣赏课的学生体验

音乐欣赏课，或涉及更为宏大的音乐篇幅，使用较为复杂的曲式结构，或涉及更丰富的人文性、民族性、世界多元性知识，或使用较为丰富的交响乐队配器等，使得欣赏课的教学相比于演唱课的教学，需要教师投入更多的时间去学习、准备、分析教学内容。因此，在教学的优先级别上，音乐欣赏课被放置在了相对靠后的位置，或者多以知识点的教授方式一带而过，很少涉及完整音乐作品的聆听、分析、鉴赏。

然而，音乐欣赏课作为小学音乐课程中的重要分支，不仅包含唱歌、欣赏及音乐知识和技能的学习，更重要的是让学生对音乐进行分析和思考，通过感性的音响进入理性的对音乐意义的理解，进而升华为一种对价值观的感悟。此外，欣赏课的学习犹如"最近发展区"的学习，在我们当前音乐能力的边界更进一步地向外探索未知领域，为将来系统的学习做前期铺垫，有利于我们自主形成对知识框架的构建，对艺术世界的整体感知。

### （二）关注优等生的课堂反馈，忽视后进生的能力提升

音乐课不像语、数、英等应试性较强的科目，不论是歌曲的演唱还是聆听欣赏，都没有绝对的分数划分的标准，也因音乐教师在满课时的情况下（一周18课时），往往需要同时教9个班级的音乐课，没有充足的时间去逐个检查学生的真实学习情况，就造成了音乐教师在实际的教学中会不自觉地忽视后进生的能力提升，更多地关注优等生的课堂反馈。但是，如果我们透过现象去思考问题的本质，会发现音乐课堂中的优等生之所以一直是优等生，是因为他们在来学校上音乐课之前，就已经在课外的音乐学习中掌握了足够多的知识和能力，在音乐课上回答问题对于他们而言是一种"锦上添花"的能力表现，而教师却往往以优等生的回答作为掌控课堂教学节奏的标准，无形中忽略了真正需要提高音乐能力的大多数群体，尤其是茫然无知的后进生群体。到了期末，老师们会猛然发现，大多数学生没有记住自己讲过的知识，很多学生不能独立演唱歌曲，会的仍是那部分优等生。

这种过多关注优等生课堂反馈，不自觉地忽视后进生能力提升所带来的教学结果，给一线音乐教师们敲响了警钟，提示他们在教学过程中应注重分层教学及有效反馈，关注每个学生群体的学习需求和实际所得，理性、全面地进行教学设计和教学评价。

## （三）传统音乐的渗透教育能力较弱，经典多局限于西方音乐

笔者对小学音乐教材（人教版）三年级上册进行了简单统计，数据如下（见表1）。

从表格可以看出：全册教材共收录了30首音乐作品，19首中国音乐作品，11首外国音乐作品，大多数都属于演唱作品。但以学生是否喜爱、教师是否常进行教学设计研究作为经典作品的评价标准时，发现经典中国作品仅有4首，经典外国作品有6首。同时，从表1可以看到，经典外国演唱作品（5首）远多于经典中国演唱作品（2首）。由此可知，对于三年级的小学生来说，在其内心积累的对经典音乐作品的记忆和感知方面，外国作品是远多于中国作品的。

表1 小学音乐课教材（人教版）三年级上册统计数据

| | 分类 | 演唱 | 欣赏 | 总计 |
|---|---|---|---|---|
| 教材分布 | 中国音乐作品 | 10 | 9 | 19 |
| | 外国音乐作品 | 6 | 5 | 11 |
| 经典作品 | 经典中国作品 | 2 | 2 | 4 |
| | 经典外国作品 | 5 | 1 | 6 |

从"十四五"规划来看，中华民族从经济硬实力发展过渡到对文化软实力的建设。所谓民族复兴，不仅是经济的复兴，根本的是精神、文化层面的复兴。习近平总书记不断在重要讲话中强调，要弘扬传统文化，建立民族文化自信。音乐课教学作为学校美育的主阵地，应将审美情趣的提升与弘扬传统文化相结合，从态度情感价值观的角度培养学生的爱国情怀、民族自信。负责教材编写的相关专家应多调研学生及教师在使用教材时的偏好，多收录、创编、设计一些学生爱唱、教师爱教的经典中国作品，而不是单纯以中国音乐作品的数量多、内容广、文化多元作为编订标准。

## 三、小学音乐教育新路径探究

### （一）以经典作品为核心，开展项目研究式学习，深度体验经典之美

所谓经典作品，不仅指外国经典的音乐作品，如贝多芬、莫扎特、舒曼等作曲家的代表作品，在本文特指具有中国传统文化内核的经典作品。中国文化软实力的建设，需从国人内部、在小学生的中国文化底色中发力，在音乐、美术这些美育课程中渗透，在中国戏曲、传统民族音乐中具体实施。

开展项目研究式学习，可深度体验、挖掘、感悟经典之美。以小组为单位，根据教

师提出的主题自行搜集资料、发现问题、解决问题；各个小组从不同的研究视角进行"同课异构"，并以小组展示、互动提问的方式共同构建对经典作品的立体性、多维度知识建构，形成思维导图；教师教授必要的技能技巧；各小组以学唱、表演的形式分工合作，介绍作品并进行综合性展演；组间互评，教师点评，交流项目研究所得，梳理并反思整个研究过程，形成个人研究报告。简略流程图如下（见图1）。

在整个项目研究过程中，教师应是研究者与艺术教育者的有机结合体。一方面，需实时监控每个小组的研究进度，提供引导性的间接帮助，正向反馈学生的阶段性研究成果，推动整个项目的稳步进行。另一方面，需有研究性的全局把握，对项目研究内容展开全面深入的研究，能够预设学生会遇到的问题，并事先做好预案，具有细致入微的观察能力、深入浅出的语言表达能力、条理清晰的逻辑分析能力、感同身受的理解共情能力等。

项目研究式学习的对象，不应局限于高年级学生，对于低年级小学生同样适用。教师应根据学生的身心发展特点及时调整项目研究的进度、开展时间、问题链长度、研究深度等。比如，在学唱二年级上册京剧《报灯名》时，可针对京剧行当（生、旦、净、末、丑）展开项目研究式学习，具体内容如图所示（见图2）。

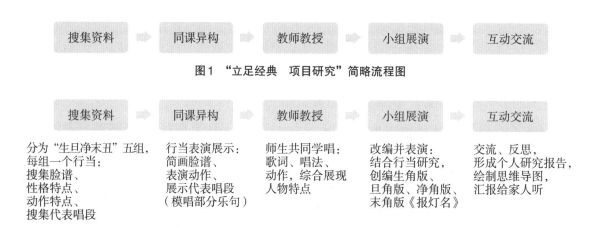

图1 "立足经典 项目研究"简略流程图

图2 《报灯名》项目研究式学习内容图

### （二）以创编短剧为抓手，小组合作编演，提升音乐创造能力

相较于美国等发达国家，我国中小学生在创造力、合作解决问题等方面显露出短板。在2018年OECD（经济合作与发展组织）的PISA（国际学生评估项目）测试中，中国东部四城市在阅读、数学、科学素养中包揽三项第一。但据《PISA2015结果（第五卷）：合作解决问题》可知，中国（北上广苏）学生的合作解决问题的能力远不如表现最佳的新加坡学生，甚至低于OECD成员平均水平。

音乐凭借其趣味性、逻辑性、审美性、创造性等特性，是提高问题解决能力、创造能力的绝佳沃土。据此，笔者提出以创编短剧为抓手，小组合作编演，提升音乐创造能力的小学音乐教育新路径，其中小组合作是学习方式，编演短剧是成果呈现方式，问题解决能力、音乐创造能力的提升是核心目标。在整个教学过程中，教师教授必要的音乐知识，不断抛出问题，引发学生思考，以小组合作的方式共同解决问题（自编自演），并在课程结束时以富有逻辑的方式最终呈现出一个多幕的音乐短剧。一个基于此路径的教学实例如下：

# 自编自演的音乐短剧《火车上的故事》
## ——音乐实践课教学设计

### 一、整体教学设计思路

本次音乐实践课针对学有余力、学习实践能力较强的一年级和三年级（三年级学生在创编旋律阶段运用更为复杂的节奏型和一字多音的创编手法进行创作）学生设计，约占三个课时，从生活场景"火车上的故事"入手，分为火车开动、火车飞驰、火车上的欢歌、火车到站四个部分，引导学生运用音乐要素（如音符、节奏、强弱、节奏创编、旋律创编等）进行从个人到小组的综合性创编，最终以四幕音乐短剧《火车上的故事》的综合展演形式作为本次实践课的成果呈现方式。

### 二、教学目标

1. 学习♩♫♬♩。、渐强（⬤）、渐弱（⬤）、渐快、渐慢，了解音乐符号的含义，并能运用到简单的音乐创编中。

2. 学习 d、r、m、s 的字母标记法，运用字母谱的形式创编《火车上的欢歌》旋律。

3. 以小组合作的方式与组内同学交流分享自己的旋律创编过程，体会歌曲创编的乐趣。

4. 以综合性展演的方式对火车开动、火车飞驰、火车上的欢歌、火车到站四个部分进行小组呈现，培养学生音乐实践的能力。

（三年级学生学习目标增加为：运用五线谱记谱法、一字多音的作曲手法进行歌曲创编。歌词也可引导学生自行创编，并用口风琴演奏创编的旋律）

### 三、教学准备

一年级：A4大小的白纸一张、铅笔、橡皮。

三年级：五线谱本、口风琴、铅笔、橡皮。

### 四、主要教学环节

1. 采用图片、视频的形式，引入实践主题——《火车上的故事》。

2. 学习♩♫♬，以及对应单位拍的准确击打，结合火车开动、火车飞驰的情景，想象创编节奏及拟声词。

火车开动        火车飞驰

轰隆   咔嚓咔嚓   轰隆   咔嚓咔嚓……    咔嚓咔嚓   咔嚓咔嚓……

春眠 不觉晓，     处处 闻啼鸟。

（1）学习 ♩ 𝅘𝅥𝅮𝅘𝅥𝅮，以及单位拍的记写。

（2）结合拟声词"轰隆""咔嚓咔嚓"，引导学生加入合适的节奏型。

（3）引导学生思考速度、力度的变化，学习渐强（◁）、渐快。

（4）可加入身边简单的东西，如书桌、板凳、水杯、拍手等，敲击出不同的音高。采用口说拟声词、手敲击有不同音高的身边小乐器的方式，呈现火车开动、火车飞驰的情景。

3. 学习 d、r、m、s 的字母标记法，运用字母谱的形式创编《火车上的欢歌》，并以三个乐段的形式呈现（如下图）。

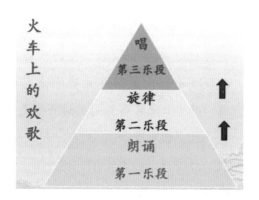

（1）欣赏谷建芬创作的歌曲《春晓》，聆听情绪（欢快活泼），分析乐段结构（ABA），学唱主题乐段A（一年级学生以跟琴哼唱方式学唱，三年级学生以识读乐谱的形式学唱）。

（2）以古诗《春晓》为歌词，使用♩和𝅘𝅥𝅮自由组合的形式创编节奏，并有感情地朗诵出来（如下图）。

（三年级可加入 𝅘𝅥𝅮𝅘𝅥𝅮𝅘𝅥𝅮𝅘𝅥𝅮、♩𝅘𝅥𝅮 进行节奏创编，并写清楚小节线和拍号，如下图）

$\frac{2}{4}$ 春眠 不觉晓，     处处 闻啼鸟。

（3）学习 d、r、m、s 的字母标记法，写出有高低位置变化的 d、r、m、s，结合柯尔文手势，准确演唱音高。

（4）使用 d、r、m、s 四个音，在已有的节奏创编的基础上用字母标记法创编旋律。

（三年级用五线谱记谱法、一字多音的作曲手法进行歌曲创编。歌词也可引导学生自行创编，并用口风琴演奏创编的旋律）

（5）小组交流分享创编成果，选出组内最好的创编作品，使用三个乐段的形式共同演绎创编成果《火车上的欢歌》。

4. 想象火车到站的情景，复习♩及𝅝，创编拟声词＋节奏＋敲击音高的火车到站片段音乐。

（1）复习♩、𝅝及单位拍的记写。

（2）结合拟声词"轰隆""咔嚓咔嚓"，引导学生加入合适的节奏型。

（3）引导学生思考火车到站时速度、力度的变化，学习渐弱（▷）、渐慢（rit.）。

5.《火车上的故事》音乐短剧展演。

一年级：引导学生加入表演动作、小打击乐器、旁白进行展演。

## 音乐短剧《火车上的故事》

三年级：引导学生加入表演动作、小打击乐器、旁白、轮唱、口风琴进行展演。

### 五、实践成果呈现

本次实践课的成果，最终以自编自演的四幕音乐短剧《火车上的故事》的形式呈现，根据每组学生不同的能力及特点创编出不同版本的音乐短剧，以小组合作的形式进行唱、演、创的综合性展演。

### 结　语

"双减"政策的真正实施任重而道远，如何从"全人"的角度培养健康自信的下一代，是每一个教育工作者需要认真思考的问题。本文仅从小学音乐教育角度，结合自己的观察、分析、反思提出抛砖引玉的路径探索，希望能为教育同行提供进一步研究的些许线索。

**作者简介：**

胡鹏飞，北京师范大学2021级博士生，研究方向为系统音乐学、音乐教育。

# 让音乐的语言能"读"、会"写"、可"动"
## ——谈柯达伊教学法在小学音乐课中的应用

张 赛

[摘要] 通过有组织的音响结构,音乐成为表达人类共同思想和情感的语言工具。较之社会音乐生活,学校音乐课的曲目大都为中外经典音乐作品,是取其精华、去其糟粕的成果,其学习价值尤为重要,因此如何调动学生的学习积极性让学生乐学善学就成为我们需要关注的问题。在本论文中,笔者通过小学中低段音乐课存在的不足、柯达伊教学法对音乐语言形式的拓展、柯达伊教学法在小学中低段音乐课中的实际应用及对于柯达伊教学法的思考和展望这四个方面,探讨柯达伊教学法在小学音乐课中如何使音乐语言能"读"、会"写"、可"动"。

[关键词] 柯达伊教学法 小学中低段 音乐课

## 一、小学中低段音乐课存在的不足

音乐是人类最古老、最具有感染力的艺术表现形式。通过有组织的音响结构,音乐成为表达人类共同思想和情感的语言工具。作为人类文化的特殊载体,音乐的学习必不可少,而学校音乐教育所起的作用不仅是在鉴赏、表现与创编中培养学生的音乐能力,还有审美能力的塑造,更是对于文化多样性的包容与理解。但是想要达到审美与文化理解的高度,没有扎实的音乐综合能力只能是空谈,因此音乐课堂的实际开展就显得尤为重要。而在整个学校音乐教育中,小学中低段是打好音乐基础的初级阶段,是学生开启音乐之路的起点,但是在实际的音乐教学中,我们却发现了若干不足。

### (一)小学中低段音乐课对全体学生的覆盖性有待加强

我们的音乐课堂大多采用"听"和"唱"的方式结合老师的"讲"进行教授,音乐语言的表达途径略显单薄。传统音乐语言强调音乐中的"听",这种方式对有音乐基础的学生来说是易于接受的,但对于那些缺少早期音乐训练的学生来说,这种学习方式有些困难。音乐虽归属于艺术,但也有其自身的科学性和逻辑性,音乐语言的基本组成部分是节奏和音高,对于那些提前接受过音乐训练的学生来说,节奏和音高的感知是较为容易的,甚至很多有乐器基础的学生只需要老师的稍加点拨就能够独立对新作品进行视唱。但是我们学校的音乐教育面对的不仅仅是有音乐基础的学生,还有那些没有接受过早期音乐训练的孩子,因此就需要我们拓展音乐的语言来丰富不同层次学生的音乐感受,进而提升不同层次学生的音乐综合能力。

若在面对全体学生的音乐课堂中,老师还局限于传统的"听"与"唱",那么在这种传统音乐语言聚焦下的音乐课堂很容易让一些学生失去参与感,而这种音乐课堂就缺乏了对于全体学生的覆盖性,也容易让学生失去对音乐课堂的兴趣。

### (二)学生的音乐综合能力尚待加强

我们的音乐课堂其实大部分强调的是音乐中的"听"和"唱",但缺乏对音乐"读"与"写"能力的培养。此外,我们也时常发现,即使学生学习了一段时间的音乐,但还是存在识谱困难、听音不准确等情况,学生似乎在音乐课堂中只是收获了"唱"的能力,但是还远远达不到音乐综合能力的提升。

什么是音乐的综合能力?在笔者看来,

它包括"听""唱""写""读""做"等五个方面。所谓"听"除了听辨不同的音高、节奏之外,更重要的是在其基础上达到赏析作品的水平;"唱"既包含在音高节奏准确的基础上带有感情地唱好作品,也包括能够借助自己对于谱面的认知自主视唱;"写"在于能识别五线谱中的内容并且能够在五线谱中准确书写谱号、音高、节奏等要素;"读"在于能够表达清楚谱面信息,并且能够进一步表达自己的音乐见解;"做"是能够在感受音乐的基础上带着自身对音乐作品的理解进行肢体律动的表现。

在柯达伊看来,"听觉只能在读和写的音乐体验中得到开发……不能熟练掌握读写,音乐就只能是神秘的、难以理解的、抓不住的东西"[①],由此看来音乐学习不能仅仅停留在"听"和"唱"。作为音乐教师,我们应该合理开发音乐语言的其他表达途径,通过对学生音乐"读""写""做"的培养,增强学生对于音乐语言的熟悉度,进而逐步地提升学生的综合音乐素养。

## 二、柯达伊教学法对音乐语言形式的拓展

传统意义上的音乐是听觉与时间的艺术,音乐语言的获取需要通过"听"或"唱"来实现,但是在柯达伊教学法中,音乐语言突破了"听"与"唱"的限制,音乐不仅能"唱""读",还可以"写",甚至还可以"动"起来。在柯达伊看来,"音乐和人的生命本体有着密切的联系……音乐不能成为少数人独

---

① 雍敦全.柯达伊音乐教学法的应用[M].重庆:西南师范大学出版社,2018:4.

有的财产，而应该属于每个人"①，正是这种"让音乐属于每个人"的宏大理想，让柯达伊通过借鉴国内外优秀教学经验发展出了这样一套具有极强的可操作性和科学性的教学法，让音乐语言在"听"和"唱"的基础上能"读"、会"写"、可"动"。

## （一）柯达伊教学法让音乐语言"读"起来

柯达伊教学法让音乐语言的"读"主要体现在节奏读法和字母谱的使用。在柯达伊看来，感受节奏律动是人的本能，节奏是构建旋律的框架和支撑，因此节奏应该形成自己独到的句式和结构。通过节奏读音，学生可以对抽象的节奏建立起相对具象的感知，这种符号化的节奏读音体系能够让可"听"的节奏更加具有可读性，能够帮助中低段学生建立起节奏感。

由于低段学生思维认知能力的限制，在实际音乐课节奏教学中，我们并不能单独地将节奏教学割裂开，应该尽可能地避免过多的专业术语和概念性长句，以免导致学生思维混乱。例如，四分音符可以让学生在认识其形制的基础上用"ta"这种节奏读音帮助学生巩固对其长度的感受；八分音符可以让学生记忆"titi"这种符号式的读音，而较长的二分音符则是在四分音符"ta"的基础上进行延长，变成"ta-a"来方便学生认知。因为学生的认知和思维总是在不断增长的，因此柯达伊节奏读音体系可以成为中低段学生真正开始涉及大量音乐概念和专业术语之前的

"过渡桥"，让学生借用节奏读音体系初步感知节奏的变化，为后续更复杂的节奏学习打下基础。

除了借用柯达伊教学法的节奏读音体系，我们在平常的音乐课教学中也能发现，不少教材也"因地制宜"地在套用柯达伊节奏读音体系的基础上使用了其他形式的节奏读音体系。小学中低段学生由于年龄的限制，系统的学习生活刚刚起步，对于知识认知很大程度上需要借用生活经验，因此我们看到在很多教材中抽象的节奏时值被转换成学生日常对于"跑""走"的生活经验，来方便学生进行理解和掌握。例如，四分音符具有走路的律动感，因此四分音符可以用"走"来表示；而八分音符相较于四分音符更加短促，因此可以用"跑跑"来表示稍微短促一些的八分音符；十六分音符更加短促的时值则使用"快跑快跑"来表现短时值的急促。

无论是柯达伊节奏读音体系还是各种形式的节奏读音变形，本质都是为学生建立可操作性、实践性较强的初级节奏读音体系，让学生在"听"的基础上通过"读"来强化对于节奏的感受。

此外，柯达伊教学法对于音乐语言的"读"还体现在字母谱的运用上。柯达伊教学法中字母谱的运用是建立在首调唱名法的基础上，而这种唱名法正是我们目前在音乐课中所使用的。在字母谱中，"d、r、m、f、s、l、t"分别代指"do、re、mi、fa、sol、la、si"七个自然音级的唱名，"t"与"s"的使用避免了学生对于"si"和"sol"简化书写的混

---

① 雍敦全.柯达伊音乐教学法的应用［M］.重庆：西南师范大学出版社，2018：3.

乱。五线谱的识读教学在实际的音乐课教学中需要融入课时内容进行渗透，其学习过程并非一蹴而就，而是在循序渐进中通过大量训练获得。而字母谱的运用相当于让不同的音有了一个能够快速分辨的名字，就像语文的文字、英语的字母一般具有了实在的意义和价值。此外，字母谱由于具有可读性，可以不受五线谱读谱能力的限制，而先于五线谱教学让学生掌握唱名关系。

### （二）柯达伊教学法让音乐语言"写"起来

柯达伊教学法让音乐语言"写"起来主要体现在字母谱及首调唱名法的应用。柯达伊教学法倡导首调唱名法正是看到了首调唱名法能够更快地帮助学生学会读谱这一优势。由于音级与音级之间的关系是固定的，因此首调唱名法能够培养学生对音级之间相对关系的感知及不同音级之间的倾向性，从而建立学生的调式感觉，为更好地"听""唱"打下坚实基础。

但是仅仅依靠听觉的辨识是不够的，为了更明确首调唱名法的不同音级，柯达伊教学法还明确了字母谱的使用（在前文我们已经提到过）。对于小学中低段学生来说，识读五线谱音符和书写五线谱音符必然是有些困难的，但是有效利用字母谱不仅能够让学生快速读谱，还可以让学生通过书写字母谱加强对于音符的认识，丰富学生的学习方式，强化学生对音符和节奏的认读能力。

柯达伊教学法中的"写"对于常规音乐课教学内容来说并不常见，因为我们大部分小学中低段音乐课以"听"和"唱"为主，但是实际上从二年级上册《早上好》歌曲教学

开始就渗入了高音谱号书写。我们可以以二年级上学期为起点，在常规音乐课教学中逐步涉入"音乐课笔记"这一模块，同时为了不本末倒置，我们最好将"音乐课笔记"环节放置在课程总结这部分，在帮助学生总结该课知识的同时，借助笔记帮助学生锻炼音乐"读""写"能力。

### （三）柯达伊教学法让音乐语言"动"起来

柯达伊教学法让音乐语言"动"起来主要体现在柯达伊手势音阶的使用。柯达伊手势音阶帮助学生把听觉感知的不同音级转化成身体律动，既丰富了学生的课堂学习方式，更重要的是能够帮助学生理解首调唱名体系中不同音级之间的关系，进而帮助学生建立起调式中音与音之间距离的感觉，帮助学生准确歌唱。

而柯达伊手势音阶的使用不仅能作为动态的视觉辅助形式帮助稳定音高，还能够进行简单的二部合唱训练，进而让学生感知合唱的音响效果。在合唱训练中，不同声部分别使用不同手势，整个过程学生需要专注地紧随指挥老师给出的不同手势进行演唱，这种训练不仅提升了学生的专注度，更培养了合唱团员"勤看指挥"的好习惯。这种长期的训练更有利于学生内心听觉的培养，而这种听觉能力的训练对于学生歌唱能力的培养是至关重要的。

## 三、柯达伊教学法在小学音乐课中的实际应用

综上所述，若我们当下的音乐课还是仅仅

停留在"听"与"唱",显然无法满足学生日益增长的音乐素养提升需求。柯达伊教学法中对于学生"听""唱""读""做""写"的综合音乐能力培养,对于我们来说极有参考价值。在这部分,笔者将通过几个实际的课程案例来讨论柯达伊教学法在小学音乐歌唱课中的实际应用。

以人民音乐出版社北京版小学一年级上册歌曲《粉刷匠》为例。在本课中,一年级学生首次接触"音的时值"这一概念。当然出于对一年级学生思维和认知能力的考虑,对于八分音符和四分音符,我们不应当过多进行专门理论知识的阐述,应帮助学生感受两个节奏的长短差异,感受四分音符和八分音符的节奏律动。在这种教学中,我们可以有效地利用好柯达伊教学法中节奏读音体系,将四分音符当成"走"和"ta",将三者紧紧捆绑在一起。而针对八分音符,我们可以将八分音符编码为"跑跑"和"ti ti"。除了将两个音符进行编码,还应该配以拍手等身体律动,让学生通过眼、手、嘴的配合更加深入地感受四分音符和八分音符的节奏律动,为后面的音乐学习打下基础。

以人民音乐出版社北京版小学二年级上册歌曲《牧童谣》为例,这首歌曲在高音谱号与拍号之间出现了三个固定降号,这在之前的音乐课中几乎没出现过。为了让学生对这个调的记忆更加深刻,我们可以采用书写的方式帮助学生掌握本调d、m、s、l四个音在高音谱号五线谱中的位置,同时在记谱的过程中也锻炼了学生的音乐书写能力,帮助

他们更好地了解五线谱。

笔者教授的年级为一、二、三年级。在三个年级中,每次师生问好之后,我都会进行柯达伊手势音阶的训练,每个音四拍一换,由小字一组的d唱至小字二组的d,然后返回至开始音。这样训练既能帮助学生建立课堂常规,帮助学生巩固音高,也丰富了学生的课堂学习方式。在柯达伊手势音阶的训练中,此训练不仅可以放在课前进行常规练习,还可以放在识谱环节及学唱歌谱环节,帮助学生明确音的唱名并且培养学生的内心听觉,为未来的音乐学习打下坚实基础。

## 四、对于柯达伊教学法的思考和展望

根据《义务教育音乐课程标准（2011年版）》,音乐教学要以"学生兴趣爱好为动力"[1],可见兴趣是学生最好的老师,也正是兴趣推动着学生在音乐道路上不断前进,因此在音乐课堂中拓展我们的音乐语言形式是十分有必要的。

在柯达伊教学法中,通过音乐的"读""写""动",让传统以"听"和"唱"为主导的音乐语言实现了突破,通过丰富的课堂形式将综合音乐能力培养润物细无声般地融入了每堂音乐课的教学之中,让学生在循序渐进中逐渐提升了自身的音乐能力。就如同当代人掌握语言的读写能力一样,音乐的"读""写"能力就如同语文、英语的语言阅读一样,是一种可以通过训练获得的技能,掌握了音乐

---

① 中华人民共和国教育部.义务教育音乐课程标准（2011年版)[M].北京:北京师范大学出版社,2012.

的"读""写"，学生也能加深对音乐本身的理解。而首调唱名法、节奏读法、字母谱、柯达伊手势音阶等方式则促进了学生音乐素质的全面均衡发展，开发了学生的音乐潜能。

出于对柯达伊教学法种种益处的考虑，近年来，柯达伊教学法在中国发展迅速，但是如何在实际的小学音乐课堂中使用好柯达伊教学法仍是我们需要关注和思考的问题。需要注意的是，柯达伊教学法中的"读""写""做"并不意味着在每节课中都能全部使用，老师应该根据对于不同音乐课内容的把握，有所取舍地采用柯达伊教学法中的一种或者多种形式进行教学活动设计。作为音乐教师的我们，对于柯达伊教学法的使用既不能"贪多"，也不能回避，而应该在理论和实践中多多尝试，找到柯达伊教学融入课堂的平衡点，才能让教学法成为教师课堂教学的辅助者，让师生的音乐之路走得更远。

**作者简介：**

张赛，硕士研究生，北京明远教育书院实验小学音乐教师，二级教师。曾在"京美杯"、北京市教育学会"基本功与专业能力"教育教学研究成果、北京市中小学音乐教师教育教学论文征集活动、北京市朝阳区第十五届中小学艺术教育论文评选等比赛中获奖。指导的学生合唱与学生戏剧展演曾获北京市朝阳区第二十三届学生艺术节相关奖项。

# 深度学习理念下高中音乐大单元教学的研究
## ——以高中《音乐鉴赏》第一单元"学会聆听"为例

王文婕

[摘要] 基于深度学习理念的音乐大单元教学设计注重知识的习得及思维能力的培养，对于培育学生的音乐学科核心素养具有重要意义。以高中《音乐鉴赏》第一单元"学会聆听"的教学为例，从教学目标、教学内容与教学评价三个方面详细阐述了在深度学习理念下音乐学科的大单元教学设计，主张培养学生对于知识之间内在的理解和实际运用能力，为的是增强学习的体验性及生成性，师生一起探索接续式学习的教学方法。

[关键词] 深度学习　大单元教学　核心素养　接续式教学

党的十八大明确提出把立德树人作为教育的根本任务，课程改革是落实立德树人根本任务的重要抓手。为落实立德树人的任务，全面深化课程改革，2014年教育部基础教育课程教材发展中心组织研发了深度学习项目，把深度学习作为落实学生发展核心素养的实践途径，旨在通过实施深度学习推动课堂教学和人才培养模式的重大变革。国家也设立了实验区进行示范与引领，多个学科取得了非常丰富的教学成果，为我们音乐学科提供了可以借鉴的优质范例和宝贵的经验。

## 一、深度学习理念下音乐大单元教学的内涵与价值

### （一）深度学习与大单元教学的内涵

深度学习就是指"在教师引领下，学生围绕着具有挑战性的学习主题，全身心积极参与、体验成功、获得发展的有意义的学习过程"[①]。而音乐的深度学习是一种理解性的学

---

① 郭华.深度学习及其意义 [J].课程·教材·教法，2016，36（11）：27.

习方法，并非指必须超越《普通高中音乐课程标准》要求从而加大知识的难度，而是需要建立在音乐的本质上，深化学生的音乐感受与音乐体验，增强学生的参与感和获得感。深度学习不只是单纯意义上的自学，而是在教师引导和帮助下的自主学习、合作探究与素养提升，其本质在于深度思考。[①]因此，深度学习所强调的不仅仅是学生积极主动的学习状态，并且还重视对学习方法举一反三的运用及复杂问题的解决能力的提升；不仅关注学生学习的结果，还重视学习的过程。

深度学习提倡单元教学，并且要以核心素养来统领单元教学。这里的单元并不是依据教材的编写形成的自然单元，而是打破教材所提供的范式，围绕着音乐学科教学中的核心内容，能够体现学科知识发展、学科思想深化的学习单元。在教学过程中，老师根据课标、教材要求和学情建立单元的整体架构。按照大单元的设计思路，明确单元学习主题，确定单元学习目标，选择重点教学素材，设计单元学习活动并开展可持续性学习评价等。"相对于'单科教学'，大单元教学以更高角度和更广视域来破除内容的简单重复、散点碎片化的教学，帮助学生形成整体认知，实现学生的全面发展。"[②]基于音乐核心素养的大单元教学需要老师根据一定的主题与目标对教材进行打散和重组，根据教学需要将不同的知识点组合在一起，掌握知识间的内在逻辑联系，采用综合的教学模式，通过音乐学科独具特色的综合表现能力进行深度学习，这样学生就可以掌握相对完整的整

体性、系统性知识。

## （二）深度学习与大单元教学的特征

音乐的深度学习要求学生在理解旧知识的基础上善于对新知识提出疑问，在寻找答案的过程中加深对新知识的理解，且能够长期保持并会迁移应用，下次遇到相似的情况能够举一反三，精准判断把握关键要素。因此，音乐的深度学习具有以下三点特征。

一是教学目标的深度。老师从教学目标开始，让课堂形成有机整体，彼此存在内在逻辑联系。老师用系统整体的教学目标促进学生深度学习，树立梯度渐进的教学目标是学生音乐学科核心素养形成的关键，借助任务驱动促进学生主动发展。二是教学内容的深度。教学内容的深度包括内容本身的深度及学习过程的深度。对教学内容进行学习的过程不是浅尝辄止，而是思维逐渐形成的过程，学生的思维总是被新知识引发，又在回忆旧知识的过程中得到发展。学生对新知识的掌握就从概括性的难度具体化为对旧知识的回忆、强化并扩充的过程。三是教学评价的深度。深度学习注重的是学习方法的掌握，而对于音乐学科来说，更多的是侧重音乐实践与音乐表现，教学评价侧重于巩固课堂上所教授的音乐知识与技能，陶冶情感、升华精神。

大单元教学是教师根据一定的思路设计的，它需要教师围绕"音乐要素""听觉感受"，基于音乐本质，让学生在音乐学习的过程中积累活动经验，在这样的教学思维下，

---

① 祝慕丹.让深度学习在音乐课室教学中真正发生［J］.中小学音乐教育，2020（8）：11.

② 陈明旻.小学音乐"大概念"下的大单元教学设计［J］.教育科学论坛，2021（17）：34.

核心素养随之悄然生长。因此，深度学习理念下的大单元教学具有以下特征。

一是内容覆盖面广。大单元教学的教学内容由教师在教材内容的基础上重新整合，进行删减与添加，因此不仅包括教材已有内容，还会加入课外教学资源及生活经验等，形成具有内在逻辑的有机整体。二是连贯性强。大单元教学将教学目标、教学内容、教学评价融合为一个有机整体，开展连贯的接续式教学，强调单元中每节课之间的接续性和对单元目标的指向性，具有按部就班、循序渐进的特点，强调每节课都是上一节课的回顾与发展，前一节课是后一节课的"垫脚石"。三是实践价值高。教学的起点是学生现有的音乐能力，大单元教学打通了一条贯穿音乐课堂的"通道"，关心的是学生能够"学到了本领、学到了本事"，提高解决问题的能力。

## （三）深度学习理念下音乐大单元教学的价值

通过探讨深度学习的理论内涵和大单元教学的方法，对于学什么、怎么学，如何学习课改的理念和精神，研究核心素养和深度学习结合的实施路径可以产生更深层次的思考。音乐学科核心素养是当下国家研究的热点话题，可以将其理解为学生在音乐学习中应达成的有特定意义的综合能力。深度学习理念下的大单元教学需要教师对于课程标准具备深刻的理解能力及敏锐的捕捉力，在教学中依据课标要求穿插编排，形成系统化的学习模式，促进学生音乐学科核心素养的发展。新版的课程标准在课程目标中明确指出音乐学科的三大基本素养为审美感知、艺术表现和文化理解。要实现用音乐学科核心素养来培养全面发展的人，深度学习是一个重要的途径，而且在深度学习的过程中也体现了学生的核心素养。

# 二、高中音乐大单元教学的整体设计

## （一）梯度设计教学目标

《宋史·职官志八》有云："提纲而众目张，振领而群毛理"，教学目标是整个教学过程的重要纲领，是音乐教学的"导航"。以学定教是设计教学目标的重要前提，教师的教学设计及教学行为等都是教学目标的衍生物，教学目标对音乐教学设计起着引导、导向、激励、评定等作用。

在大单元教学的背景下，教学目标要依据统筹安排的原则，始终以课程标准为指导合理地制定梯度渐进的教学目标。我们需要制定整体性强、延续性长、包容性广，着眼于以学生未来核心素养发展为核心的教学目标，以此来改善教学单元及其评价设计缺乏连贯性的零碎场面，设计有内在逻辑关联的音乐活动。

例如，以人民音乐出版社高中音乐教材《音乐鉴赏》的第一单元"学会聆听"为例，学生在小学和初中阶段已经有了音乐作品的积累，体验过不同国家、民族、时期、地域、风格、流派的音乐作品，高中的音乐鉴赏应在此基础上从聆听入手，打开音乐的耳朵，让学生体会音乐的语言。因此，本单元的教学目标可以围绕节奏、节拍、旋律、调式、织体来进行设计（见表1）。

表1 教学目标

| | 已具备能力 | 本课目标 |
|---|---|---|
| 节奏 | 可以完整表现二拍子、四拍子等均分节奏及切分音 | 学习麦西热普节奏型（新授），并利用节奏型进行编创（运用） |
| 节拍 | 具有一定的稳定拍感，听辨时基本达到心中有稳定拍 | 继续夯实稳定拍感，编创时可以做到改变节拍（运用） |
| 旋律 | 能够在教师指导下根据旋律线条体会旋律走向和形态 | 能较为快速地背唱旋律（运用）并用合唱的形式回顾旧知识（复习），在教师的指导下体会旋律表达怎样的情感（新授） |
| 调式 | 能够清楚区分大小调式 | 能够在已有旋律框架的基础上，进行大小调式编创和变换（运用） |
| 织体 | 能够准确区分织体的不同 | 巩固"柱式和弦"织体（复习），学习单音、复调及主调织体的不同（新授） |

首先，全面深入进行学情分析，备课不仅要备教材，更要备学生。教师要做学生学情的观察者，把握了解学生在核心素养、关键能力方面的达成程度，了解学生已有的学习水平和知识情况，找出存在的问题，从问题出发，针对尚未完成的目标进行查缺补漏，根据已完成的情况制定新的教学目标，建立起已有经验与新知识之间的关系，以此来设定教学目标、组织教学。因此，在单元学习目标方面，依据课标、教材及音乐核心素养进阶，本单元将目标设定如下（见表2）。

表2 单元学习目标

| | |
|---|---|
| 审美感知 | 感受、体验不同音乐要素排列组合组成的不同音乐风格和音乐魅力，拓宽音乐艺术视野；进一步认识我国这个多民族大家庭音乐文化的丰富魅力，并思考自己应肩负起的传承、发展重任 |
| 艺术表现 | 在聆听、模仿、声势节奏创编、演唱等音乐活动中，认识我国少数民族地区少数民族音乐极具代表性的节奏型：麦西热普。学习根据麦西热普音乐素材创作的《一杯美酒》进行节奏型编创；过程中强化音乐分析能力，锻炼音乐表现能力 |
| 文化理解 | 在丰富而有序的音乐实践活动中学习相关音乐知识，锻炼学科关键能力，力求通过自身的音乐实践表现作品的艺术魅力，进而更深刻地感受和理解几首作品背后丰富的历史文化内涵 |

其次，深入全面地研究教材，挖掘某一个或者某一系列作品在培养学生的关键能力方面是否具有典型性，发现学生在哪些关键能力上需要进行学习或巩固。在课时有限的情况下，优先考虑作品本身价值高且有典型训练能力的作品，将这些作品再次进行整合、统筹与归纳，设计出清晰的教学线索，将这些原本孤立的知识点连接成有关联的教学内容，经过系统化的梳理，以达到教学目标的逐步深入。可以从音乐基本要素出发，充分挖掘音乐要素在音乐表现中的作用，以提高学生相关的音乐能力为教学目标，围绕音乐要素设计教学环节，进而引导学生深度学习。

此课例教学素材是教材提供的《一杯美酒》《轻骑兵序曲》两首乐曲，以及序篇中的《不忘初心》。根据学情可补充义务教育学段学过的《沂蒙山小调》、《小步舞曲》、《中国人民解放军军歌》、马勒的《第一交响曲》第三乐章《猎人的葬礼》、《两只老虎》、小提琴协奏曲《春》等课外作品，来丰富学生对于音乐要素及音乐语言的学习。例如，对于《一杯美酒》这首作品，可以以节奏、节拍、旋律作为音乐教学的切入点。以《不忘初心》优美、平缓的旋律与其进行对比，用《沂蒙山小调》来突出《一杯美酒》节奏的独特特征。

对于《轻骑兵序曲》的教学，也可以以调式、织体、音色为切入点，用《小步舞曲》《猎人的葬礼》等作品来强化学生的调式辨析。在聆听马勒的《第一交响曲》第三乐章《猎人的葬礼》的过程中，可以发现音乐主题与我们所熟知的《两只老虎》几乎一致，但知识点之间存在难度的递进关系，《两只老虎》属于大调式，《猎人的葬礼》为小调式。两首曲子相互关联，可以尝试将两首作品进行结合，并结合文本和音响的艺术效果设计单元课时。

由此，大单元教学下全新的教学目标为学生制定了具有挑战性的学习主题和任务，学生在收获了学习经验的同时，自身能力也得到了提高。为了让学生按照接续式的方法进行学习，老师需要注重音乐知识的内在逻辑，打破教材中原有的单元界限，构建适合不同学情背景下的学生的全新教学目标。

## （二）精心设计教学内容

音乐教学内容是指在音乐课堂中所需的相关音乐材料，承载于教材中，在教学中具有举足轻重的地位。它的合理组合，不仅是音乐教师进行教学的一项基本功，同时也是开展音乐教学的必要前提。首先，音乐教师在设计教学内容时，要根据不同的教学目标设计不同类型的教学内容，但最重要的是我们要秉持接续式教学的概念。接续式教学还可以被形象地称为"扣瓦式教学"，顾名思义，有承接和延续的两层意思。教学内容的前后衔接就像屋顶上的瓦片一样，既要前后勾连，还要上下重叠。①

为顺利达成大单元学习目标，笔者在"学会聆听"这一单元中共设计了三个具有挑战性的学习活动（见表3）。

表3　单元学习内容

| | |
|---|---|
| 活动1 | 完整体验维吾尔族民歌《一杯美酒》，在活动中学生先跟着老师回顾少数民族知识，运用已有的学习经验，如口传心授、划分结构、听记乐谱等方法学习新歌。学生学习过麦西热普节奏型后，将其运用到其他歌曲中进行节奏改编；在《轻骑兵序曲》中学习过调式概念后，辨别小提琴协奏曲《春》中的两个主题音乐片段的调式变化。在其中锻炼学生的旋律感，如横向音程、节奏、不规整四乐句结构的感知和表现能力等。丰富对我国少数民族音乐的审美感知、艺术表现、文化理解，为后面的学习打下基础。同时对教学内容的设计要强调底线意识，以"大局为重"，不单独偏向优等生，让全体学生在音乐学习中掌握知识与技能，掌握基本能力及音乐学科核心素养 |

---

① 梁洪来.浅谈"接续式音乐教学"的特点及其教学要求［J］.北京教育（普教版），2021（7）：68.

| | |
|---|---|
| 活动2 | 完整体验《不忘初心》，学生跟着老师复习在活动1中学习过的《一杯美酒》和少数民族知识，继续运用口传心授、划分结构、听记乐谱等方法学习新歌，增加多人多声部配合。继续旋律感的锻炼，如纵向音程、节奏的感知及表现能力等。从之前的单声部民歌到多声部的《不忘初心》的学习，体现学生音乐能力发展的进阶，为下一节课进入旋律更丰富、结构更复杂的作品学习做准备 |
| 活动3 | 在前两个活动的基础上，对《不忘初心》进行变换节拍和调式的编创，在多种音乐实践活动中进一步锻炼音乐的感知、记忆、想象、表现和理解等能力，深刻理解民族民间音乐是创作之源 |

注：三个教学活动的设计均指向单元学习目标，三个活动之间有内在的发展联系，层层递进，学生在活动中实现了音乐素养与音乐能力的提升

## （三）开展持续性学习评价

基于深度学习理念的大单元教学采用的是发展性评价与诊断性评价相结合的模式。单元中所有课时均围绕大单元活动设计制定评价内容。由于不同课时具体目标不同，因此制定了针对具体课时学习目标的评价内容，分为演唱、分析、听辨等多个维度，评价标准也分为准确、较准确、不准确、困难等多个层级，设计了教师评价、学生互评和学生自评一系列评价，以教师评价贯穿整个学习过程。

对于大单元教学下的单元作业设计来说，需要秉持内容丰富、言语简练、要求明确、易于执行的设计理念，以单元为整体有助于进一步增强教学的递进性和接续性。在关注学生的基础上，给学生的自主学习留下可选择的空间，关注学生的差异，巩固聆听与歌唱的能力。评价量表从听、唱、写、创几个方面来检测学生的学习情况（见表4）。

表4 单元评价量表

**1.旋律记写（每项满分5分）**

| 记写主题第一乐句 | 字母谱书写正确 | 拍号正确、节奏准确 | 书写整洁美观 |
|---|---|---|---|
| 得分 | 5 | 5 | 4.5 |

**2.演唱（每项满分5分）**

| 背唱主题旋律 | 准确背唱 | 歌唱状态积极 | 正确的呼吸方式 |
|---|---|---|---|
| 得分 | 5 | 4 | 4.5 |

**3.编创（每项满分5分）**

| 改编主题旋律 | 节奏选择准确 | 调式选择准确 | 积极思考 |
|---|---|---|---|
| 得分 | 5 | 4.5 | 5 |

**4.合唱（每项满分5分）**

| 根据要求合唱主题旋律 | 准确合唱 | 击打稳定拍同时演唱 | 合唱效果好 |
|---|---|---|---|
| 得分 | 4.5 | 4.5 | 4.5 |

从作业的反馈中可以看到，学生由不熟练到熟练、由编创困难到编创无碍的过程。

而且在这一过程中学生也能够保持对学习的思考，主动地去探索，去选择自己喜爱的音

乐内容，而不是被动地接收，机械地回答问题。教学目标能够通过相应的单元作业内容来体现，同时作业的设计也暗示着下一单元的教学目标，彼此相伴相生，作业的难度随着教学进度不断递进，既能够提高学生的学习效率及对知识的迁移能力，也有利于帮助老师动态地调节教学设计，改进教学中存在的问题。

基于深度学习理念的高中音乐大单元教学是发展学生音乐学科核心素养的有效路径之一，同时也能够提升学生的音乐学习能力，让学生真正地"学到本事"。对教学目标、教学内容及教学评价的优化，能更好地激活教师的音乐新思维，提高学生的音乐学习能力。因此，教师必须开阔眼界、拓宽格局、提升站位，服务于指向音乐核心素养的深度学习。

**作者简介：**

王文婕，首都师范大学 2021 级硕士研究生，研究方向为音乐教育。

# 影视声音融入音乐普及教育的状况研究

## ——以粤港澳大湾区为例*

张汉超

[摘要] 影视声音作为横跨音乐、影视等多门艺术的领域，在音乐普及教育不断扩充内涵和外延的过程中，具有相互融合的趋势和必要性。本研究将关注视角聚焦在教育理念开放多元的粤港澳大湾区，通过资料查阅、走访、观察和访谈，从政策和教学层面探讨影视声音融入音乐普及教育的状况，包括教育政策的指引、现状与制约因素、学生态度等，以期为推动这一融合发展提供具有现实意义的思路。

[关键词] 影视声音　音乐普及教育　粤港澳大湾区

随着当下音乐教育生态的不断丰盈，音乐教育的意义已不仅是音乐的教育，已逐渐走向用音乐进行德育、智育、美育的全方位育人路径。尤其在普及教育层面，不同于视觉艺术的多学科协作，音乐教育几乎成为听觉艺术教育的核心。在这样的定位下，音乐教育作为内核，需要不断吸收和纳入更多的相关领域，而影视声音（有时也称为电影声音）作为一个相对新兴的跨学科领域，可以在技术、知识、思维等层面为音乐教育注入新鲜血液。

影视声音，顾名思义，是以声音为媒介，对影视作品进行审美和创作。这个领域不仅包含了比较前沿的跨学科听觉思维、声音和音乐创作技法及大量的视听鉴赏素材，更重要的是其推动了在影视这一综合艺术中，视觉和听觉的平等地位与深度融合的意义，这对于音乐教育乃至于整个艺术教育也是非常重要的。2020年中共中央办公厅和国务院办公厅印发的《关于全面加强和改进新时代学校

* 本文系2018年度项目"广东省普通高校青年创新人才类项目'影视声音融入音乐普及教育的现状与策略研究——以粤港澳大湾区为例'"（项目编号：2018WQNCX246）的研究成果。

美育工作的意见》中，提出美育课程以艺术课程为主体，并要求树立学科融合理念，加快艺术学科创新发展。2022年教育部发布的《义务教育艺术课程标准（2022年版）》中，不仅将戏剧（戏曲）和影视（含数字媒体艺术）正式纳入了艺术课程体系，还在作为主线之一的音乐教育中强调了声音的创造力和与其他艺术学科的联系（见图1）。①影视声音教育与音乐教育相结合，不仅有利于推动音乐教育的边界进行拓展，作为中小学影视教育健康发展的重要组成部分，也可以使影视教育中的听觉教育，在教学时间、教学内容、教学质量及设施条件等方面，用最小的投入获得更好的教学保障，实现听觉艺术教育层面的融合发展。

不过，伴随着国内电影行业和产业热度从港台地区到内地的传导，加上影视声音从应用、研究再到普及教育的相对滞后性，影视声音作为系统性的概念目前仅处于从专业领域向大众领域蔓延的起步阶段。虽然近年来北京电影学院、中央音乐学院、南京艺术学院等高校的声音相关专业（如录音、电子作曲等）都已经积累了雄厚的学术力量，但或许由于重创作、轻理论，尤其与基础教育理论结合的不足，影视声音除了影视音乐赏析，其对声音的认知理念与创造力培养，以及视听联觉的关注和运用，在音乐普及教育中被广泛接纳还需要一定过程。为了进一步探究影视声音对音乐普及教育的融入，笔者将关注视角聚焦影视产业起步较早且教育理

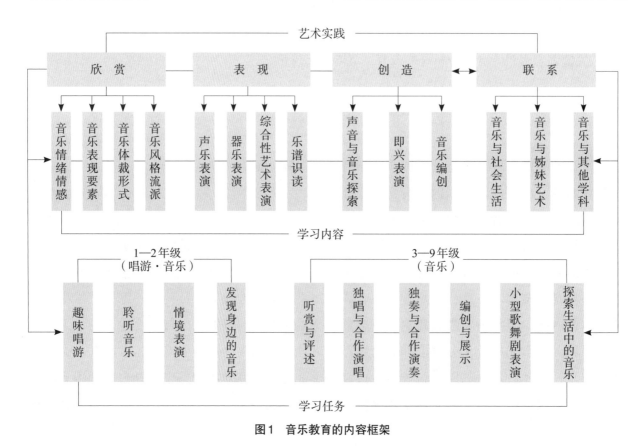

**图1　音乐教育的内容框架**

---

① 参见教育部印发的《义务教育课程方案和课程标准（2022年版）》的通知。

念多元开放的粤港澳大湾区，以期通过粤港澳三地的不同音乐教育政策及对部分学校师生的观察和沟通，从侧面了解这种融合的土壤状况及发展前景。

## 一、粤港澳三地的相关音乐教育政策状况

影视声音对于音乐普及教育的融入，可以通过如下几个政策途径产生关联：第一，跨学科融合。影视声音本身具备较强的跨学科属性，对于音乐与相关学科的联结，如音乐与影视、音乐与心理、音乐与声学等都有较大的发挥空间。第二，音乐科技。影视声音的制作和鉴赏活动涵盖声音剪辑与处理、录音、声学空间营造等方面，是对当下音乐教育中音乐科技运用不足的有力补充。第三，创造力培养。影视声音在创造力培养上具备先天的优势，包括创作

理念、创作方法等，且与传统的音乐创作相比，影视声音的方式方法更具多元性和趣味性。

从对上述三个途径的政策支持和细化来看，作为华语电影曾经最为发达的地域之一，香港的音乐教育无疑已经较早涉猎并持续关注。早在2003年香港教育统筹局发布的《音乐科课程指引（小一至中三）》中，将"创意与想象力"的培养放在了较为重要的位置，并且按照三个学习阶段（小一至小三、小四至小六、中一至中三），给出有针对性的学习方案（见表1）。同时，该文件还在学生的共通能力（基础学习能力）中提到"探索和筛选合适的材料进行声响设计，以培养创造力、批判性思考和运算能力""运用音乐程式进行探索和创作活动"等，并提倡采用多元化的音乐学习模式，如跨艺术形式学习、跨学习领域形式学习、运用资讯科技进行互动学习等。[①]

表1　音乐科课程指引（小一至中三）

| 小一至小三（第一阶段） | 小四至小六（第二阶段） | 中一至中三（第三阶段） |
| --- | --- | --- |
| 1.利用基本音乐技能、简单音乐及不同声响创作（含即兴创作）音乐<br>2.创作（含即兴创作）律动，以反映不同的音乐特质 | 创作（含即兴创作）具有结构及组织的音乐 | 1.为特定情境创作（含即兴创作）音乐<br>2.利用资讯科技创作音乐 |

作为政策的延续，2007年香港发布了《音乐课程及评估指引（中四至中六）》，并于2015年更新，旨在进一步对高中阶段的音乐课程进行规范和建设。在与初中音乐衔接方面，此文件认为高中的音乐课研习应与其他学科有更加紧密的联系，如以电视和电影制

作为代表的视觉艺术科、与艺术评论和传媒相关的语文科、与音乐治疗相关的生物科及与音响工程和音响设计相关的物理科等。[②]另外，2017年香港发布的《艺术教育学习领域课程指引（小一至中六）》也提到在小学到初中阶段，学校应提供音乐课和视觉艺术课，

---

① 参考《音乐科课程指引（小一至中三）》。

② 参考《音乐课程及评估指引（中四至中六）》。

并为学生提供跨艺术学习的机会，包括电影、戏剧等，还将资讯科技教育和STEAM教育（集科学、技术、工程、艺术、数学多领域融合的综合教育）纳入艺术教育的范畴之中。①

当然，香港的课程指引虽与内地推行的课程标准目标类似，但对于学校的教学内容与教材选定等来说，没有过多的约束，主要是作为建议，并提供一个"开放且具有弹性的课程架构"，具体的实施措施则需要各个学校设置符合自身的校本课程。

作为与香港同为特别行政区的澳门，鉴于私立学校的数量远多于公立学校的数量（2016年比例大致为67∶10）②，政府在音乐普及教育中的决策定位更弱。戴定澄在2004年发表的研究报告中概括澳门的普通学校音乐教育为"多自发、自在、自由，少规划、规则、规范"③。虽然近年来情况有所好转，但音乐教材多元化，缺乏统一的标准性文件仍然是明显的状况。不过澳门在维护教学多元化的同时，推行"以活动促教学"，通过对一些艺术活动的支持来促进教学发展，包括比赛、工作坊、展演等交流活动，而澳门较为宽松的文化氛围也为学校探索具有校本特色的跨学科艺术教育提供了环境。

除了港澳两地，粤港澳大湾区的其他地区基本涵盖了以广州、深圳为引领的珠三角地区。这个区域不仅经济发达，且在多元文化的交融碰撞中，近几十年来在我国的艺术创新发展中扮演着重要角色，包括

对电影文化和产业的推广，以及诞生了内地的轻音乐队、立体声录音影音公司、流行音乐创作演唱大赛和新媒体音乐等。④珠三角的音乐教育也在这样的氛围中对新兴事物具有包容性。经过对部分学校的走访发现，在贯彻国家音乐课程标准的同时，按照教育部与广东省人民政府签署的学校美育改革发展备忘录，很多学校都参与了以"一校一品""一校多品"为要求的艺术教育特色学校建设，大力发展校本音乐课程。另外，对于做出突出贡献的教师，学校会以其名义成立名师工作室，给予其充分的教研空间和条件，使教师能够在其最擅长的专业领域为学生带来更具特色的学习体验。

总体上，在粤港澳大湾区，虽然三地音乐普及教育的制度、政策、背景和环境各有不同，但对于音乐教育的跨界性、创造性及多样性的政策包容是有共识的。

## 二、影视声音融入音乐普及教育的状况分析

作为少有的兼顾影视声音行业和基础艺术教育的教师，中山的Y老师表示，在广东地区，大众对影视声音的业务需求和熟悉程度均不高，在中小学普及教育中也涉及较少。经过笔者在多个学校的观察和走访发现，影视声音相对于影视音乐来讲，确实是

---

① 参考《艺术教育学习领域课程指引（小一至中六）》。

② 金羿村.澳门音乐教育［D］.上海：上海音乐学院，2017：21.

③ 代百生.澳门的普通学校音乐教育与音乐教师教育［J］.星海音乐学院学报，2011（3）：151.

④ 吴惠敏.从广东流行音乐的发展试论流行音乐教育［J］.人民音乐，2013（8）：66.

较为生疏或容易被忽略的概念。影视音乐作为影视声音的一部分，在音乐教学中通常采用的是完整且具有一定影响力的影视剧音乐，并侧重于通过与剧情和画面的联系增强学生对音乐的兴趣和理解，多用于音乐鉴赏和表演板块。而影视声音的概念范围更广，除了影视音乐，还会涉及通过包括音乐在内的声音等元素为戏剧叙事和视听表达服务，尤其会指向跨学科领域和创作板块。概括来讲，影视音乐与影视声音应用于音乐教育的差别，也一定程度上体现了审美主义和实践主义两种音乐教育思想的对比，即作品本体教育和多元化实践教育的对比。

当然，从课程教学层面来讲，影视音乐对于学生了解影视声音不失为最便捷的途径之一，粤港澳大湾区各地的音乐教育也大多以此为切入点。笔者曾分别旁听过珠海和广州两所重点高中的影视音乐课，两次课均围绕人民音乐出版社高中音乐教材中的第六单元"音画交响——影视音乐"展开。通过教材的要求和课堂呈现可以感受到，音乐教学中对于影视音乐主要通过对画面和剧情的音乐感知、对背景知识和文化理解、对音乐作品的分析等展开，而其中一位老师在讲《大宅门》时提到了主题曲京剧腔调的设计及声画对位等理念，可视为对影视声音的初步涉猎。

但基于目前局部的走访和线上线下调查，影视声音与音乐教育的关联也基本局限于此，如录音实践、配合画面的声音剪辑与创作及基于各类声音元素的影视声音赏析等在音乐课堂上均比较少见，尤其在教材和课程进度相对统一的内地区域。在港澳地区，民办学校因教材和教学内容的相对自主，部分学校会将编曲、录音等创造性内容列入教学安排，如澳门培正中学在小学阶段会让学生为画面配乐，包括使用编曲软件配乐等，在初三至高中阶段，会开设创意和互动性较高的作曲系列课程。[①]在笔者对七位港澳音乐教师的调查中，也有两位表示其学校音乐课程包含录音和音频制作等创作板块。在珠三角地区的调研中，像中山市纪雅学校等民办学校也聘请影视声音专业的老师，负责传媒艺术类特色课程的教学。但从粤港澳大湾区的整体状况来看，三地的状况事实上相差不大。影视声音及其所属的视听跨学科创意类教学在普及上仍任重道远。以课程标准中较早重视视听创作的香港为例，一项针对小学生的研究表明，视觉艺术课经常会激发学生的创意相比，仅有三成的学生表示音乐课会激发创意。究其原因，可以从两个方面来概括。一方面，与学校的重视度有关。虽然粤港澳大湾区经济发达，学校的经费相对充裕，但音乐教育设施仍以多媒体和传统乐器为主，鲜有录音和音频剪辑的教室和设备。同时，在2022年之前，影视并未正式列入普及教育层面的艺术课程体系中，很多学校仅以社团或第二课堂的形式开展微电影制作或电影赏析等内容，影视声音部分与音乐教学相对分离，没有进行教育资源的整合。另一方面，教师对影视声音在理念和技

① 金弈村.澳门音乐教育［D］.上海：上海音乐学院，2017：23-24.

术上的不足。虽然采访过的多数教师认为影视声音中的人声、音响（音效）等元素也具有一定的意义，但在没有相关的教育培训背景的情况下，教师难以将其与现有音乐课程进行系统整合。而对比增强教师相关教育背景的途径，职业前的学校教育似乎优于职业后的技能培训。以相关的音乐科技为例，香港教育局早在2000年就提供了4000多个音乐科技相关的培训名额，但2011年有项调查数据显示，仍有51.4%的音乐教师没有接受过任何音乐科技类培训。笔者在香港、澳门、珠海、广州、深圳、中山等地沟通过的30多名中小学音乐教师中，仅有4位能较为系统地了解音频剪辑和录音的知识。技术的制约及对新理念、新技术的接受动力，均会影响音乐教师在相关领域的信心。换句话说，音乐教师的理念更新，以及年轻音乐教师的音乐科技素养，是未来决定影视声音融入音乐普及教育的重要因素。

与课程上的融合状况形成反差的是学生对于影视声音较高的接受度。笔者曾在北京师范大学珠海分校开设了一门通识选修课"影视声音赏析与创作"，在对288名来自各专业且音乐基础各异的大学生进行的课前调研显示，大多数学生在观影时会比较关注听觉（见图2），认同"所有声音都可以成为音乐素材"（见图3），能一定程度上感受到声音中的艺术性（见图4），并会对声音产生画面感和场景感（见图5）。另一项对137人的课后调研（与课前调研的人部分重叠）中，在尝试过简单的影片声音创作后，近八成的学生有继续使用声音进行艺术创作的冲动（见图6），超过九成的学生认为声音创作（设计）让音乐创作变得更加容易（见图7）。对于影视声音融入音乐普及教育，99人认为有必要，且对于影视声音鉴赏和配音、拟音的实践呼声较高。

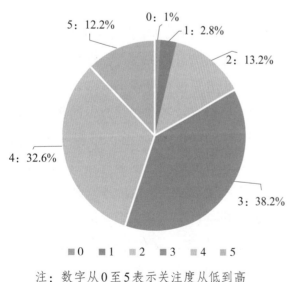

注：数字从0至5表示关注度从低到高

**图2 对影片中声音的关注度**

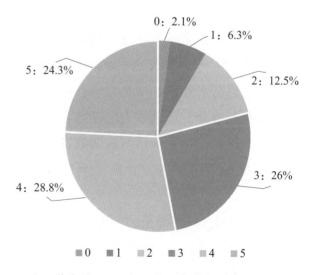

注：数字从0至5表示认同度从低到高

**图3 对"所有声音都可以成为音乐素材"的认同度**

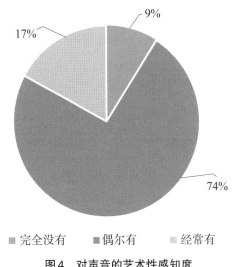

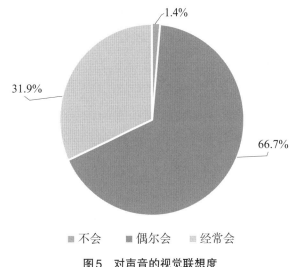

■ 完全没有　■ 偶尔有　■ 经常有

图4　对声音的艺术性感知度

■ 不会　■ 偶尔会　■ 经常会

图5　对声音的视觉联想度

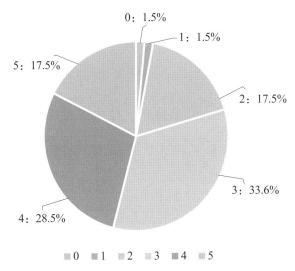

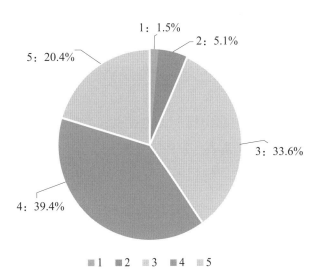

■0　■1　■2　■3　■4　■5

注：数字从0至5表示意愿度从低到高

图6　对使用声音进行艺术创作的意愿度

■1　■2　■3　■4　■5

注：数字从1至5表示认同度从低到高

图7　对"声音创作（设计）让音乐创作
变得更加容易"的认同度

## 三、影视声音融入音乐普及教育的前景

在当下及未来的音乐教育趋势下，影视声音融入音乐普及教育是有意义且必要的。首先，从国家对于音乐普及教育的"主线"定位和跨学科发展要求，以及香港教育局的"课

程指引"来看，音乐教育借助声音拓展为听觉艺术教育核心的趋势愈加明朗，音乐教育在未来需要借助丰富多元的艺术实践，全方位地提升学生的审美、眼界、思维和创造力。其次，影视声音是影视学科的重要组成部分，在专业教育领域已逐渐形成共识，哪怕是面向大众的影视作品赏析和微电影拍摄，也离不开影视声音的视角。但在普及教育层面，

影视课程目前受限于以选修为主的定位和课时量，无法对影视声音展开较为全面的教学，且相关的思维与技术培养不仅需要音乐教育的重度参与，还需要长期的积累。再次，从音乐的视角来看，影视声音的理念、方法和知识体系与现当代艺术及后现代音乐教育思想是有共性的，而这些方面恰好是当下我国音乐教育中亟须补充的部分。因此，影视声音对于电子音乐、实验音乐在内的现当代音乐教学，可以起到调动学生兴趣、丰富课堂形式、加深音乐理解及激发创造灵感等作用，是具有现实意义的。最后，从人才培养的角度，当下传统音乐学科人才济济，甚至面临饱和，而以影视声音领域为代表的复合型艺术人才仍面临缺口，创新类人才也是国家急需人才，因此影视声音也可以助力音乐普及教育影响未来人才发展的导向。

在教学实施层面，音乐教师站在教学改革的前沿，其作用无疑是最重要的，就像笔者在对港澳音乐教师的调研中，有的教师表示通过自己的设计，音乐课的绝大多数内容都可以让学生喜欢。笔者曾撰文介绍过美国希尔博士（Stuart Chapman Hill）的"声音教师"（sound teachers）观点，亦可作为音乐教师参与相关教学改革和规划职业发展的一种建议。[①] 从学校管理和建设的角度来看，粤港澳大湾区发达的民办教育和对艺术教育的特色建设，为影视声音融入音乐普及教育的尝试提供了充分基础和样本参照。相信在未来，通过音乐科技软硬件设施的提升、师资培训、学科融合、设置多元化课程类型及评价等方式，影视声音对音乐普及教育的融入会涌现出更多值得借鉴和研究的案例。

**作者简介：**

张汉超，北京师范大学珠海校区艺术教育与研究中心讲师，北京师范大学艺术学理论博士生。主要研究方向为音乐教育、钢琴教学法、影视声音教育。教授的课程包括钢琴、影视声音、音乐创作等。

---

① 张汉超，郭兰兰.敞开音乐教育的胸襟：解读"声音教师"观点的后现代主义范式［J］.中国音乐教育，2021（6）：48-54.

# 基于革命文化的音乐单元教学实践与研究
## ——以中等职业学校合唱拓展课程为例

吕　丽

[摘要] 艺术（音乐）与革命文化有着密切的关系，是落实革命传统教育的重要载体。本文依托中等职业学校公共基础学科——艺术（音乐）中的合唱拓展模块，探索革命文化与音乐课程的融合教学，拓展艺术（音乐）学科的育人效能，逐步提高学生的艺术鉴赏力、审美判断力和文化理解力。

[关键词] 革命文化　中职合唱　拓展课程　单元教学

## 一、实施背景

### （一）依据教育部通知，革命文化融入艺术（音乐）课程

2021年，教育部印发了《革命传统进中小学课程教材指南》的通知，按照覆盖全部革命历程、反映革命传统主要内容、注重有机融入的基本原则，围绕中国共产党的领导地位、革命斗争精神、爱国主义情怀、艰苦奋斗传统等主题内容，提出将艺术学科有重点地纳入学科安排的具体实施内容及要求，在艺术学科中强调指出"艺术是落实革命传统教育的重要载体，在净化学生心灵、陶冶情操、提升人生境界中发挥着重要作用"①。

### （二）结合革命传统进课堂，优化合唱教学内容

尝试将革命传统全面融入课程教材，对革命传统教育目标、内容、方式等进行顶层设计，充分发挥革命文化和社会主义先进文化铸魂育人功能，努力实现革命传统教育整

---

① 教育部关于印发《革命传统进中小学课程教材指南》《中华优秀传统文化进中小学课程教材指南》的通知［EB/OL］.（2021-01-19）. http://www.moe.gov.cn/srcsite/A26/s8001/202102/t20210203_512359.html.

体化、系列化、长效化。

上海市群星职业技术学校为了贯彻党中央"走好新时代的长征路"的重要指示，结合教育部上述文件要求，艺术学科组依据2020年版《中等职业学校艺术课程标准》中理解中国音乐与革命文化的密切关系，弘扬民族精神的内容要求，结合课程内容中"拓展模块"的教学要求，尝试以"歌唱"中的合唱部分为切入点，设计以大型经典红色声乐套曲《长征组歌》为载体的"品《长征组歌》鉴合唱特色"主题单元教学内容。内容依据合唱中的音乐特点，精选6首合唱歌曲，设计第一层级以欣赏、学习合唱要素为主的教学内容，第二层级以练唱实践合唱技能、提升合唱表现力为主的教学内容，引导学生边欣赏合唱，边重走"长征之路"。在提高对合唱艺术鉴赏水平的同时，了解长征的历史故事，理解合唱中表现出的情感，感悟合唱作品中传递的长征精神，完成从一名合唱艺术的学习者和欣赏者到红色文化的表达者和传递者的成长蜕变。

## 二、实施目标

合唱作为一门情感渗透度高、时代跨度广、音乐表现力强的声乐艺术，在学生集体主义精神和团队意识的培养方面有着独特的优势。本次实践研究以反映"长征"这一重要革命史实内容而创作的合唱作品《长征组歌》为载体，设计合唱主题单元的教学，引导学

生学习共产党人英勇顽强的英雄气概；弘扬党的自力更生、艰苦奋斗的优良作风；树立正确的历史观、民族观、文化观，厚植爱国主义情怀。①

### （一）围绕"和谐、统一"的合唱教学设计思路，育"有骨气、有品位、有修养"的中职生

以"和谐、统一"为中心的合唱教学设计思路，关注合唱技能、艺术修养、文化理解三个维度，以合唱技能为基，以艺术修养为本，以铸成红色文化为魂，通过对红色合唱作品《长征组歌》的鉴赏，进一步掌握合唱技能和欣赏方法，体会合唱和谐、统一、协调、融合之美，逐步提高合唱的鉴赏能力，感悟合唱作品表达的军民鱼水、革命理想高于天的情感，弘扬作品中的革命乐观主义、英雄主义、独立自主、实事求是等长征精神，②涵养革命意志，育"有骨气、有品位、有修养"的中职生。

### （二）依据学生音乐基础与认知规律，设定"一体化设计、分要点欣赏"教学目标

基于对学生音乐基础、对革命传统文化的认知规律、学习能力的情况分析，围绕课程标准设定"一体化设计、分要点欣赏"单元教学目标，精选合唱特点、演唱形式、音色、声部、音响、指挥等六个方面的知识点进行合唱教学，通过达尔克罗兹教学法③、情境教学法及实践练唱法，将红军长征中重要

① 左莉.对《长征组歌》艺术风格与演唱处理的探析［D］.长沙：湖南师范大学，2006.
② 何丙瑞.不朽的历史诗篇：论《长征组歌》的艺术创造［D］.开封：河南大学，2007.
③ 陈蓉.从听觉到视觉、运动觉：达尔克罗兹教学体系的内涵与意义［D］.上海：上海音乐学院，2008.

的历史事件、革命文化内涵及弘扬的不同长征精神传授给学生，带领学生边重走"长征之路"，边学习合唱知识，进阶性地认知革命传统文化，增强中华民族的归属感、尊严感、荣誉感，弘扬党的优良作风，培育自强不息的吃苦精神，历练敢于担当的奋斗精神。

## 三、实施过程

教师基于学生认知规律，设计以欣赏、学习合唱要素为主的"以赏悟情"6课时基础欣赏课和以练唱实践合唱技能、提升合唱表现力为主"以唱传艺"的6课时综合演绎课，让学生从基础欣赏到综合演绎，进阶式地学习合唱知识与技能，了解长征革命历程，感悟长征作品情感，传递长征精神。

教学实施过程分为课前革命历史进程预习、课中合唱知识欣赏与革命文化体悟、课后革命情感巩固三个阶段。

课前，学生借助网络、相关红色书籍分组进行长征故事的搜集、发布，通过"学习通"平台自赏红色歌曲视频，初步认识红军长征的艰苦卓绝历程和伟大成就，对歌曲中的革命历史背景做全面的认知，为情感体验做好铺垫。

课中，在"感受乐曲"环节，运用虚拟现实技术，在红军长征再现大背景下，集体欣赏《长征组歌》合唱歌曲，通过历史图片、视频等资料欣赏《长征组歌》合唱歌曲，身临其境地感受革命场景。

在"辨析要素"环节，在教师的引导下

共同分析合唱歌曲中旋律、节奏、力度等音乐要素的特点，理解并掌握音乐语汇，从而更好地体会歌曲不同音乐要素作用下所表现出的革命英雄气概、优良作风和高尚品德。

在"学唱和声"环节，学生在理解了音乐要素特点之后亲自学唱歌曲中的经典片段，通过旋律与歌词的共同练唱，体会抑扬顿挫的音乐背后所表达的或慷慨激昂，或艰苦奋斗，或军民鱼水的革命情怀。[①]

在"领悟情感"环节，再次结合革命历史背景，在对合唱作品鉴赏的基础上，加深对《长征组歌》文化层面、历史层面的理解，提高思想政治觉悟，感悟伟大的长征精神，强化理想信念，增强革命文化自觉与文化自信。

课后分组自主练唱，录制喜爱的合唱片段，互动选出最佳作品，共享学习体会，加深对革命历史及革命英雄人物的认识，理解长征这一重要的革命历史所展现的我党的优良作风和高尚品德，增强对中国共产党与中华人民共和国的热爱之情，培养奋发向上的思想情感。

## 四、实施保障

教学保障是课程的重要组成部分，是实施课程教学的有效支撑和必要补充，对教师改进教学方法、丰富教学手段、培养学生艺术学科核心素养起着重要作用。上海市群星职业技术学校以课程标准和教材为依据，运用配套的课程资源，保障课程教学的有效进行。艺术（音乐）学科课程资

---

① 唐艺华.《长征组歌》音乐创作民族化研究［D］.南京：南京艺术学院，2008.

源主要包括文本资源、数字化资源及设施设备资源等。

### （一）文本资源

艺术（音乐）学科使用余丹红主编、华东师范大学出版社2021年出版的"十四五"职业教育国家规划教材《音乐鉴赏与实践》。教材中的四个单元均以古诗词为标题，将传统文化意境带入音乐场景。本次单元教学选用其中第二乐章"笙箫吹断水云间，重按霓裳歌遍彻"人声的分类与组合中的合唱部分，对红色歌曲或者描写革命故事的歌曲进行赏析，了解不同地域、民族、时代的歌唱作品的内涵。教师可以在"知识百科"栏目中自主选择合唱内容的实践活动，选择《长征组歌》进行合唱主题内容的学习，巩固并拓展合唱知识体系，体会歌曲中展现的革命者雄伟的气魄和无限深情。

### （二）数字化资源

《音乐鉴赏与实践》有配套的电子教案、演示文稿等多种资源，包括虚拟现实技术展现的视频画面、革命历史故事的相关图片、1976年八一电影制片厂拍摄的《长征组歌》视频资料、相关的电影视频资料，以及2020年上海音乐学院师生演绎的新时代版《长征组歌》视频资料等。

### （三）设施设备资源

学校拥有音乐教学专用教室、合唱排练教室，以及多媒体软件和互联网资源，为学生创造良好的学习条件和环境，满足学生音乐学习和实践需要。

## 五、特色与成果

### （一）赏练红色经典合唱作品，文化自信和文化传承更为自觉

本次单元教学采用《长征组歌》合唱作品的欣赏与练唱，课前收集长征历史的背景资料，了解长征的历史故事；课中在欣赏和练唱歌曲的同时，对作品进行深度分析，感悟革命文化和革命精神；课后录制合唱作品，进一步通过体验感悟传递革命文化与革命精神。通过红色合唱作品的欣赏与练唱，学生更深入地了解了长征革命历程，认同了长征的革命精神，坚定了文化自信。

### （二）"四步"教学策略，革命传统文化理解更为透彻

本单元的前6课时为基础欣赏课，采用"感—辨—唱—悟"的四步教学策略。本单元的后6课时是综合演绎课，采用"赏曲—融声—达意—传情"的四步教学策略。从基础欣赏课的"以赏悟情"到综合演绎课的"以唱传艺"，四步教学策略循序渐进，让学生在欣赏中感受合唱要素，在练唱中感悟合唱技巧，在表达中感同《长征组歌》的文化和精神，对长征这一革命历史的文化理解更为整体化、系统化、长效化。

### （三）三维评价体系，强化革命文化育人功能

对于合唱技能、艺术修养、文化理解三维评价体系，在学生掌握合唱技能与音乐知

识的基础上，着重聚焦革命传统文化的理解，设定了认知革命历程、感受革命情怀、体认革命精神、弘扬革命传统等四个方面的评价标准，采用师评、生评和机评等形式让革命文化贯穿课程的始终。评价内容及评价结果通过平台数据记录，有效地落实革命传统文化，涵养社会主义核心价值观，厚植革命文化底蕴，使学生的文化自信更加坚定。

### （四）活用信息技术，引入达尔克罗兹教学法，革命情感理解更为深入

音乐情感坐标图表象上是清晰地将《长征组歌》合唱作品中的音响层次、声部、旋律、节奏等音乐要素抽象的内容具象化，将合唱音乐特点的变化和区别直观地在坐标中呈现，内涵则是直观展现了歌曲中所要表达的革命情感的跌宕起伏，坐标图中交汇最多最高的地方则是情感表达最浓烈、最高涨的片段，有助于提升学生对歌曲情感的理解。

借鉴达尔克罗兹教学法中的"节奏律动—视唱练耳—即兴表达"①三个板块的内容，以学生的音乐体验为出发点，充分发挥想象力，将听觉、视觉与运动觉有机融合，②在理解音乐要素的基础上，用肢体律动来表现对歌曲的情感，用聆听与声部配合来展现合唱的统一协调，用相互间的沟通表达来呈现对合唱歌曲的理解，③课堂气氛宽松融洽，学生的学习态度积极向上，合唱的表现力和

革命情感表达力明显提升。

## 六、体会与思考

### （一）学生革命知识储备参差不齐，需拓宽不同时代、题材、风格的欣赏广度，提升理解多元革命文化的能力

革命文化的合唱作品有着广泛的风格和题材，学生只有接触大量不同历史时期和风格的优秀合唱作品，欣赏并学习不同类型的作品，才能潜移默化地拓展合唱视野，增强对多元革命文化的尊重和理解。由于中职生对于革命知识储备参差不齐，因此后续需要在时代、题材、风格等方面拓宽欣赏的广度，持续提升对多元革命文化的理解能力和对合唱艺术的鉴赏水平。

### （二）学生艺术表现能力薄弱，需加强合唱实践活动，持续提升中职生的音乐核心素养

通过红色主题的合唱单元教学，中职生在合唱的艺术感知和审美判断能力方面有所提高，但对作品的艺术表现和表达能力还需长时间的实践和积累才能完成。在今后的教学中，教师需要加强与专业艺术学校之间的交流，通过更多的合唱实践活动给予学生更多更好的体验和展示的舞台，将红色合唱歌曲中呈现的积极向上的精神面貌与高雅的艺术格调相融合，将合唱中沟通合作、团结协

---

① 陈蓉.从听觉到视觉、运动觉：达尔克罗兹教学体系的内涵与意义［D］.上海：上海音乐学院，2008.
② 许欢.合唱声音训练中应用声势律动的实践探索［J］.戏剧之家，2021（19）：77-78.
③ 周锴.达尔克罗兹体态律动教学法在高校合唱指挥教学中的运用［J］.戏剧之家，2020（29）：51-52.

作等育人功能发挥到极致，表现并表达出合唱和谐、统一的声音之美及团队集体之力，持续提升中职生的音乐核心素养，不断涵养革命传统文化。

**作者简介：**

吕丽，上海音乐学院音乐学系作品分析专业硕士研究生毕业，现就职于上海市群星职业技术学校，音乐教师，主要教授艺术（音乐）学科。

# 浅析高考美术教育教学

卢文清

[摘要] 本篇文章主要介绍高中美术联考的教育背景，列举历年联考试题对比分析其变化趋势，描述在高考美术教育教学中遇到的一些问题，从学生、教师和其他相关方面出发研究影响课程的基本因素，并分享一些提高学生应试能力及解决问题的方法，表述关于高考美术教育和专业课程管理的个人观点和看法，梳理成清晰的条理，希望高考美术教育工作在此基础上能更进一步发展。

[关键词] 美术联考　教育　课程

## 一、高考美术概述

在我国教育体制不断完善和人才需求专业化背景下，普通高中生参与美术高考的热浪只增不减。近几年，我校从普通高中逐渐向美术特色学校转型，近80%的学生以美术生的身份参加高考。高中的美术教育工作尤为重要，学校投入了大量的硬件设施和师资力量来支持高考美术的教育工作。

美术生需要先参加本省组织的美术联考，联考通过后方可报考一些学校组织的独立考试，专业考试合格后，结合文化课的综合成绩作为录取标准。美术联考以色彩、素描、速写三个科目来考查学生的造型能力，对色彩是否有敏锐的感受力，能否快速捕捉并生动表现人物动态，注重画面的协调性、表现性及艺术性。

### （一）高考美术联考变化

从2017年开始，教育部改革了高校美术专业招生办法，举办美术校考的学校屈指可数，其他综合院校和部分艺术院校都以省级组织的美术联考成绩为录取的专业课标准，综合实力排名靠前的大学对专业的要求并没有降低。为了在联考中选拔优秀的艺术类人才，近几年，全国高考美术联考试题也变得十分复杂、灵活多变，难度逐年增加。北京市的高考美术联考也在逐年增加难度，考题内容在未来会更加开放化。在这样的形势下，美术教师需要在实践教育中总结教学和应试经验，通过各种形式提高学生的美术基础素养和应试能力。

### （二）高考美术试题分析

色彩考试的形式是在规定的时间用水粉或水彩画进行黑白静物组合，一般静物个数较多、种类多变，整体要求构图完整、色彩和谐、光源统一，并表现一定的空间和质感。图1所示是北京2020年美术联考的色彩试题，静物相对常规，在平时的训练中也都有练习，与2021年联考试题（见图2）相比难度适中。2021年的静物在构图时需要整体把控比例。黑白照片转化的难点在于整体色调的统一性，统一中又要讲究变化，如吉他在整个画面中占面积最大，是主体物，在后期深入塑造的时候，应追求色彩的丰富变化、细节的刻画，聚焦视觉，吸引观众的视线，凸显它的主体性，同时把次主体物深入塑造，其他物体则应该有基本的色彩和素描关系，起到点缀和丰富画面的作用。从整体来讲，不论联考色彩的内容如何变幻莫测，我们都要灵活套用平时学习的绘画方法，将其简化地理解成几何体的重复穿插，保证在色彩关系正确的前提下刻画细节，生动表现（见图3）。

在考试大纲中，速写考试内容包括人物组合、场景速写、动态速写等，考试形式为默写和写生。历年试题在同样的时间内，从传统考试画单人常规动作到画单人动态（见图4），从画人物场景（见图5）再到画人物组合（见图6），从表面来看绘画的内容变得复杂了，实际上则是在考查学生对画面效果及空间的处理意识，对人物动态是否熟练掌握。在2021年的速写联考试题中，很多省份都考了人物组合，部分还加了道具，从整体来看难度一直在上升（见图7）。

图1　北京2020年色彩

图2　北京2021年色彩

图3　四川2021年色彩

图4　北京2019年速写

图5　北京2020年速写

图6　北京2021年速写

图7　湖北2021年速写

素描考试的形式是在规定的时间内完成人物头像的临摹、默写和写生。近几年的考题都是黑白人物肖像照片，用铅笔或者炭笔以写实手法表现，对构图、造型、结构做出明确要求。从纵向来看，2019年的素描头像是戴眼镜的男青年（见图8），比较常规，难度系数较低；2020年的素描头像（见图9）的难点在于对白发的处理及对特殊光源的主观处理；2021年的素描头像（见图10）在白发的基础上增加了一只手，人物形象不好处理，同样的时间内增加一只手，这就需要学生在造型准确的基础上能深入刻画，拉开差距。通过横向对比可知，2021年各省的素描考题难度明显增加，河南的考题（见图11）内容是正面角度的胸像加两只手，手的动态和空

间表现有难度，绘画量增加。江苏的考题（见图12）是戴眼镜的男青年，画面中虽然没有手，但是俯视的视角给学生带来了难度。

综合来讲，美术联考不再是传统的常规试题。2021年不少省份的考题色彩以花卉为主题（上海、云南、广西、辽宁等），有的省份也不再是传统静物，而是以小场景为主，也有的省份试题内容紧扣社会热点，如上海速写题内容为测体温。有的省份速写试题出现过"根据剪影完成速写"的形式，有的则是临摹大师的手稿作品。湖北素描考题为与疫情相关的物件，云南和湖南的素描试题曾出现过石膏头像，北京的美术联考还未出现过素描石膏头像，但是考试大纲包含这个考点。从考题的内容来看，在平时的绘画训练中我

图8　北京2019年素描　　　图9　北京2020年素描　　　图10　北京2021年素描

图11　河南2021年素描　　　图12　江苏2021年素描

们仍然要让学生进行各种形式的练习，这样才可以确保考生在考试中遇到各类内容和形式的题目时不会自乱阵脚，无从下手。

## 二、美术专业课程

### （一）美术学科教育教学中的问题

教学过程的第一种主客体关系就是教师和学生，这两个因素在教育活动过程中有着不可替代的地位和作用，同时影响着专业教学的成果。在近三年的美术学科教育教学过程中，美术教师总会碰到各种各样的问题，需要进行灵活协调，并用最优的方法解决，最终达到事半功倍的效果。

学生作为学习活动的主体，在美术专业的实践练习中需要有主动积极的态度。我校美术生生源综合素质一般，学生大部分没有专业基础，缺乏美术知识素养，大部分被动选择学习美术，因此在美术专业学习过程中出现了以下问题。

#### 1.目标性不够明确

学生对于自己要达成的目标没有规划，很多学生只是要求联考时考过及格线，对于单科成绩没有设定高标准来要求自己。

#### 2.不会灵活应变

在一模考试结束后，曾有学生抱怨道："我们画了一个月的苹果（水粉），考试却没有水果。"从这里，我们不难看出学生思维的僵化。教师在日常美术教学过程中教授的是观察方法和绘画理论，而考试内容是复杂多变的，这就像其他文化课一样，需要学生举一反三，思维灵活。

#### 3.量的积累不够

量变才能引起质变，而很多学生总是有惰性，抱有侥幸心理，在平时的绘画训练中态度不端正，绘画练习不够深入，即使有些专业能力相对优秀的学生也不会主动多练习自己的弱项。

#### 4.绘画积极性差，缺乏思考

教师虽然从高一开始就要求学生每天画速写，但是在联考中速写总是拉分。出现这个问题的原因就是很多学生把每天的速写当成任务完成，想尽一切办法应付老师，没有真正思考速写绘画的一些要点。整体的氛围懒散，学生没有互相学习和竞争的意识。

### （二）解决办法和措施

有的学生在绘画练习过程中不够积极，从根本上不了解绘画专业，缺乏兴趣点，内部动力不足，只是把它当作进入大学的捷径，这就需要我们在高一阶段深入介绍美术生未来进入大学所选择专业的种类划分情况。老师可以邀请学长学姐返校做讲座，也可以带领学生去参观大学的艺术课程，了解相关的课程设置，带学生去艺术博物馆或园区参观，让他们感受艺术与科技的结合，体会艺术与生活的关系，也许一个小小的点就能让学生被艺术的魅力所感染，激发专业学习的兴趣。

由于美术专业课设置的特殊性，在教学过程中教师需要以点带线、以线带面，逐步深入讲解。对于知识点，老师要反复强调，以讲透为主。老师平时可以多提问，点评时可以请学生互相点评作品，让他们参与进来，动脑思考好的作品需要注意的几个方面，互补性学习彼此优点；可以利用现代化的科技手段，在大屏幕进行改画示范或者制作倍速视频教学，明确步骤和方法；可以根据学生的绘画水平及进度进行分层教学，提高学生绘画储备的数量和质量，教授解决专业问题的方法和策略，学以致用。

高三的美术集训阶段非常辛苦，老师要时刻关注学生的身心健康，多和学生交流。在每次模拟考试结束后，教师应与每个学生单独谈话，明确目标分数，分析每个科目的问题，并有针对性地进行解决，也可以调换座位，互补结对，以优带差。在平常的教学中，教师可以有所倾向地进行单科示范讲解。教学课程的安排要灵活变化，联考前半个月可以专攻弱项，有针对性地练习。

## 结　语

在2020年全国教育工作会议上，针对德智体美劳的"五育"，教育部部长提出"推动教体相融合，划出美育硬杠杠"，未来的美育不再是软任务，而是硬指标，艺术课也将从小学开始更加注重，逐渐纳入考核。这对于我们将来的美术生培养有更大的优势，同时也对教师自身的美术专业素养提出了新的要求。高考美术教学工作还需要教师在实践中不断探索、总结和反思。教师作为教学活动的主体，对美术联考生专业课的教学管理不但影响着学生长远的专业学习发展，更会直接影响到他们能否升入高等院校。从研究意义上来说，教学工作是教育工作的中心，教学质量是教育的生命线。教师应抓紧教学管理，培养学生良好的学习态度和观察能力。

俗话说："要给学生一杯水，教师需要有一桶水。"而在新的教育改革和美术学科的核心素养要求下，如今的教师应该像一条流动的河，不断吐故纳新，不断提升历练，深度研究试题，剖析高分试卷，加强与其他老师交流学习，及时解决教学中出现的问题。在绘画实践中，教师只有不断加强自身的专业素养，才能做到为美术生授业解惑，完成高质量的美术专业教学，提高班级教育教学管理水平。

作者简介：

卢文清，硕士研究生，北京市通州区张家湾中学高中美术教师。主要授课课程：基础素描、速写和色彩教学。

# 从"离身认知"走向"具身认知"

## ——美术教育学科理解能力的建构研究

尚铭洋

[摘要] 美术教育学科正从传统的"离身认知"视域走向"具身认知"视域，在"具身认知"视域下的美术教育学科具有生成性、感知性、情境性三种特性，据此提出相应地构建美术学科教学的两个策略：在知觉场中建构具身性和在跨界思维中塑造情境性。这两个策略有助于学生在"具身认知"的视域中重塑知觉空间，加强对美术学科理解能力的建构。

[关键词] 美术教育学科 具身认知 生成性 情境性

## 一、"具身认知"与"离身认知"的含义

"具身认知"并非一个具有明确定义的既成理论，而是包含着哲学、认知心理学、认知科学、现象学、人类学等多学科融合，仍在发展中的一种理念。与"具身认知"相对立的就是"离身认知"。"离身认知"理念是建立在身心二元论基础上的一种认知理论。传统认知科学将心智视作某种程序算法对符号进行操作计算的过程，主要关注信息加工的过程。这种观念将认知的本质归结为规则性的计算，而忽略身体的感觉和环境的差异，属于离身心智论。

"具身认知"的观念起源于哲学界对笛卡尔身心二元论的反思批判。胡塞尔建立的现象学开始关注身体固有的双重性，并且区分了作为物的身体和作为主体的身体。身体在经验中是作为我们的身体初次显现。在这个身体中，我们经历种种体验，身体作为被支配的对象实施着行动。但身体又不总是处在以主体为感觉经验的状态中。在被注视的经验中，人的身体是作为客体呈现的，它从"内在"转变成了"外在"，由此胡塞尔阐发了"具身的体验者"这一概念。梅洛-庞蒂

在胡塞尔的基础上发展了肉身本体论的哲学，指出"我是一个身体"与"我有一个身体"的区别，即尽管"我"是我身体的承担者与行动者，但身体并不能全部为"我"所掌握，同样，身体也无法作为"物"存在。身体作为知觉的身体是一种处境。身体总是超出其当下所显现的情境，在其周围投射出多种处境，是融众多潜能为一身的潜在可能性。就此梅洛-庞蒂彻底否定了关于存在世界的二元论，在身体与意识之间建构了统一的一元性，并且强调对世界的认知是经由身体得以实现的。"身体不与周围世界相互融合，而是作为世界投射的方式或契机。"①

## 二、"具身认知"视域下的美术学科理解

传统美术教育教学在对学科进行理解时，喜欢追问"美术的本质是什么？"，在预设本质的基础上展开美术教学，然而在经历过20世纪以来维特根斯坦的反本质主义后，再去追问"本质"已经显得不合时宜。当下的美术教育教学应该在具体的情境中重塑意义的多样性。由此可以在"具身认知"的视域下总结出美术学科具有的几种特性，它们分别是生成性、感知性和情境性。

### （一）生成性

美术学科的生成性具有两方面含义。一方面，从美术作品的角度来看，生成性意味着美术作品的创作及其意义总是处在不断流变的建构中。生成意味着一种流动的状态，从宇宙到生命再到时间都处在动态的流变中，静态与静止只是物质世界暂时相对的状态，没有已然被创造的事物，只有被创造中的事物。海德格尔认为，"一件作品不是附加一些东西的物品或工具；物品与材料在器具中并不显明，只在作品中反映出来……艺术家并不是先对事物有了一个明确的认识，然后才将其在作品之中具体化的：自然只有在作品中对它，也对我们敞开。作品需要创造者'将真理设置入作品'，还需要保存者在他们公共的了解意愿中'使其发挥作用'，实现它"②。海德格尔否定了美术作品之中蕴含真理（本质）的预设，将艺术视作真理发生的主要方式。在海德格尔与艺术史家迈耶·夏皮罗著名的"凡·高的鞋之争"中，作为哲学家的海德格尔将凡·高画作中的一些旧鞋做了一番阐释，指出农鞋将我们带入农民那充满艰辛与焦虑的世界中，而农鞋作为器具又属于大地，作品在建构一个世界的同时也向我们开显了大地。海德格尔的这番阐释意在说明一个观点，即艺术作品作为真理敞开。而艺术史家迈耶·夏皮罗却指出，海德格尔所阐述的这双农鞋很可能并非为农民所有，而是凡·高本人的一双靴子。对此，夏皮罗在反驳海德格尔的论述中，将"在场性"这一概念加入了艺术作品意义生成的观察中。随后，哲学家德里达又在《绘画中的真相》中对这双鞋进行了彻底的解构，对是否是"一双"鞋产生怀疑，认为还有可能是两只左脚的鞋子。从这场著名的学术论争中，可窥见

---

① 埃洛阿.感性的抵抗：梅洛-庞蒂对透明性的批判［M］.曲晓蕊，译.福州：福建教育出版社，2016：58.

② 英伍德.海德格尔［M］.刘华文，译.南京：译林出版社，2010：128.

的就是美术作品意义的生成性。因此在20世纪以后，美术作品价值探求的重点不应再去探索美术作品的本质及真理，而是要关注作品创作及意义过程中的生成性。

另一方面，美术在教学学科中具有生成性。在"离身认知"主导下的美术学科教学中，教师是将自身视作占有或传递知识的主体，将学生视作接受和吸纳知识的客体。这两者在认知的过程中实则都是处于被动的状态，但教师与学生都应该是处在经验建构中的存在，如雅斯贝尔斯所说，"人作为这个世界上的一个经验的存在，他不是一个可知的对象"①。哲学解释学倾向于认为，经过主体解释过的现实就是一种建构的经验。在美术教学过程中，教师对美术课程知识的解读与自己和学生的经验结合起来才是一个生成性过程。教师不仅要构建课程的知识体系，还要引领学生进行有意义的经验互动，在教学过程中理解美术知识的生成性并建构其生成性。

此外，"具身认知"视域下美术学科的生成性更加关注对"身"的关注，以"身"为出发点去建构事物。梅洛-庞蒂指出，观看本身就是一种变形，并非如传统艺术史所认为的，绘画就是模仿或者再现世界，绘画艺术是画家将自我的知觉经验转化为艺术语言呈现在画布上，这不是简单复制、移动、照搬的过程，也并非要借助透视法去实现错觉的再现，而是要实现真实的视觉经验。因此，画家是凭借身体感知和理解世界的，身体在此过程中不是一个传递的媒介，而是一个真实生产

的场所。由此，在美术教学过程中，师生对艺术作品的理解必然要借助身体这个媒介，通过身体建构具身性的认知。

## （二）感知性

感知性是美术学科中一个尤其重要的特性，西方自文艺复兴以来的透视法，意图在二维平面的基础上塑造三维立体的效果，即当事物落实在观者的视网膜上时仍是平面化的，但对其感知却是立体的。这说明视觉不仅会为观者塑造出不属于真实状态的效果，有时还会对感知产生"欺骗效果"，如埃舍尔的"视错觉绘画"就揭示了非欧几何时代的空间感知觉。在埃舍尔的画作中，空间的弯曲特征相互缠绕勾连成一个"有限无界"的整体。人类的视觉机制呈现给我们的是单一片面的视角，而实际世界中事物的状态却总是处于悖论、矛盾与双重意义中，如布鲁诺·恩斯特所说，如果仅仅借助感官，就会错过艺术家最深刻的意图。这意味着人的感官性并非总是事实的真相，它更像是一面透镜，通过这面透镜人们认识与理解世界。但感知所具有的特性并非总是负面的"欺骗"，它也推动着艺术领域的不断发展。从古埃及绘画的"正面律"原则到文艺复兴时期的透视法则，从印象派对光与影变化及即时感受的追求再到20世纪蒙德里安纯粹的抽象艺术和波洛克的抽象表现主义，都是围绕着感知问题而变化与创新，甚至可以将艺术的历史视作一部人类感知演变的历史。

---

① 雅斯贝尔斯.智慧之路［M］.柯锦华，范进，译.北京：中国国际广播出版社，1988：45.

## （三）情境性

美术学科中的情境性包括美术作品的情境性与美术教育教学的情境性两方面。美国艺术史家詹森曾指出，随着社会的变化，看待艺术的情境也处在不断变化中，对艺术及其全部历史的解释和阐释也会发生演变。这意味着艺术作品是永远处在情境中的艺术，当所处情境发生改变，其意义也会发生流变。比如，如今存放在博物馆中作为艺术作品的物件，在古代是作为实用工具的器具，杜尚的艺术品小便池和摆放在商店中的小便池的含义也截然不同，物质的材料并没有发生变化，变化的只是其所处的情境。在20世纪经历过图像转向之后，艺术史家阿瑟·C.丹托提出要克服两个界限，一是高级艺术与低俗图像之间的界限，二是作为艺术品的物品与作为日常文化一部分的普通物品之间的界限。在这种处境下分辨美术作品及其含义，再去评判与理解美术作品，所需要的就是对情境性的分析。

"具身认知"视域下美术学科的情境性特征，强调身体带来的感知特征，这要求教师的教授与学生的学习处于更加真实的教学情境中；同时要求在课程的设置与实施中，教师与学生要共同创建情境性的教学场域。"具身认知"并非一种可预设的"有意识"学习，而是指身体在认知的过程中对情境做出的反应。

## 三、美术学科课程理解能力的建构

根据美术学科在"具身认知"视域下的三种特性分析发现，美术学科的课程理解能力的建构必然也要关注以"身体"作为本位的建构模式。对此，可归纳出美术学科课程理解能力建构的两种途径，分别是在知觉场中建构具身性、在跨界思维中塑造情境性。

## （一）在知觉场中建构具身性

知觉场是一个人类以社会历史的情境经历生活的世界。知觉场不仅是哲学现象学中的生活世界，也是被我们的知觉经验体验着的世界。而我们经验世界的感知原点，就是"我的身体"。从"我的身体"出发，知觉带我们走向对事物本身的认知。因此，在知觉场中建构具身性，就是从"我的身体"出发进行知觉。安东尼奥·达马西奥曾在《笛卡尔的错误》中指出，人类的思维需要一种有机体的视角，心理活动的感知来源于包括大脑和身体在内的整个有机体，而身体作为我们感知世界的唯一途径而存在。只有在有机体与环境、社会的互动中，才能建构完整的人。

在美术学科教学中，具身性的建构可以呈现两种模式。一种是显性具身的建构。显性具身指在美术教学的过程中，师生通过身体的扮演理解和认知教学内容。学生的认知活动可以通过身体的运动来进一步感知真实环境，由于身体本身就是一个运动体，通过身体与真实环境之间的互动与交流，从而对当时的心理状态进行"复演"，以此塑造认知与理解。比如在教师向学生讲述中国传统绘画与书法艺术时，许多作品以卷轴为创作形式。这种创作方式有其时代与历史原因，以此为范式的创作也对绘画过程与欣赏、品鉴、收藏过程中的感知进行了塑造。如果想让学生感知中国传统绘画的意境，就要对这种徐徐展开的画卷形式进行深入的理解。体验右手执卷、左手徐徐展开的感觉，在此过程中画面的全景一点点显露出来，只有经历过这个过程的人才可以理解中国绘画不同于西方架上绘画的布局观与时间观。

另一种是隐形具身的建构。隐形具身是指教师与学生的身体不直接参与到教学活动中，可以凭借技术工具的作用，使学习者在此过程中进行结构性的反思。哲学家斯蒂格勒将人对技术的依赖视为人类的第二品性，指出人的进化过程是一个动物性退化与技术性增强的过程。技术已成为自动化时代人类"义肢"一般的存在，电子传媒时代的技术总是在重新组织着我们的感知，导致我们的知识形式发生翻天覆地的变化。对此，斯蒂格勒提出"在呈现中观看"的观点，意味着呈现出艺术展示给我们的一切，由此形成一个超个性化的环路。自20世纪开始，艺术就走向感知的机械化。然而美术是一门尤其贴近物质材料与技术的学科，对美术学科来说，如果没有亲身临摹过一幅画作，就很难去真正欣赏原作。如果不掌握技术材料的特性，就无法感知材料所产生的艺术效果。因此，美术教学的根本在于对作品的感知与体验。现代艺术的经验并非发源于奇思妙想的"灵感"，更多来源于日常生活的呈现，这就需要教师与学生调动自己在日常生活中的感受，将这种平凡转化为艺术过程中的不凡，实现美术学科中隐形具身的建构。

## （二）在跨界思维中塑造情境性

后现代领域中的美术学科教学已不仅是局限在本学科内部的自我探索，美术学科内部的单一知识已经无法服务于后现代艺术的需求。许多美术作品的创作来源于美术学科与其他学科知识或观点的融合，如美术与社会学、哲学、文学，包括最近兴起的美术与生物学、神经科学的结合等。因此，在美术教学中教师需要引导学生在多学科的跨界思维中认知美术作品。跨界思维具有两方面的含义，一是跨全科的整体性。跨全科的整体性指在多学科融合的视角下理解美术作品。比如教师在向学生讲述艺术家雷尼·马格利特的作品《形象的叛逆》时，画面中呈现了一个烟斗的图像，但下面的一句法文意思却是"这不是一个烟斗"。图像指涉着烟斗这个意象，语词中也是有关烟斗的一句指涉，表面上二者似乎形成了悖论的含义，由此可以引发许多猜测，如图像、语词与事物之间的关系是怎样的？语言一定指物吗？有没有不指物的语言？语言是否只是图像的补充和说明？它们是否可以单独存在？语词与图像之间是否要建立同一性？因此，教师要先引导学生对画面进行质疑，提出问题，然后经过一定哲学思考才可以对马格利特的这幅画进行深刻的理解。

二是对思维的现实性应用。美术文本不能作为一个整体性来把握，也就是说，对美术作品意义的理解是一个变换视角的过程。通过这个过程，观者建构了一个总体的情境。因此，美术作品是带有一些潜能的，这些潜能只有在观者的观看与解读过程中才能发掘出来，这是一个不断现实化的过程，所以美术学科的教学过程不是一个学生被动接受美学的过程，也不是一个"输出—反应"理论的连接过程，而是一个互动性的过程。如梅洛-庞蒂在《眼与心》中所说，我们并不是像看一个物那样看一幅画。"我并不是把它固定在它的位置上……更准确地说，我依据它来看，或用它来看，而不是我看到了它。"①比如在对中国传统绘画中的风景画这一门类进行欣赏时，就需要一种参与式的知觉，以建构空间知觉的情境。北宋画家郭熙描绘山水画创作时叙述了这段文字："然则林泉之志，烟霞之侣，梦寐在焉，耳目断绝。今得妙手郁然出之。不下堂筵，坐穷泉壑；猿声鸟啼，依约在耳；山光水色，滉漾夺目。此岂不快人意，实获我心哉？此世之所以贵夫画山水之本意也。"②郭熙在这里阐述出了中国画创作所需的一种代入式观感，观看者在观赏画作时要有"人在画中游"之感。观赏者在欣赏卷轴的过程中时刻处于动态的情塑与感知中，这种观感不同于西方风景画中的静观审美。美术教学中对画作的理解往往受到观念的指引，而非知觉的指引，这是长期以来美术教学处于"离身认知"视域下形成的弊病，因此在跨界思维中对情境性的塑造可以纠正这种不平衡。将观看者作为空间中一个必备的构成要素纳入画面之中，从而可以产生对空间的知觉化理解，进而理解画作本身。

## 结 语

新时代的美术教育教学必然是在"具身认知"主导下的美术教学，这就需要教育者根据美术学科在此视域下的特性建构相应的学科理解能力。教育者只有对理解能力进行厘清与把握，才能够进一步认知与施展美术教育教学。

### 作者简介：

尚铭洋，教育硕士，辽宁省辽阳市第一高级中学一级教师，美术教师，主要研究方向为高中美术、书法。由其主持的"民俗文化在敦煌书法中的作用与价值"确立为2015年度东北师范大学中央高校基本科研业务专项资金本科生一般培育项目，"口腔医疗机构的环境艺术设计研究"确立为2015年度国家级大学生创新创业训练计划项目。

---

① 贝林特.艺术与介入 [M].李媛媛，译.北京：商务印书馆，2013：84.
② 纪昀，永瑢，等.景印文渊阁四库全书 [M].台北：台湾商务印书馆股份有限公司，2008：573.

# 新时代初中美术课程的德育质量提升策略研究

郝　丹

[摘要] "五育"并举、德育为先对新时代义务教育美术课程的德育质量提升提出了更高的要求。学生在初中阶段正处于性格养成的关键期，美术课程对其审美能力的形成和价值观念的确立具有重要的引导作用。新时代初中美术课程在提升德育质量上可从三个方面着力：一是突出国画、书法等传统文化教育，适当增加地方特色艺术教学内容；二是以艺术品鉴赏带动"四史"学习，弘扬艺术家匠人精神和爱国精神；三是把博物馆、美术馆当作第二课堂，发挥公共文化设施文化育人功能。

[关键词] 初中美术课程　德育质量　策略

《中共中央　国务院关于深化教育教学改革全面提高义务教育质量的意见》明确指出："树立科学的教育质量观，深化改革，构建德智体美劳全面培养的教育体系，健全立德树人落实机制，着力在坚定理想信念、厚植爱国主义情怀、加强品德修养、增长知识见识、培养奋斗精神、增强综合素质上下功夫。"①坚持德智体美劳"五育"并举的教育发展要求，不仅强调了教育质量的提升问题，而且突出了德育为先的理念。蔡元培认为美育者"与智育相辅而行，以图德育之完成者也"②；2018年8月，习近平总书记在给中央美术学院老教授的回信中亦表示"做好美育工作，要坚持立德树人"③；2019年，中共中央、国务院印发的《中国教育现代化2035》更明确了要"全面落实立德树人根本任务，广泛开展理想信

---

①　中共中央　国务院关于深化教育教学改革全面提高义务教育质量的意见［EB/OL］.（2019-07-08）. http://www.gov.cn/zhengce/2019-07/08/content_5407361.htm?trs=1.

②　蔡元培.蔡元培美学文选［M］.北京：北京大学出版社，1983：4-5.

③　习近平给中央美术学院老教授的回信［EB/OL］.（2018-08-30）. http://www.xinhuanet.com/politics/leaders/2018-08/30/c_1123355797.htm.

念教育"①。实际上，《义务教育美术课程标准（2011年版）》较早明确了"美术课程总目标按'知识与技能''过程与方法''情感、态度和价值观'三个维度设定"②，其中的"情感、态度和价值观"目标实际上就指向了美术课程的德育质量提升。

初中美术课程的设置具有重要意义。从成长的需求来看，学生在初中阶段正处于性格养成的关键期，美术课程对其审美能力的形成和价值观念的确立具有重要的引导作用。从美术基础教育课程体系的建构来看，幼儿、小学美术课程偏重启蒙性和趣味性，注重对学生个性化的发散思维培养；高中美术课程偏重识读、表现、判断、实践和理解等核心素养的联动提升，同时还要承担着为高等美术教育输送专业人才的预备培养任务；而处于二者之间的初中美术课程，其衔接作用的发挥是至关重要的，作为义务教育的"第四学段"，初中美术课程更多地担负着基础造型与表现方法、设计原理与制作方法、美术史视域下的美术家及流派特征等知识信息、艺术技法的综合传授。从平行学科来看，初中阶段的美术教育与历史教育、语文教育、道德和法治教育、地理教育等关系密切，对数学、物理、化学等学科所需的图表绘制等也有辅助作用。

"五育"并举、德育为先的发展要求及设置初中美术课程的重要意义，共同决定了当前提升初中美术课程德育质量的紧迫性和必要性。那么提升质量的有效路径何在？具体的着力点应该放在哪些方面？在提升的过程中教师如何才能最大限度地做到与时俱进？这些都是策略研究要重点解决的问题。

## 一、突出国画、书法等传统文化的深度教育，增加具有地方艺术特色的教学内容

党的十八大以来，习近平总书记在多个场合谈到"中国传统文化"，也多次提到"文化自信"和"核心价值观"。在美术领域中，国画、书法、刺绣、剪纸、瓷器都是典型的具有中国传统文化根基的艺术表现形式，这些艺术表现形式承载着丰厚的历史文化积淀和民族智慧，应该作为美术课程的重点来讲授。以中国画为例，从现有的各类初中美术教材来看，国画教学兼及了国画基础知识、绘画技法应用、经典案例分析等多个方面的内容，对初中阶段的学生来说，这样的框架设计的完备度还是比较高的。另据学者统计，在人民教育出版社出版的初中美术教材中，国画的总课例占16.7%；在人民美术出版社出版的初中美术教材中，国画的总课例占19.2%；在湖南美术出版社出版的初中美术教材中，国画的总课例占21.4%。③这表明，国画课例在初中教科书中所占比重并不低，且足够凸显长期以来中国基础美术教育对中国画的重视。

---

① 中共中央、国务院印发《中国教育现代化2035》[EB/OL].（2019-02-23）. http://www.moe.gov.cn/jyb_xwfb/gzdt_gzdt/201902/t20190223_370857.html.

② 中华人民共和国教育部.义务教育美术课程标准（2011年版）[M].北京：北京师范大学出版社，2012：6.

③ 郭晓宁.初中美术中国画单元课程设计与实践研究[D].济南：山东师范大学，2020.

但是，在整体框架完备、课例数量充足的情况下，当下初中美术教育中的国画教育还存在着"重素材使用性，轻核心解读性"的问题，即"广度够广，深度不深"。另一个现实问题是，许多具有深度挖掘性的课程内容安排在了九年级，如人民教育出版社出版的美术教科书九年级（上）第一单元第一课是专门鉴赏国画的，但实际上学生在进入九年级后就面临着中考升学的压力，教师、家长和学生对美术的重视度会大幅度降低。限于课时量和受重视程度，想要深化个案分析、提升德育质量，教师在七年级和八年级的教学中要有意识地选择少量精品进行艺术"精读"，突出构图、笔法、意境、用色、光感等多方面的深耕性品鉴；同时要拓展与个案相关的知识谱系，挖掘被解读画作背后宏阔的历史文化背景和社会政治背景，这样学生在进行美术学习的同时又能兼容对历史、文学、社会等知识的了解和把握。

除了教科书，初中美术课程中的教学内容还可以与具有地方特色的艺术表现形式相结合，事实上许多非物质文化遗产都为美术教育提供了优质的素材，如年画就有天津杨柳青木版年画、河北武强木版年画、山东高密扑灰年画等；剪纸有河北蔚县剪纸、浙江乐清细纹刻纸、云南潞西傣族剪纸等；刺绣有上海顾绣、江苏苏绣、湖南湘绣、四川蜀绣等；雕刻有辽宁阜新玛瑙雕、辽宁岫岩玉雕、甘肃酒泉夜光杯雕、浙江东阳木雕等；泥塑有天津"泥人张"、陕西凤翔泥塑、河南浚县泥咕咕、贵州黄平苗族泥哨等；灯彩有浙江仙居花灯、广东东莞千角灯、河南洛阳宫灯、河南汴京灯笼张等；竹编有嵊州竹编、

安徽舒席、重庆梁平竹帘等；面人有北京面人郎、上海面人赵、山东曹州面人等。此外，面花、草编、柳编、彩扎、梳篦、堆棉、料器、糖塑、镶嵌、盆景技艺、插花、建筑彩绘、灶头画、抽纱、错金银等都是中国传统美术工艺的产物。各地方美术教师应充分利用所在地拥有的非物质文化遗产资源，结合所使用教材的单元课程设计，进行教育教学。

## 二、以艺术鉴赏巧妙带动"四史"学习，弘扬艺术家的爱国主义精神和匠人精神

以史为鉴，可以知兴替。艺术作品往往承载着丰富的历史文化内容，美术教育也因此含蕴着历史教育的功能。深入学习党史、新中国史、改革开放史、社会主义发展史的号召，最初是面向党员队伍提出的。2020年9月教育部办公厅印发《关于开展"网上重走长征路"暨推动"四史"学习教育的工作方案》的通知，10月启动编写"四史"大学生读本的工作，"四史"学习由此开始成为高校思想政治教育工作的重点。虽然目前还没有专门针对中小学"四史"学习的推动性文件出台，但2020年12月教育部大中小学思政课一体化建设指导委员会的成立已经表明，中国的思政教育内容将在不同学段间实现有效衔接，达成内涵式发展。基于此，一些地区开启了"四史"教育进入中小学的尝试，如上海浦东新区教育系统就提出了"学前故事化、小学生活化、初中案例化、高中主题化"的实施策略，意在加强青少年的"四史"教育；天津在《中共天津市委关于深入开展党

史、新中国史、改革开放史、社会主义发展史学习教育的决定》中明确"大力开展以党员和领导干部、公务员、大中小学学生为重点的分众化、精准化学习教育"[①]。学习"四史"能够让学生对现代中国的发展历程有一个深刻的认知，帮助学生明白中国选择马克思主义，选择中国共产党和中国特色社会主义道路的原因，在此基础上，学生才能够建立起对中国政治制度和社会制度的认同。

美术课程中的"四史"教学不同于思想政治课程，因为"艺术教育以教学的方式展开，不是单纯的德育教化，而是在艺术审美过程中进行的德育渗透和内化"[②]。美术课程不需要专门去讲"四史"，而是可以借助具体的艺术作品鉴赏延展出与"四史"相关的知识，如人民教育出版社出版的美术教科书七年级（下）的第一单元第一课在讲授美术作品源于生活、高于生活时所举的例子就有王式廓的《血衣》。这幅画作的素材来源于新中国成立初期华北地区的土地改革，教师在对其进行艺术鉴赏的同时，可将土地改革的历史知识融入其中，简单地对中共七届三中全会的相关部署及1950年到1952年的土地改革性质、过程等进行介绍，进而引导学生深化对中国共产党为人民谋幸福、为民族谋复兴的认识。但是要注意，美术课的"讲历史""讲政治"仅在知识层面达成对历史课、政治课相关内容的辅助强化即可，其最终落脚点还要在艺术上。王式廓是当代著名的革命现实主义画家，他在学生时代曾参加联合示威游行，要

求国民党政府抗日，1937年又徒步奔赴革命圣地延安，他毕生的画作都洋溢着浓烈的爱国热情，素描《血衣》更是凝结了他对饱受地主阶级剥削的农民群众的关注。而在创作的全过程中，他都精益求精，从构思到素材搜集，从草图和习作的一遍遍打磨，再到完整的素描创作，一个艺术家的匠人精神体现得淋漓尽致。艺术家独有的爱国精神和匠人精神带给学生的思想启迪和人生指引是其他科目课程无法提供的，这也是美术课程德育功能的魅力。

## 三、把博物馆、美术馆、文化馆当作第二课堂，发挥公共文化设施文化育人功能

古罗马文艺理论家贺拉斯在其《诗艺》中提出了"寓教于乐"的观点，强调了文艺作品的娱乐和劝谕功用。美术本身就兼具艺术性、娱乐性和实用性，而为了让美术课程更好地释放出它丰富的趣味性，令其在德育引导上更全面地发挥出艺术教育的效能，教师可以根据实际情况将长久拘泥于传统教室授课的美术课堂转移到博物馆、美术馆、文化馆等公共文化设施中，打造审美教育的"第二课堂"。作为公共文化设施的博物馆、美术馆、文化馆等隐藏着丰富的教育资源。以美术馆为例，展品本身就是最好的授课素材，讲解员和美术任课教师可以合作讲学，"观摩＋讲解＋临摹＋交流"将成为未来义务教育美术

---

① 中共天津市委关于深入开展党史、新中国史、改革开放史、社会主义发展史学习教育的决定［N］.天津日报，2020-07-20（1）.

② 刘英丽.艺术教育功能拓展与学生德育养成的内在逻辑［J］.教育理论与实践，2015，35（28）：48-51.

课程"第二课堂"教学的基本模式。而实际上早在2013年，上海市政协委员李磊就曾提案建议"在市教委的指导下各博物馆、美术馆针对自己的特色设计若干套适合不同年级和兴趣的'菜单式'参观课程。从参观礼仪、美术常识、重点作品、动手尝试等环节加以设计，让同学们参观两馆感到有趣、有收获"①。

2017年教育部印发《中小学综合实践活动课程指导纲要》（简称《纲要》），其中明确初中阶段综合实践活动课程在实现"价值体认"这一目标上，学生需要积极参加"场馆体验"，要通过与老师和同学们的积极交流形成国家认同。2020年教育部、国家文物局联合印发《关于利用博物馆资源开展中小学教育教学的意见》（简称《意见》）。由此，馆校共同拓展教育方式并建立长效合作机制的实践工作在全国展开。在《纲要》和《意见》的共同引导下，全国各省、自治区、直辖市都开始对博物馆、美术馆的"第二课堂"功能的发挥进行深入而系统的思考。比如自2017年以来，中国美术馆一直在探索与北京中小学的"馆校合作教育"示范性课程和项目；2018年山东美术馆同济南市市中区教育局签订共建社会实践基地协议；2019年安徽淮北市杜集区文化馆面向未成年人开展了多种多样的培训活动；2020年甘肃省规定"全省一、二、三级博物馆每年接待中小学生人数不低于观众总人数的30%、25%、20%，其他博物馆每年接待中小学生人数不低于观众总人数的15%"②。需要注意的是，为了实现美育和德育质量的共同提升，在博物馆、美术馆等开展"第二课堂"教学时，教师应当重视其与"第一课堂"教学的衔接性和互补性，不能为形式而形式、为参馆而参馆，不能把"第二课堂"组织成孤立的参观学习活动。

**作者简介：**

郝丹，博士，副教授，天津美术学院公共基础课教学部美术教师，主要研究方向为文化传播、艺术教育研究。

---

① 李磊.关于充分利用博物馆、美术馆资源开辟素质教育第二课堂的建议［EB/OL］.（2013-02-07）. https://www.shszx.gov.cn/node2/node4810/node5296/node5305/u1ai57663.html.

② 参见甘肃印发的《关于利用博物馆资源开展中小学教育教学的实施意见》。

# 农村小学中剪纸艺术社团的设计及应用
## ——以昌平区马池口中心百泉庄小学为例

蔡红曦

[摘要] 由于地域限制，农村地区小学的美术教育有一定滞后表现，不论是师资力量还是教学硬件设施，都跟不上城镇地区小学美术发展的脚步。美术教育是我国农村地区小学一个较大且难以解决的问题。中国传统艺术文化在农村小学的普及程度更是少之又少，农村小学学生对于中国传统艺术文化学习的缺失比较严重。因此，大力发展农村美术教育是迫在眉睫的事情。本文以昌平区马池口中心百泉庄小学为研究范例，从国家课程、兴趣社团、剪纸与其他学科的融合等方面探究剪纸艺术课程在农村学校的设计与应用。通过持续的、有目标的社团训练，各年级学生取得了显著成效，学生们收获了对剪纸艺术更深厚的情感，增强了自信心，提高了表达能力、交流能力，也拓宽了视野，积累了艺术活动经验。

[关键词] 农村小学　剪纸艺术　课程设计与应用

## 一、农村小学普及剪纸艺术课程的背景意义

美术课程作为小学的必修课之一，担负着对新一代进行审美教育的任务，提升小学美术教学质量关系到新一代人的成长与未来中国的审美发展。

信息时代迅速发展，各种现代信息鱼贯而入，各类信息不论好坏都通过网络及各类媒介进入当代小学生生活中，并牢牢占据他们的生活，这些都让教育领域面临着极大的挑战。如何实施好小学基础美术教育是亟待讨论的课题。中国传统文化是中华民族创造力和集体智慧的结晶，中国传统文化讲究人生修养，而美育的目的与意义也是修炼完整完美的人格，从而让学生全面发展，实现人生的最高理想。因此，适时回归传统、回顾

民族文化的本源，建立一个与民族文化息息相关并切实可行的基础美术教育模式，是小学美术教育的一条有可观未来的发展之路。

小学阶段的美术基础教育不是以培养优秀绘画人才为目的，更不是为了培养画家、艺术家。作为基础教育的一部分，小学美育是为了让学生掌握基本的审美知识，培养正确的审美观念，形成一定的审美能力，并通过艺术教育培养学生的道德意识、认知能力、意志品德等。著名艺术教育家丰子恺说过："我教艺术科，主张不求直接效果，而注重间接效果；不求学生能作直接有用之画，但求涵养其爱美之心。能用作画的一般心来处理生活，对付人生，则美化生活，人世和平，此为艺术最大效用。"通过美术教育，顺应学生的身心发展，进而将学生培养成为一个具有全面人格的社会人，这才是小学美术教育的目的所在。

中国是一个农业大国，农村人口在全国占有很大比例，农村学生的美术教育情况关系到占全国人口比重三分之二的农村人口的审美水平，关系到整个国家的素质教育质量。然而，农村地区的小学由于地域限制，相对城镇地区小学的美术教育则有一定滞后表现，不论是师资力量还是教学硬件设施，都跟不上城镇地区小学美术发展的脚步。美术教育是我国农村地区小学一个较大且难以解决的问题。中国传统艺术文化在农村小学的普及程度更是少之又少，农村小学学生对于中国传统艺术文化学习的缺失比较严重。倘若对于传统艺术文化没有足够了解，甚至一无所知，会让孩子对于自己民族无所认知，不了解自己民族的文化，就对本民族生发不起足够的爱意与尊敬。美术教育在这种时刻便身

负重任，蕴含传统艺术文化的美术教育可以让学生了解民族传统艺术文化，学习五千年来本民族的传统智慧结晶，明白本传统审美观念，激发学生珍惜民族艺术、关爱民族文化的热情，培养学生热爱国家、热爱人民的情感。对农村小学的学生而言，教育资源较少、升学压力大等因素是阻碍他们接受艺术教育的原因。农村小学的学生接受美术教育不是为了培养"小画家"，而是提升艺术素养、审美水平，进而提高人文素养与完美的人格。因此，大力发展农村美术教育，在农村小学普及传统艺术文化，建立与传统艺术文化息息相关的美术教育途径，是迫在眉睫的事情。

剪纸艺术是我国的传统民间艺术，历史悠久、底蕴深厚、题材广泛、风格独特，流传千年至今仍有很强的生命力。剪纸的制作方法简单易学，剪纸的制作工具随处可以购买，并且价格便宜，剪纸作品更是朴素漂亮，容易引起学生的学习兴趣。几千年来，中国的民间剪纸在人民群众中流传着、发展着，蕴含着中华民族的精神底蕴，而在现代社会，剪纸已经失去了其原有的社会民俗意义，它的生产和发展变得岌岌可危。因此，让剪纸进入科学课堂不仅是保护民间剪纸的有效措施，更是培养学生民族精神的有效手段。

## 二、剪纸艺术课程的设计应用

### （一）剪纸课程的学习内容设计

#### 1.国家教材中的剪纸内容

国家美术教材中每一册都会涉及剪纸，

从一年级的动物形象撕纸到二年级的对称剪纸，再到高年级团花图案剪纸，从一个简单的小花到一幅自由的窗花作品，再到剪贴拼画，各种各样的剪纸内容都有涉猎。在整个六年小学美术教育中，剪纸内容由浅入深地贯穿其中。学生通过认识剪纸、了解剪纸的趣味性增加学习兴趣，继而通过动手创作了解剪纸的民俗和文化内涵。

**2.学校剪纸兴趣小组的学习内容**

为发展学校特色，发掘学生的艺术潜力，北京市昌平区马池口中心百泉庄小学组建了学生剪纸兴趣小组，整个学期安排每周固定两到三节课外剪纸学习活动。剪纸兴趣小组

的学习时间、学习场所及学生群体较为稳定，因此，相比平时课堂的学习更为系统、深入。针对剪纸兴趣小组的学习，美术老师可制定以下学习内容。

（1）剪纸语言

剪纸语言指剪纸造型艺术的基本构成符号，如月牙形、水滴形、迂回纹、锯齿形等。剪纸作品就是将这些剪纸语言均衡统一在一起，组成一幅完整的作品。在剪纸教学中，剪纸语言是学生必学的剪纸基本知识，也是一切剪纸作品的重要基础。教师需要根据学生的知识背景、年龄状况制定学生应该掌握的剪纸语言和技能目标（见表1）。

表 1 渐进式学习目标

| 分级目标 | 技能目标 |
| --- | --- |
| 一级目标 | 认识剪纸工具、材料的名称，了解性能和使用方法 |
| 二级目标 | 学会基本的剪纸造型方法 |
| 三级目标 | 认识并学会初步使用单色剪纸（对称剪） |
| 四级目标 | 学习二方连续、四方连续、团花图案等剪纸 |
| 五级目标 | 学习多色剪纸（套色剪纸） |
| 六级目标 | 学习剪、折、贴等手工技能的组合能力及合理的剪纸画面安排 |

（2）剪纸观念

剪纸课程的学习并非简单的技能学习。剪纸作品曾经作为一种祭祀求福的工具出现在历史中，而在当今社会，剪纸作品已经丧失了这样的存在意义，很多人不能理解剪纸背后承载的文化内涵，剪纸存在于现代社会的重要性也远不如从前。如果剪纸在现代社会不能引发广大群众的共鸣，那么它的生存与发展会处于忧患之中。所以，现代社会的剪纸教学不能只是简单的技能学习，更重要

的是理解剪纸艺术创作传递的观念、情感和意义，让学生学习中国民间剪纸的审美特点，理解中国劳动人民的审美观，提升学生的审美意识，从而培养他们对劳动人民的理解与热爱。

在剪纸兴趣小组的课程中，教师在传授学生剪纸技法的同时应更注重剪纸观念的传递，包括剪纸造型的作用、文化含义、背景底蕴等。如学习四方连续剪纸及团花图案剪纸时，会涉及门栈、窗花、喜花、顶棚花等

多种剪纸形式，教师在教会学生剪窗花的同时，也要让学生明白贴窗花这种行为背后隐含的人文含义等。在学校的剪纸课程上，小学生们通过动手创作能提高自身的审美情感和审美导向，也能激发学习传统文化的积极性、主动性和创造性。

### （二）剪纸课程的学习方法

在学习剪纸的过程中，恰当的教学方法十分重要，只有根据学生的学习状况、知识背景进行综合分析，制定合理的学习方法，才能事半功倍。农村小学的学生很少接受过系统的剪纸训练，对剪纸语言并不熟悉，因此，针对这样的学生群体，学校美术教师制定了一套循序渐进、由简入繁、全面又有针对性的学习方法。教师可以分散学习难度，

保持学生对剪纸的学习兴趣，一步步培养学生对剪纸文化的热情，从而掌握传统剪纸文化，剪出新作品。

#### 1.剪纸的渐进式学习

渐进式学习方法，即根据学生年龄的不同和能力的不同来决定教学内容的深浅。即使学习同一内容，也需因人而异，教师应考虑到学生的兴趣和实际能力，尊重学生的个体差异，让每个学生的想象力和创造力得到充分和自由的发挥（见图1）。

学校剪纸小组将各年级学生分成一、二年级低年级组，三、四年级中年级组，五、六年级高年级组。学校教师参考某一乡村少年宫剪纸课程计划针对各年级组制定了不同的课程目标（见表2）[①]，各年级组的课程目标相互连贯、由简入繁，一步步紧密联系。

图1　剪纸社团学生进行学习实践

表2　四、五年级学生某学期课程目标安排

| | |
|---|---|
| 总目标 | 1.比较熟练地掌握对折剪，如左右对折剪、上下对折剪、三折剪等，保持剪纸线条的光滑、饱满、有力；<br>2.在欣赏优秀作品及观察图片或实物的基础上，学习自己画样稿，力求形象、比例适当；<br>3.在学习画样稿的基础上大胆想象，能根据主题进行创作剪纸 |

①　乡村少年宫第一学期剪纸课程计划［EB/OL］.（2021-10-22）. https://www.renrendoc.com/paper/156952235.html.

续表

| 阶段目标 | 第一个月 | 1.初步学习平剪技能，能看图剪出物体形状。学习剪刀的使用方法，学会安全使用剪刀；<br>2.初步培养良好的剪纸习惯，保持地面干净，及时收拾剪刀，小心保管作品 |
|---|---|---|
| | 第二个月 | 1.继续练习平剪，注意剪纸线条的光滑、流畅；<br>2.学习自画样稿，鼓励学生大胆画出物体形状，并习得基本剪纸方法；<br>3.初步学习左右对折剪，正确把握半个物体的比例 |
| | 第三个月 | 1.继续练习左右对折剪；<br>2.学习上下对折剪，注意线条饱满有力；<br>3.鼓励学生尝试主题性剪纸和组合剪纸 |
| | 第四个月 | 1.巩固对折剪，学习直线镂空剪；<br>2.学习弧线的镂空剪法，尝试自画样稿 |
| | 第五个月 | 1.学习用剪、粘、套色等多种方法组合剪纸，并能根据主题进行创作剪纸；<br>2.进一步提高剪纸技能，通过各种丰富多彩的剪纸活动，让学生对剪纸产生浓厚的兴趣 |

**2.剪纸与其他学科、生活的融合**

学科之间可以相互渗透和综合，在综合学科的课堂上，学生可以从多元的角度，运用多种能力和方法分析和解决实际问题。例如，在二年级美术课《雪花飘飘》一课中，通过欣赏雪景照片提出三个小问题："你喜欢下雪吗？""下雪的景色是怎样的？""你知道雪是怎样形成的吗？"学生小组交流讨论，而后教师总结，让学生明白一些简单的生活知识、科学现象，如雪花是由空中的水蒸气遇冷凝结在一起形成的冰晶，雪花有两万多种造型及雪为什么看上去是白色的等；然后教师再教学生剪纸雪花的不同方法，包括对称剪、三折剪等，让学生尝试剪出线条花纹的不同变化。当学生打开剪纸得到不同造型的雪花，看到自己手中每个大小不一、花样不同的雪花时，脸上流露出的都是一种真心的快乐、满足。

剪纸课程不仅可以与多学科融合，也可以走出课堂、融入生活，艺术来源于生活，生活也为艺术提供了广阔的土壤。改变学生的学习环境，将课堂延伸到室外，对学生的剪纸学习特别有帮助。百泉庄小学作为一个农村小学具有天然的优势，学校周边就是田野村庄，景色格外吸引人。教师只要带领学生走出教室，来到户外，学生总会欢呼雀跃，这对于学生的剪纸艺术创作既新鲜又充满挑战。学生在户外感受生活、感受自然，创作出的剪纸作品还可以应用于生活中，作为书签、窗花或者其他装饰品等，剪纸原本就是与日常生活紧密结合的一种艺术形式。艺术课程标准也指出："生活是艺术的源泉，学生通过艺术和日常生活的连接，可以丰富自己的艺术体验和感受，提高艺术感知能力，并学会用艺术的眼光观察生活，用艺术化的方式表现生活。"[①]

**3.剪纸与文化情境的融合**

剪纸不是一门独立存在的学科，它与其他学科相互融合，并且有自己赖以生存的独特文化情境。因此，剪纸的学习不能脱离文

---

① 为培养时代新人奠基：教育部印发《义务教育课程方案和课程标准（2022年版）》［EB/OL］.（2022-04-21）. http://www.gov.cn/xinwen/2022-04/21/content_5686531.htm.

化情境而成为一种单纯的技法学习，如果只将其作为一种技术，那剪纸这门民间艺术散发出的真正光芒就会被彻底掩盖。民间剪纸作品中常常表现出劳动人民对幸福、吉祥、如意、虔诚的祈求，对生命繁衍热切的渴望。学校美术课中的剪纸课程要在一定的文化情境中开展，让学生对本民族的传统艺术有真正的了解。比如，山东的剪纸常用葫芦、盖碗、瓷壶等外形作为轮廓，这些轮廓造型都有其深刻的民间含义。葫芦因其藤蔓较长，象征结婚生子，家族绵延不断；盖碗形状更是新婚幸福、子孙繁衍的美好象征。只有让学生了解剪纸形象的文化背景、民俗含义，他们才能真正理解剪纸这门民间艺术。

## 三、剪纸艺术课程的成果展示

通过持续的、有目标的社团训练，各年级学生取得了显著成效，学校举办了艺术节比赛、书画展、现场会等多种活动，为学生们的剪纸作品展示提供了大量机会。并且通过此类展示、展览活动，学生们收获了对剪纸艺术更深厚的情感，增强了自信心，提升了表达能力、交流能力，也拓宽了学生视野，积累了学生们的艺术活动经验（见图2—图5）。

民间剪纸是广大劳动人民创造的艺术，从大量民间剪纸作品中，我们可以看到生活在社会底层的劳动人民的智慧和对美好生活的向往，以及他们乐观积极的精神。学习民间剪纸，不仅可以近距离感受到劳动人民表达的乐观精神，还能够增强学生对劳动人民的热爱，对中华文明的热爱。剪纸可以启迪学生的认知，拓宽学生的眼界，提升学生的美术素养，通过鉴赏、分析、制作剪纸作品，学生可以了解我国传统艺术的精华，感受到中华传统文化的魅力。合理的剪纸课程应该针对小学生的生理、心理特点进行教学，使小学生进行趣味学习，使剪纸艺术在他们心中生根、发芽，让中国传统民间艺术得以流传、发展。

**作者简介：**

蔡红曦，硕士研究生，北京市昌平区马池口中心小学二级教师，担任美术教师。

图2　剪纸社团学生于昌平区士官学校礼堂进行现场艺术展

图3　剪纸社团学生作品入选北师大"高参小"活动书画展

图4　剪纸社团学生作品于昌平区图书馆参加"民族
昌盛　为你而歌"艺术作品展

图5　梁昱祺同学参展作品

# 大美育观下的美术学科领域渗透与融合

张玉举

[摘要]通过美育进行熏陶，以美术教育为抓手，注重学生在生活中的五感并发，实现学生感知美、表达美与创造美的能力。美育与美术教育融合的全新教育思维模式，依据学生对不同实物的敏感度和个人意识倾向，发展学生发散性思维、多元化思维的整合，让当代学生在美育的课堂中能时刻保持兴趣热度，传播正能量，积极对待生活中的美好事物。

[关键词]大美育观　美术学科领域　一体化

美育最大的载体是"人"。"人"是可以思考的，相对于"人"，动物是不会留下痕迹的，而人类文明的发展，从个体到群居经过了漫长昼夜的经验积累，从能相互沟通的语言到记载文字、个体间相互影响从而发展到思想领域等。笔者将"美育"一词进行拆分，理解为"美，即存在与感知""育，即授予与回馈"。"美育"这个文字词组可以视为人的语言表达及思想领域的精神层次，涉及领域广，又包罗万象，有无为万物之母、有为万物之始之所感，可谓玄妙而又存在于生活的细节里。它可以带给人思想上的转变，也可以表现人的心中所感。它的名字来源于18世纪鲍姆加登建立美学体系之后，席勒赋予它"美育"一名，但在此之前，美育便得以实践，如古今中外的礼乐与"六艺"、伊壁鸠鲁的享乐主义、庄周"天地有大美而不言"的精神自由思想、柏拉图思维永恒的哲学思想、亚里士多德的自然哲学及王阳明"时刻保持一颗初心"的心学思想等。美术教育的工作者应博采众长，肩负文学修养，从培养学生的个性出发，"以美育人"。

## 一、美育与美术教育的关系

美育不是美术教育的简称，美育与美术教育是相互融合的关系，美术教育是美育的重要组成部分。时代已经进入质性飞跃的新的发展阶段，在这样的时代背景下，对美术教育进行归集、反思、统一、提高是时代发展的需要。教育工作者应当更加重视学生五大要素的培养，即发散的创意思维、较敏锐的观察能力、良好的表达能力、全面的审美素养和优秀的文化基础。

美育一般通过艺术审美的方式达到教育目的，通过美术对学生进行美育有着得天独厚的条件，就是直观性，包括对自然美的直观、社会美的直观、艺术美的直观。①美育不是独立的科目，它更多的是全方位、多元性、个性与共性并举的思维方式。美术教育可以融合美育，以此令学生获得大脑的感知力、良好的心理素质、创造美的思维能力、生活表现能力等全因素培养。

### （一）画画是人与生俱来的能力

把一张白纸和一支笔给幼小的孩子，他都能拿起笔在白纸上作画。人们不自觉地会在美术作品前发表自己的感想，哪怕是对着抽象画大师的作品，有时也会发出"这画的是啥？三岁小孩都会画！"的感慨。当老师问学生"能不能把早上的太阳画下来"时，可能有不少学生会在纸上画一个圆圈，再在圆圈周边画起光线，也可能有学生在太阳底下画一条横线代表大地，而由中国的象形文字演变而来的"旦"字也表现了这个意思。

### （二）美术是记录美的渠道

关于美术是否是记录美的渠道这一问题，答案是显而易见的。笔者对清华大学李睦的一段话深有感触，"素质教育背景下的学生过硬的'知识化''绝对化'的状态，他们已经是'坚不可摧'。这可不是一种好的意义，他们'太完美'了、'太精致'了。经常会听到学生用绝对的知识去定义和认知。他们会用已知的经验来判断你，会用绝对的知识来衡量实物，看你是不是哪儿错了，在对错的问题上几乎是没有任何还手之力"②。比如，绝大多数的孩子对美术作品的欣赏，是通过对比画得像与不像、真实与不真实来判定好坏。再者，超现实和超写实的作品容易因为文字的捆绑被认为是殊途同归，也会因为商业拍卖的经济价值被判定好坏，此等现象普遍存在。

大多数的艺术创作和艺术作品都是时代的产物，也是各个艺术家精神和智慧的结晶。每个人类个体都有自己"美的细胞"。在笔者8年的美术教育过程中，我总会和学生说"大胆地去表现你的作品"这句话，因为很多学生不能很好地认知自我，持自我怀疑的态度，属于非理智型和无目的性人格。这就像人在幼年时能肆无忌惮地涂鸦，而有了思维能力后，再进行创作时却束手束脚。美术在记录美的同时，作用不在于简单地描摹事物形态，而是认知自我并进行多方面的形式表达。美的思维敏感度，就像我们走在海滩上时虽然闭上了眼睛、关闭了视觉但可以更加清晰地闻到海的味道，感受海风的触摸，听到浪花击石的声音一样。美的表达可以是多种形式的，如提高鉴赏能力、增强颜色的捕捉力，也可以在黑白的意境上以点带面、以线带面、以面留白、以白当黑。在尊重客观规律的基础上，要勇于发挥主观能动性，只有通过这

---

① 参见清华大学李睦教授的线上课程《艺术的启示》，该课程荣获2019年教育部精品课程奖。

② 参见清华大学李睦教授的线上课程《艺术的启示》，该课程荣获2019年教育部精品课程奖。

种方式，知识才能被激活，我们的生命才能发光。

## 二、美术课程如何渗透美育？

美术课程一体化的研究意义重大而深远，要让美术学科渗透美育。认知美育观为思维的教育理念，要遵循学科特点，坚持立德树人，扎根时代生活，塑造美好心灵，塑造美的课堂样态。

从学生层面来看，要让学校生活和家庭的生活教育与学科融合，学生的价值观教育与美的教育相结合。从生活态度、生活技能、生活品位三个方面提升教育生活质量，为未来选择并创造美好生活奠定基础。要让学生对美术的兴趣转变为热爱美术、热爱生活，从个体性转变为个性特长。

从教师层面来看，美育普及的时间是一个轴承，从九年制义务教育拓展到小初高一体化美术学科教育与美育课程融合的建设与实施。教师应从自身出发，营造美的课堂样态、语言形象美、课堂设计美、课堂班级布置美、活动样态设计美，将美带入生活，成为让生活反馈自己美感的教育工作者。

### （一）艺术家精神的认知

在教学中，教师常教授"点""线""面"，使之作为学生绘画技能的起点。王羲之跟随卫夫人学艺时就提到"'点'如高峰坠石"之说，与康定斯基认为的"'点'是一个休止的符号"的语言意义上的隐射有着天然的相似性。

比如在"点"的意义上，教师可以立基于生活，从艺术文化出发。学生的美感习得不能只靠参观美术馆、艺术表演而得到培养，还可以观摩艺术家真实的工作流程，让学生认识艺术作品背后艺术家们孜孜不倦的艺术追求，从而具备对生活的敏锐感觉，迅速地从平凡的生活中发现闪光点，并激发出表达欲望和创作激情。学生要以虔诚的心深入生活、观察生活，并且还要融入生活。艺术家的创作精神不是凭空而来的，需要长期的生活积累、深厚的文化和艺术修为。达·芬奇三个月画鸡蛋是一个"点"，齐白石画虾先入神观看活虾、再聚神入画是一个"点"，印象派画家的探索精神也是"点"，对艺术家精神这些"点"的认知，有利于培养学生的人格魅力。

### （二）美的人格魅力塑造

王羲之跟随卫夫人学艺时就提到"横如千里阵云"之说，在几何学上，"横"可以被认为是"线"，是多个"点"在排列中再组合的运动中产生的，也是由静到动的一步。我们塑造学生的人格魅力，在教学中要充分展示知识本身蕴含的美学物质，教学既是科学又是艺术，教师要通过对教学内容的组合，对教学媒体、语言、仪态、板书、训练等形式的运用，寓美于教学之中，拨动学生情感的心弦，让学生在潜移默化中受到美的感染和熏陶。

## 三、美术课程如何融合美育？

我们可以采用项目制教学，如"非遗"文化传承，要立足于学生生活的地理环境、文化传统、生活环境等。假如教师在厦门教学，那么根据以上认知可以设计"闽南文化-陈嘉庚精神"的项目教学，从三方面入手：首先，在陈嘉庚建筑方面，引领学生探求陈嘉庚建筑风格，设定色彩、素描、速写、摄影等课程，让学生选取其中的能力点来表达；其次，从"陈嘉庚精神"方面设计课程，引领学生了解陈嘉庚的生平[①]，设计剧本编写、表演展示、速写、浮雕、摄影等课程，再进行分组组合共同完成目标，探寻陈嘉庚的生平故事；最后，以陈嘉庚的生平贡献来探寻"陈嘉庚精神"的重点意义，基于以上课程条件开设展示课程，探讨"陈嘉庚精神"的含义和弘扬"陈嘉庚精神"的意义，以此提高学生美的素养，形成高尚的品格。

## 结　语

美术教育应与美的教育相结合。校园生活和家庭生活教育、学生价值观教育、社团的生活、兴趣课程、班级的集体生活等，都能使个体在社会中探寻美。教师应从生活态度、生活技能、生活品位三个方面提升教育生活质量，奠基未来选择和创造美好生活的观点。教师团队应当从自身出发，培养以古今中外圣贤为榜，懂历史、习文学、修哲学、通知识、品德高尚，由美带入生活、生活反馈自己美感的教师团队，达到所谓"上善若水""水善利万物而不争"的境界，馈赠予莘莘学子。

**作者简介：**

张玉举，本科毕业于厦门大学。厦门市美术家协会会员，厦门英才学校美术教育组长，高中美术教师（中学二级教师），主要研究美术专业高考教学。

---

① 陈嘉庚为爱国华侨领袖、企业家、教育家、慈善家和社会活动家。

# 小学生硬笔书法习惯性书写研究

李 伟

[摘要] 近些年书法教育逐渐变成了一个十分受重视的话题，全国的高等书法教育如雨后春笋般蓬勃发展起来。据相关部门统计，全国有170余所大学开设了书法本科专业。这为我国的书法教育事业培养了一大批专业型人才，软笔书法专业正逐渐成为备受社会关注的一门新兴专业。与软笔书法的大热相比，硬笔书法受到的关注度则相对较低，尤其是在基础教育的低学段中，更是很少被人提及和关注。在我国素质教育的体系中，低学段的硬笔书法教育像是一块还未开发过的"自留地"。怎样开发？软件和硬件如何配套？开发标准怎么定位？这一系列的问题都是制约其发展的关键因素，而且低学段硬笔书法教育存在很多亟须解决的问题。本文将从书法的书写习惯这个角度来谈一谈硬笔书法中常见的问题，并根据自身从教经验给出适当的建议，让更多的人关注硬笔书法教育。

[关键词] 习惯性　硬笔书法　小学生　书写现象

## 一、什么是习惯性书写

一个基本的习惯是以一般的感知—运动图式为基础的，而且从儿童主体方面来看，在此图式中，方法和目的之间还没有分化（区别），这种目的的达成仅是引向目的的一系列的必要连续。因此，人们无法区别在动作开始时所追求的目的及从各种可能的图式中选择的方法。而智慧活动则不然，从动作开始时就确定了目的，并寻求适当的方法以达到此目的。这些方法是由儿童已知的图式（或习惯的图式）提供的，但是这些方法也可用来达到另一个目的，而这个目的却来源于其他不同的图式。①因此，根据瑞士心理学家皮亚杰的阐述，清晰且准确地将学习动作培养成

---

① 皮亚杰，英海尔德.儿童心理学 [M].吴福元，译.北京：商务印书馆，1980：9.

一种习惯是十分必要的，科学、有目的性的图式对于儿童的学习和生活是十分有帮助的。

儿童在硬笔书法的学习过程中经常会有与自己日常生活习惯相悖的一些行为。这种日常化的动作习惯十分具有代入感，像歪头、弯腰、驼背、跷二郎腿等动作，会潜移默化地融入学生的学习生活中，久而久之就慢慢形成了习惯化的动作，即习惯性书写。学生在低年级处于行为规范养成期，对一些新习得的动作，他们会与原来的日常生活习惯动作相结合，如果早期的家校对学生的规范动作监督不到位，很可能让学生的错误动作成为一种习惯，这种习惯对早期的学生影响是巨大的。以硬笔书法为例，学生在日常书写时就会遇到形形色色的习惯性问题，且不在少数。我们接下来讨论的就是在这种习惯的影响下，学生真实的书写现状有多少现象值得我们去反思和关注。

## 二、小学生硬笔书法教育中的习惯性现象

### （一）习惯性姿势

在硬笔书法的学习中，坐姿的训练至关重要，这亦是硬笔书法的基本功范围之内的内容。"腰直、肩平、头正、足安、双脚自然与肩同宽"，这一套看似简单的基本动作对于低年级的儿童而言，也并非一件简单的事。幼儿期儿童（即将入学的儿童）大多数处在一种无规则的"自由"状态下，如果突然进入端端正正的书写状态，难免会有一定的不适感，书写时相应的规则就会束缚他们

自由无拘束的天性，使儿童感到厌烦，进而生活中自由无拘束的习惯性动作就会逐渐显现出来，弯腰、驼背、歪头、跷二郎腿等动作纷至沓来。这种不良习惯性的坐姿在短时间内不会对儿童有太大影响，但是如果养成书写坐姿的习惯性动作，后果则不堪设想。坐姿长时间的扭曲不仅对书写没有半点帮助，而且错误的书写坐姿对于儿童身体发育的伤害也是极大的。在当今小学生身体素质调查中，近视、脊柱弯曲、驼背等问题屡见不鲜，并且呈现逐年增加的趋势。反观学生书写时的坐姿，产生这种现象也并非偶然。

如果以书写的姿势来评判动作的对错，那么握笔姿势也是免不了要讨论的话题。握笔姿势的对错并没有像坐姿那样影响巨大，至少在生理上不会造成学生弯腰、驼背、脊柱弯曲等问题，但是如果从书写的角度看握笔姿势，这一技能动作则是书写时的关键步骤。正确的握笔姿势是依据人的手指关节制定的，这合乎科学的规律，这种动作更有利于学生流畅、便捷地进行书写。无独有偶，对儿童而言，一项动作技能的习得需要在教师和家长的指导下才能更好地完成。如果儿童在早期书写时养成一些非常规性的握笔姿势，而且家长和老师没有及时干预，这种习惯一旦在儿童书写行为上形成固化，后期的改正就会变得十分困难。以某学校的六年级学生为例，在日常书写观察中，握笔姿势的正确率不到30%，具体的错误可以分为以下三类：①握拳式执笔，虎口位置紧闭，手指完全使不上力量，如图1、图2所示。这种执笔方式手掌位置是紧

闭的，手指不能灵活地带动书写动作，只能依靠手腕来完成，长时间书写疲劳感明显。②垂直式执笔，签字笔、铅笔笔尖垂直于纸面，如图3、图4所示。这样执笔时纸面和笔尖往往会发生垂直方向的摩擦，用圆珠笔时摩擦感不明显，但用铅笔和钢笔时摩擦力增大，极易发生纸被笔戳破的现象。而且手指和手腕处于一种紧张的状态，笔杆垂直于纸面，运笔的力量全部集中在手指上，这种执笔方式加大了手指对笔的负荷，长时间执笔后手指的酸胀感明显。③指尖穿插式执笔，如图5所示，这种穿插式执笔是极不具

备美感的，而且手指和手腕的运用也是极不和谐的。

因此，良好的习惯性书写动作（坐姿、握笔姿势）是儿童在早期学习过程中在教师和家长的指导下，经过高强度和重复的练习习得的一些习惯性技能。这种合乎科学规律和身体结构的姿势既利于少年儿童长时间的书写，也符合其身体成长需要。相反，非常规习惯性的坐姿和握笔姿势，给少年儿童带来的影响则是巨大的。书写的文字是否漂亮姑且先放一边，仅视力的降低和脊柱的弯曲就是一个沉重的代价。

图1 握拳式执笔俯视图

图2 握拳式执笔侧视图

图3 垂直式执笔侧视图

图4 垂直式执笔俯视图

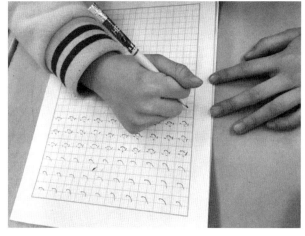

（a）　　　　　　　　　　　（b）

图5　指尖穿插式执笔

### （二）基本笔画习惯性误读

谈到硬笔书法的基本笔画问题，横、竖、撇、捺、点、提、斜钩、竖弯钩等一系列的基本笔画就会跃然于脑海中。早在魏晋南北朝时期，卫夫人就有《笔阵图》一文问世，其中有对基本笔画的详细描述：

一［横］如千里阵云，隐隐然其实有形。

、［点］如高峰坠石，磕磕然实如崩也。

丿［撇］陆断犀象。

乙［折］百钧弩发。

丨［竖］万岁枯藤。

乀［捺］崩浪雷奔。①

这是早在魏晋南北朝时期古人对书法基本笔画十分形象的描述。这些经典的书法理论对于早期的书法学习有着至关重要的作用。

在当今社会，儿童对基本笔画的概念理解主要集中在小学的一、二、三年级阶段。因此，在一、二、三年级阶段中，教师的讲授、家长的监督和学生的巩固练习是至关重要的。一旦学生对基本笔画的理解出现问题且长时间得不到纠正，书写习惯性错误就会出现。如图6所示，这是小学六年级学生的作业情况，从笔迹中不难看出，这位同学对硬笔书法基本笔画的概念十分模糊。横画基本上没有起收笔的概念，捺画也没有平展动作的捺角，横折转折处也没有方折，直接画一个弧形带过，这一系列的动作都反映出该学生对基本笔画认识的欠缺（可与图7经过书法培训的作业进行对比）。长时间对基本笔画写法的误读，就会导致这种误读成为一种习惯化的动作。从实际情况来看，即使学生在临写的状态下，他们对基本笔画进行表述时也是极其模糊的。对于基本笔画的误读还表现在对书写过程的省略，如图8所示，横折的写法本是转折处有停顿、方折的处理方式，但是

---

① 上海书画出版社，华东师范大学古籍整理研究室.历代书法论文选：笔阵图［M］.上海：上海书画出版社，1979：22.

在现实中书写时往往直接画个半圆一笔带过，这种省略书写过程的处理方式时常发生，一旦这种省略过程的习惯养成，书写的意味就会大打折扣。相反，经过书法培训的学生情况就不一样了，如图7所示，这位学生从小学习软笔书法颜真卿《勤礼碑》。图9中，两位同学也是从小练习软笔书法。这几位同学在硬笔方面对书法的基本笔画已经有了一定了解，横画和竖画的起笔、收笔动作都十分明显，笔画之间的呼应关系强烈，结构处理恰当。可以看出，经过规范训练的学生笔迹更具书写感，卷面更为可观。

## （三）基本笔顺的习惯性误读

笔顺对于书法来说是至关重要的。古往今来，诸多名人书家都十分重视书写的笔顺。汉代书家蔡邕在《九势》中就指出，"夫书肇于自然，自然既立，阴阳生焉；阴阳既生，形势出矣。藏头护尾，力在其中，下笔用力，肌肤之丽。故曰：势来不可止，势去不可遏，惟笔软则奇怪生焉"①。这种"势"的存在是一种动态，可以理解为内部笔画之间潜蕴流淌的一种力量。虽然蔡邕提到的"势"指的是软笔书法，但时至今日，硬笔书法亦更需要这种"势"，而这种"势"往往存在于笔画与笔画之间的连带之中。比如，"光"字的

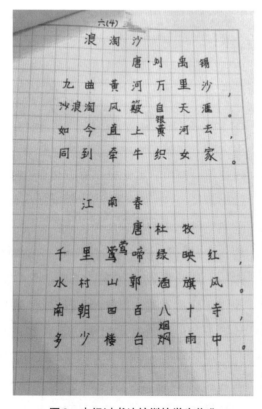

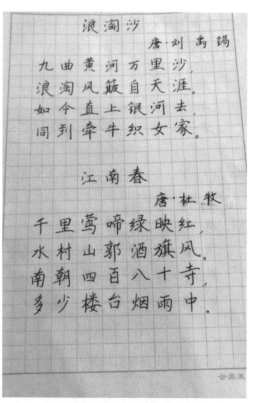

图6　未经过书法培训的学生作业　　　　图7　经过书法培训的学生作业

---

① 上海书画出版社，华东师范大学古籍整理研究室.历代书法论文选：九势［M］.上海：上海书画出版社，1979：6.

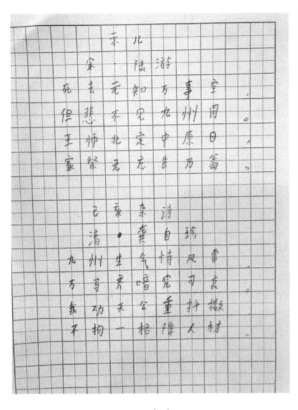

（a）

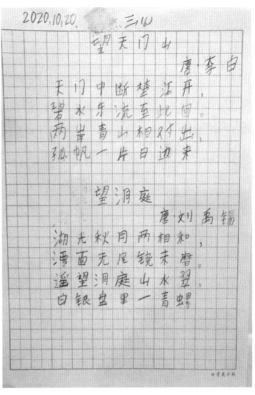

（b）

图8　书法过程的省略

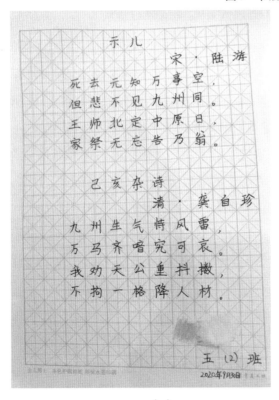

（a）

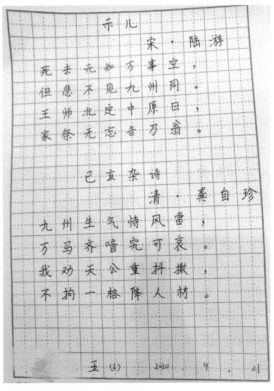

（b）

图9　学习过书法的学生作业

写法，其基本笔顺是：竖、左点、右点、横、撇、竖弯钩，笔画之间的顾盼呼应就应运而生，顺势而为的书写就变得十分合理。相反，如果在早期书写过程中没有正确认识到笔顺的重要性，书写的质量和速度就会大打折扣。举一个发生在我身边的例子，一个初中生的家长找到我，咨询孩子学习书法的问题，我问家长的基本诉求是什么。家长说："孩子书写速度太慢，我们家长每天陪他写完作业都将近晚上11点了，想提高一下孩子的书写速度。"于是我随机给孩子布置了一个作业：写一个"疾"字。只见这孩子拿起笔，一笔一画地写了起来，点、提、点、横、撇、撇、横、横、撇、点，这个学生和家长都浑然不知是笔顺出现了问题才导致的这种结果。一个字笔顺的错误，可能导致笔势的断开，书写速度就会放缓。一个字如此，那100个字、1000个字呢？长此以往，书写速度变慢就成了顺理成章的事。如果学生早期对笔顺的认识不足，学校对学生笔顺教育又跟不上，家长对孩子的书写监管不到位，学生就会养成不正确的笔顺习惯。这种书写习惯逐渐会被孩子理解成正确的方式，久而久之，学生的书写美观度会受到影响，同时书写速度也会大大减缓，对孩子的影响可见一斑。

**（四）硬笔书法结构的习惯性误读**

在硬笔书法中，最重要的两个方面便是基本笔画的用笔和结构。结构在硬笔书法中是至关重要的一个方面，单纯从硬笔书法的角度去分析，端正和协调是硬笔书法的一个

普遍标准。可以参考《义务教育语文课程标准（2011年版）》规范汉字的要求和标准，首先，内部空间要比例匀称；其次，楷书的外部体势参差错落；最后，章法变化统一。但如何将一个字写得端正、协调，就需要专业书法教师进行系统讲授。小学生的心理和认知都处在模仿阶段，根据菲茨和波斯纳的三阶段模型，将动作技能的形成过程分为认知阶段、联系阶段和自动化阶段。认知阶段也称为知觉阶段。这一阶段主要是理解学习任务，并形成目标意象和目标期望。掌握一种技能，首先要学习与它有关的知识，了解完成这种技能动作的基本要求，在头脑中形成这种技能的一般的、粗略的表象。学习者要将组成某种动作技能的活动方式反映到头脑中而形成动作映象，并对自己的任务水平进行估计，明确自己能够做得如何，这就是认知阶段。[①] 小学生在这个年龄段对书法结构的理解还处在混沌状态。例如，在讲授三点水的基本写法时，常规的三点水的排列方式有两种，一是直线式排列，二是弧形排列。然而在低学段的学生中，三点水错综排列的现象就十分常见，无规则的三点水书写方式掺杂着随意的书写习惯。三点水中提画为什么会是这种姿态？提画为什么会提向那个方向？学生们都浑然不知，只是照葫芦画瓢，仅仅停留在简单的模仿阶段。机械式模仿和死记硬背会使学生对书法结构的认识停留在表面，一旦遇到生僻字和不常用的字，结构的问题马上就显现了。因此，专业系统的书法结构讲解对于小学阶段的学生来说至关重要。

---

① 张红梅，朱丹.小学教育心理学［M］.北京：北京师范大学出版社，2013：164.

### （五）教育理念的习惯性扭曲

数字时代和人工智能的来临使得手机、电脑已经基本取代了人工手写。随着人工智能技术的快速发展，人工书写、人工手写逐渐被边缘化，提笔忘字的现象在现实生活中屡见不鲜。加上学校和家长对硬笔书法教育的不重视，硬笔书写的空间一度被压缩。我们先来看一组数据（见表1、表2）。

表1　2018级学生书法培训情况调查表
——北京市海淀区某小学三年级

| 三年级 | 班级人数 | 有硬笔书法培训经历人数 | 有硬笔书法培训经历人数占比 | 有软笔书法培训经历人数 | 有软笔书法培训经历人数占比 |
|---|---|---|---|---|---|
| 一班 | 43 | 12 | 27.91% | 5 | 11.63% |
| 二班 | 43 | 7 | 16.28% | 8 | 18.60% |
| 三班 | 44 | 12 | 27.27% | 7 | 15.91% |
| 四班 | 42 | 13 | 30.95% | 9 | 21.43% |
| 五班 | 42 | 11 | 26.19% | 7 | 16.67% |
| 六班 | 43 | 11 | 25.58% | 8 | 18.60% |
| 七班 | 43 | 11 | 25.58% | 3 | 6.98% |
| 总计 | 300 | 77 | 25.67% | 47 | 15.67% |

表2　2015级学生书法培训情况调查表
——北京市海淀区某小学六年级

| 六年级 | 班级人数 | 有硬笔书法培训经历人数 | 有硬笔书法培训经历人数占比 | 有软笔书法培训经历人数 | 有软笔书法培训经历人数占比 |
|---|---|---|---|---|---|
| 一班 | 35 | 3 | 8.57% | 7 | 20.00% |
| 二班 | 35 | 6 | 17.14% | 5 | 14.29% |
| 三班 | 37 | 9 | 24.32% | 8 | 21.62% |
| 四班 | 35 | 6 | 17.14% | 8 | 22.86% |
| 五班 | 36 | 3 | 8.33% | 4 | 11.11% |
| 六班 | 35 | 7 | 20.00% | 3 | 8.57% |
| 七班 | 36 | 3 | 8.33% | 6 | 16.67% |
| 总计 | 249 | 37 | 14.86% | 41 | 16.47% |

在北京市海淀区某学校三年级和六年级的学生中，以上为接受超过两个月（10次课）以上的硬笔书法、软笔书法教育的一组分析数据，三年级的学生中参加硬笔书法培训人数最多的班级为13人，占本班人数的30.95%，人数最少的班级为7人，占本班人数的16.28%。从整个三年级的整体人数来看，受访的三年级学生共300人，七个班级参加校外硬笔书法培训的人数为77人，所占比例为25.67%。三年级软笔书法的情况也不是很乐观，受访300个学生，七个班级中参加软笔书法培训人数最多的班级为9人，人数最少的班级为3人。三年级300个学生中参加过软笔书法培训的为47人，所占比例仅为15.67%。

从受访数据来看，硬笔书法、软笔书法教育在低学段的学生中受重视的程度不高，这种未受重视的重要原因并非来自学生，而是来自家长。家长不重视硬笔书法，一是书法与考试无关，二是还存在一种忽视的心理，

大多数家长和学生认为硬笔书法与语文、数学、英语相比，谁都可以教，而且门槛极低，"一教就能会"。实际上，一旦学生上了四年级，硬笔书法的坐姿和握笔姿势，以及用笔和结构都养成了一定习惯，书写时习惯性的定式已经深深地印在了脑子里。一旦发现存在问题，再要寻求改正时就会变得十分困难，因为习惯不是一天养成的，改正一些不好的习惯也是需要一些时日的，正所谓"冰冻三尺，非一日之寒"。与之相反的一个学科——英语，情况就相对乐观。表3、表4为北京市海淀区某学校三年级和六年级参加校外英语培训的调查表，在两个年级中，有三个班级的学生都参加了英语的课外培训和辅导，参加人数最少的班级也有90.70%，最高的班级已经达到了英语培训的全覆盖。从数据可见家长对英语的重视程度之高。整个社会对于需要考试、考核的科目都极为重视，语文、数学、英语是家长为孩子所报培训科目的首选。

表3　2018级学生英语培训情况调查表
——北京市海淀区某小学三年级

| 三年级 | 人数 | 英语培训经历人数 | 英语培训经历人数占比 |
| --- | --- | --- | --- |
| 一班 | 43 | 41 | 95.35% |
| 二班 | 43 | 40 | 93.02% |
| 三班 | 44 | 44 | 100.00% |
| 四班 | 42 | 40 | 95.24% |
| 五班 | 42 | 41 | 97.62% |
| 六班 | 43 | 39 | 90.70% |
| 七班 | 43 | 39 | 90.70% |
| 总计 | 300 | 284 | 94.67% |

表4　2015级学生英语培训情况调查表
——北京市海淀区某小学六年级

| 六年级 | 人数 | 英语培训经历人数 | 英语培训经历人数占比 |
|---|---|---|---|
| 一班 | 35 | 35 | 100.00% |
| 二班 | 35 | 32 | 91.43% |
| 三班 | 37 | 35 | 94.59% |
| 四班 | 35 | 34 | 97.14% |
| 五班 | 36 | 35 | 97.22% |
| 六班 | 35 | 35 | 100.00% |
| 七班 | 36 | 34 | 94.44% |
| 总计 | 249 | 240 | 96.39% |

大多数家长受到考核、考试的影响，为孩子首选语文、数学、英语作为培训科目。硬笔书法往往是被忽视的科目，但是任何科目的考试、考核都要通过笔落实到纸面上，而所依托的呈现方式正是书写，这点往往被家长忽略。

根据菲茨和波斯纳的动作技能三阶段模型，我们发现，在认知阶段中，动作映象的形成十分重要。正确的动作映象能帮助学习者有效地掌握某种动作技能，反之，错误的动作映象会使技能学习出现偏差。一般来说，目标期望明确的学习，比目标期望模糊的学习更有效。①因此科学规范的硬笔书法训练能使学生在书写过程中目标更为清晰，坐姿和握笔姿势更为舒适和顺畅，尤其是对于笔画和结构的认识，学生的目标期望越明确，学习的效果就越优异。

把书法教育仅仅看作一种专家教育，虽然对于培养少数高级专家学者有极大好处，但对普及的忽视又会使它缺乏广泛而坚实的基础。艺术教育成了宝塔式的贵族教育，缺乏全民性，这当然也不是理想的书法教育所愿意接受的现状。而通过教育过程中对各个逻辑程序的规定，在学习书法专业知识的同时，把对知识的掌握变成对能力的掌握，却是任何一个受教育者的愿望，因为他不但可以学到书法，这个过程还有助于他本身的生活和工作。这样的书法教育令人向往。②2011年教育部印发了《关于中小学开展书法教育的意见》（简称《意见》），《意见》指出，中小学校主要通过有关课程及活动开展书法教育。在义务教育阶段的语文课程中，要按照课程标准要求开展书法教育，其中，小学三至六年级每周安排一课时用于毛笔字学习。普通高中可开设书法选修课。这一系列的举措都将推动书法教育稳步向前发展，普惠式的书法教育将会使更多的学生感受到书法的诸多益处。与此同时，书法学科也面临着前所未有的考验。

---

① 张红梅，朱丹.小学教育心理学［M］.北京：北京师范大学出版社，2013：165.
② 陈振濂.书法教育学［M］.上海：上海书画出版社，2018：34.

## 三、在硬笔书法教育环境下我们应该如何应对

通过长时间的了解和观察，小学硬笔书法教育中出现了很多值得我们反思的问题，其中一部分来自家校的习惯养成问题，另一部分来自外部教育环境和方针政策。如何改变小学硬笔书法的教育环境是全社会合力才能解决的。如果我们教育工作者能从以下几个方面入手，对于相对薄弱的低学段硬笔书法教育来说将是一剂良药。

一是硬笔书法教育尽早走进学校课堂，从低学段就开始对学生进行规范化的训练，并且形成常态化机制。各个学校应该引起足够的重视，在低学段把规范化书写提升到与语文同等重要的位置，硬笔书法教育越早进入课堂，便越有利于学生养成良好的书写习惯。

二是规范硬笔书法教材。各级教育部门应该积极评估出适合学生书写的硬笔书法教材，组织相关教育部门专家和出版社制定符合各学段学生的内容，涉及硬笔书法的坐姿、握笔姿势、用笔、结构、章法等。教材要对各个学段具有普适性，硬笔教材内容要尽量做到与语文教材内容协调发展。

三是各级教育部门、学校重视学生硬笔书法教育。学校应配备专业的书法教师，即使是语文教师讲书法，也必须经过专业的培训，做到对学生硬笔书法的讲授既专业又有针对性，尤其应该向低学段学生倾斜，保证学生在习惯养成的重要阶段能得到规范有益的书法教育。

四是各级教委教育部门、学校适当制定一系列硬笔书法评价体系。可以先从学校、年级、班级的考评开始，一旦评价体系出台，就会引起教师、家长和学生的重视，这对于硬笔书法教育的开展是十分有帮助的，并且最终的受益者是每一个学生。

五是软笔书法进课堂对硬笔书法的练习有诸多益处，是一种正相关的关系。首先，软笔书法学习时的坐姿对硬笔书法学习的坐姿有一定的帮助。其次，软笔书法书写时凝神静气的状态对硬笔书法学习也有帮助，可以让学生平心静气地写每一个字、每一个笔画。再次，软笔中的起笔、行笔、收笔的动作对学生增强书写感是十分有帮助的。

## 结　语

素质教育中低学段硬笔书法教育作为一块还待开发的"自留地"，需要更多的关注和重视，尤其在小学生行为习惯养成阶段。这个阶段是儿童行为习惯养成的关键时期，这一时期的行为习惯有时会直接影响孩子未来的发展，因此科学的良好习惯是十分有益于学生的。一个习惯是通过重复获得的一套自动的、无意识的思想、行为或者动作。习惯是指你做了太多次的事情，以至于你的身体比你的大脑更知道如何去做，而这些问题来自大脑的脑回路与记忆，而这些记忆和一定时间、一定地点的人和事联系在一起。记忆中的行为，熟悉的情绪反应，无意识的习惯，本能的态度、信念和观念，这一系列的反应有时会误导我们向错误的方向发展。因

此，早期正确的行为习惯对我们的影响是至关重要的，我们应该对早期的行为习惯加以规范，让正确的行为习惯贯彻始终。

作者简介：

李伟，北京师范大学书法专业硕士研究生，北京市海淀区花园村第二小学教师。

# 北京史家胡同小学影视教育实践探索

张立新

[摘要] 影视艺术是涵盖了文学、音乐、舞蹈、美术、戏剧、摄影、动画、科技、雕塑、建筑等多学科的综合艺术体，是现代科技与多种艺术融合的综合体。在中小学开设影视教育课不仅可以提升学生的艺术素养，而且对于提高学生的思想道德水平、落实党的教育方针、全面提升学生的综合素质具有重要的意义。本文结合几年来在一线的教学实践，给出一些在小学进行影视教育的方式和方法，供读者参考。

[关键词] 中小学艺术　素质教育　影视教育

2018年11月，教育部、中宣部联合印发了《关于加强中小学影视教育的指导意见》。文中指出力争用3到5年时间，全国中小学影视教育基本普及，形式多样、资源丰富、常态开展的中小学影视教育工作机制基本建立，中小学生影视教育活动实践得到切实落实，适合中小学生观看的优秀影片得到充分保障，学校、青少年校外活动场所和社会观影资源得到有效利用，形成中小学影视教育的浓厚氛围。

基于以上文件，我校除了有序为学生开展各种观影活动外，将影视教育正式纳入课表内，学生进入六年级后会有每周一节的影视教育必修课。以下将我校近三年来进行影视教育的一些做法与经验与大家分享。

## 一、多种形式的观影活动

优秀的电影是人类文明和智慧的结晶，电影是孩子们最喜爱且乐于接受的一种艺术形式，电影的魅力在于集形、声、光、色为一体，从多方面刺激学生的感官，增强其注意力与求知欲，有利于提高学生的积极性与主动性。电影以其特定的故事情节和精心制作的效果能引起学生的兴趣，为学生提供了广阔的想象空间和创作园地。这对于培养学生树立正确的世界观、人生观、价值观及形成良好的道德情操有积极的作用。

由于影视教育课程的课时有限，每节课的时间只有40分钟，因此在具体操作上为学生放映影片也采取了较为灵活的形式。

### 1. 以年级为单位的集体观影形式

集中观影指的是让多个班级的学生集中到礼堂观看电影，这种观影方式更像是在电影院中观影，学生可以在空间沉浸的方式下从视觉和听觉上全方位感受电影的魅力，并且可以在伙伴们的陪同下获得"场"效应。

自此种形式开展以来，我们陆续组织学生们观看了《旋风女队》《我的九月》《上甘岭》等影片，并在观影后安排学生们与相关人员座谈，使学生对影片有更深入的认识。如在放映电影《上甘岭》时，我们就邀请到了一位参加过抗美援朝的老兵和学生们进行面对面的交流。这位老爷爷给孩子们讲述了更多电影背后的真实故事，使学生们对那段历史有了更加深入的了解。

由于受到时间、场地等因素的限制，集中观影这种大型的活动方式不可能经常采用，所以我们会精心设计，配合学校的整体工作有计划地开展。

### 2. 以班级为单位的观影形式

相对于以年级为单位的集中观影形式，以班级为单位的观影形式比较容易开展。由于每节课的课时为40分钟，我们在影视教育课堂上会为学生甄选一些优秀电影的片段，并结合学校的德育工作开展观影活动。

如在五四青年节前夕，我们为学生播放影片《建党伟业》中关于五四运动的内容，在国庆前夕为学生播放《建国大业》《决胜时刻》等影片的片段。这样的方式既可以避免影片中一些过于暴力的画面给学生心灵造成负面影响（如电影《建军大业》开篇表现蒋介石发动的"四一二"反革命政变过于血腥的场面），又可以让学生们通过观看电影的方式直观生动地学习党史。

## 二、利用多种渠道实施影视教育

### 1. 疫情期间的"和谐课堂"将影视教育推向集团的全年级

2020年春节前后，突如其来的新冠肺炎疫情打乱了人们的生活节奏，面对学生不能如期到校上课的情况，我校采取"在线课程超市"的方法让学生通过网络主动学习。学校将影视教育课程作为学生的必修课纳入"和谐课堂"中，通过网络对学生进行教学。"和谐课堂"的影视教育课程不再是单独面向史家胡同小学本部的六年级，而是面向史家教育集团一到六年级的几千名学生，结合集团的育人目标和当时的实际情况，我们以推荐优秀爱国主义影片为课程的主要内容。如第一阶段为学生推荐的《小兵张嘎》《林则徐》《雷锋》《三毛流浪记》等影片，让学生感受祖国的强大和今天幸福生活的来之不易，同时配以孩子们喜欢的优秀动画片，让学生领悟到成长的意义。

通过每周一的影片推介向学生分享一部优秀的影片，引导学生像阅读研习经典好书一样认真"品读"优秀影片，并透过故事体会内在精神；深度挖掘富有历史性、思想性、艺术性的情节内容，激发学生对党、国家和人民的热爱，坚定理想信念。

从学生观看影片后的反馈情况来看，同学们非常喜欢这种形式的课程，通过观看影片学生不仅丰富了疫情期间在家中的文化生活，而且开阔了视野、增长了见识，同时促进了学生的身心健康和全面发展，满足了学生们身心发展需求，也提升了学生的审美及人文素养。

史家胡同小学六年级四班的敖心悦同学在观看了电影《林则徐》后在班级社区群中分享了自己的感受："影片中的英雄人物将激励千千万万的青少年，为振兴和捍卫中华民族而献身！作为一名小学生，我们应该积极配合学校的安排，在非常假期中积极参与各种课程的学习，为武汉加油！为中国加油！"

### 2.充分发挥学校电视台的作用

为了能继续向全校同学介绍优秀的影视作品，发挥优秀影视作品的育人功能，我们通过录制微课的方式将优秀的影片制作成15分钟内的短视频，然后通过学校电视台向全体学生播放。

在此工作中，我们还开创性地让六年级同学介绍电影，谈自己的感受。介绍电影的同学通过这个过程提升了自己对影片的认识，锻炼了自己的表达能力；同时，通过同学介绍电影的形式拉近了电影与观影同学的距离，收到了良好的效果，很多同学纷纷表示要把自己认为好的电影介绍给大家。

## 三、通过拍摄微电影、短视频培养学生综合素质

### 1.通过影视教育活动培养学生关心生活、关注社会

除了看电影、评电影之外，在影视课上最重要的是教学生如何拍摄微电影。拍好微电影的第一步是选好材，教师在课上强调，电影的选材一定要从观察生活、关注社会问题开始。

秦同学是个独生子，有一次，他在课间听到同学谈论起弟弟妹妹，平时很少关注这个话题的他发现班里好几位同学家中都有"二娃"。爸爸妈妈因为重视第二个孩子，有时候会忽略大孩子的感受，于是他和拍摄团队决定拍一部反映"二娃"题材的短片。经过四五次讨论和修改，微电影的剧本终于写出来了，学生们将其定名为《二娃时代》。

虽然是第一次当导演，但秦同学在开拍后并没有怯场。在正式开拍前，他先给大家讲解了拍摄的场景、内容、分工和要求。不过，拍戏并不像大家想象的那么顺利，演员的表情不到位要重拍，椅子挡住了人物要重拍……还有，两岁的小妹妹和女主演也不认识，在拍摄时还会哭闹，这些都给拍摄增加了难度。于是孩子们先陪小妹妹读书、玩玩具，和她建立起感情，之后拍摄就顺利了很多。

就这样，同学们终于共同完成了电影处女作——《二娃时代》。教师看到了学生在拍摄影片过程中的成长，特意将微电影《二娃时代》推荐给了中央电视台少儿频道《看我72变》节目。编导们觉得孩子们的这个创意非常好，于是邀请学生们参加了《看我72变》节目录制，学生们还拿到了周冠军的好成绩。2019年11月22日，这一期节目在央视少儿频道正式播出。

### 2.依托实践手段，促进学生综合素质提升

在影视教育实践中，学习并不是教师把知识简单地传递给学生，而是学生自己构建

知识的过程。影视教育引导学生积极参与、主动探索，鼓励学生成为发现者、探索者、创造者。学生通过教师的讲解、引导大胆尝试剧本创作、新闻播音、主持、摄影、采访与写作，从中发现问题、分析问题、解决问题，综合素质得到了提升。

校园里每天都有很多新闻事件发生，以学生的视角去观察会有很多不同的故事。观察的过程也是发现美、寻找美的过程，学生也会在此过程中提升审美水准，培养正确的人生观、价值观，通过影视将这种正能量传递下去。校园影视的取材多样，学生心目中的好教师、艺术展演、素质拓展活动、演讲比赛、好书推荐、课本剧等都能展现校园的风采，记录美好的瞬间。

2020年9月，我接到组织学生参加东城区戏剧建设促进委员会主办的"我演我自己，我们在一起"的戏剧展演活动任务。由于还处于疫情期间，不能组织学生跨班合练，于是，我将尹柏宜同学的微电影剧本改编成了短剧《梦想》，这部剧讲述身为班长的叶婉为追求舞蹈梦想不懈努力的故事。我克服困难，组织六年级八班全体同学共同排练，集体上场。同学们以不俗的实力和精彩的表演赢得了现场观众、评委的频频笑声和一波又一波的掌声，演出后三位评委给予了高度的赞扬。这部励志短剧最终荣获三等奖的好成绩，饰演张帅的张泓钊同学还赢得了最佳演员奖。

六年级七班的杜同学是个女生，她对课堂上学习的长镜头影片非常感兴趣，于是她在班里策划拍摄了一部长镜头影片《课间十分钟》。这个剧本讲述的是课间十分钟内发生的事情，她在日记中写道："我发现，要

拍好一个长镜头，真的没有我想象的那么简单，既要告诉演员们怎么走路线，又要和摄像一起讨论如何才能把景别运用好，拍到想要的视角。一次不行，我们就拍第二次、第三次……慢慢地，我们终于摸索出了一些经验，拍起来也就得心应手了。第一次当导演，我既兴奋又紧张。我们就要小学毕业了，在张老师的指导和同学们的鼓励下，我一定会努力，尽职尽责，把我的工作做好。我希望把我们拍摄的影片作为礼物，献给我们的史家小学，纪念我们难忘的小学时光！"

2019年10月，我校六年级关同学作为北京市少先队员代表参加了天安门国庆节的群众游行，学校合唱团的数十名同学也参加了当天晚上的群众联欢活动。结合六年级第一阶段剧本创作的作业，六年级四班的沈同学创作了微电影剧本《为祖国歌唱》，教师看到剧本后认为这个题材非常好，于是组织同学们将这一剧本拍成了微电影。由于影片反映的是孩子们真实的生活，所选的小演员也是参加国庆活动的亲身经历者，所以表演非常真实感人。这部短片入围2020年"华语小戏骨"作品评审，孩子们受邀参加了在合肥举办的颁奖仪式，此片最终获得最佳故事片奖。

**3. 充分利用短视频，配合家校共育工作**

2021年，为了迎接建党100周年，我校影视教育课程开展了"跟着电影学党史，心里有话对党说"短视频拍摄活动，鼓励学生拿起自己的手机拍摄周围的共产党员，提高学生对党的认识，培养学生对党的感情。

六年级八班一名李同学在学校的表现不是很好，上课时经常和同学发生冲突。他的父亲是某医院的护士长，平时工作繁忙，对

其在教育上较为简单粗暴，父子两人有较大的隔阂。当张老师了解到他的父亲参加了2020年援鄂的抗疫活动后，就萌发了让李同学采访他的爸爸完成一个短视频的想法。

在李同学母亲的帮助下，李同学完成了短视频的拍摄。当同学们在课堂上看到李同学拍摄的短视频后，对李同学的父亲由衷产生了崇敬之情，李同学也因此非常骄傲，他了解到爸爸的工作是多么崇高，和爸爸的关系也得到了改善，李同学在课上的表现也好了起来。

此后在班主任的配合下，班里的很多同学都采访了自己的爸爸妈妈，并拍摄了短视频在班级微信群中播放。此项活动不但加深了孩子对父母的了解，培养了亲情，培养了学生们拍摄剪辑的能力，同时让孩子们受到了教育。

**作者简介：**

张立新，北京市史家教育集团高级教师，中国儿童少年电影学会理事，北京市信息技术学科骨干老师。"十二五"规划期间任全国教育信息技术研究"十二五"规划重大课题"中小学动漫课程实验研究"专家组成员，"十三五"规划期间任北京市规划办2019年度课题"小学影视教育实践研究"主持人。主要研究方向为中小学教育、影视制作、动画制作。教授课程为小学影视教育。辅导学生创作的微电影、定格动画等多部数字媒体作品多次在全国及市级各类大赛中获奖。代表作为《梦想从这里起航——小学信息技术与创意媒体课程的实践和探索》《跟我学动画：中小学三维篇》《学拍微电影——视频的拍摄与编辑》等。

# 论跨学科视域下历史题材戏剧作品的教育意义

王赀兮

[摘要] 本文以《我们的荆轲》、《十五贯》和《乐羊啜羹》等历史题材戏剧、戏曲为例，结合戏剧理论，从了解时代背景、增加历史知识，化身角色、探索历史和以史为鉴、反思当下等三个方面入手，分析跨学科视域下历史题材戏剧作品的教育意义。

[关键词] 戏剧教育　历史剧　跨学科视域

作为一种舞台综合艺术，戏剧集语言、肢体、美术、音乐、文学于一体，其教育意义历来为中外教育学家所重视。20世纪初，美国教育家杜威在《民主主义与教育》中就提出了"做中学"的教育思想，主张让老师在实验和游戏中带领学生进行学习，即让学生在实践中获取直接经验。这一思想为戏剧在跨学科教育中的运用提供了理论基础。在该思想的影响下，美国在20世纪掀起了一场教育改革，其中一项重要的内容就是戏剧教育的推广。截至20世纪末，美国已建立起了一套从幼儿园开始，贯穿小学、中学和大学的戏剧教育体系。孙惠柱教授在《戏剧在教育中的地位与作用》中提到，"美国有三千多所大学，一半以上都设有戏剧系，每年数以万计的戏剧专业毕业生中，真正成为专业戏剧工作者的所占比例最小，比例最大的是当中小学戏剧教师"[1]。戏剧在其教育体系中的重要地位由此可见一斑。

与此相映成趣的是，我国20世纪教育家陶行知仿佛与杜威不谋而合。在《教学做合一》一文中，陶行知提出："事怎样做就怎样学，怎样学就怎样教；教的法子要根据学的法子，学的法子要根据做的法子。"[2]此所谓"知行合一"。这一观点于2019年在十九届中央纪委三次全会上被习近平总书记再次强调。习近平总书记指出："'知'是基础、是前提，'行'是重点、是关键，必须以'知'

---

① 孙惠柱.戏剧在教育中的地位与作用 [J].戏剧艺术，2002（1）：4-9.

② 陶行知.陶行知文集：教学做合一 [M].南京：江苏教育出版社，2008：285.

促'行'，以'行'促'知'，做到知行合一。"2020年，中共中央办公厅和国务院办公厅再次发文，要求在义务教育阶段增开戏剧课程之后，戏剧教育的前景越来越明朗，对于它在其他学科教学方面的促进作用，我们也应予以更多的关注。

田学林老师在《编演历史剧的教学意义与策略》一文中，将历史剧的教学意义总结为"导学结合，实现双向互动"、"文史结合，史论结合"、"拓宽思维空间，培养历史想象力"、"挖掘隐性知识，进行研究性学习"和"培养诸多能力，全面提高素质"等五个方面，非常全面。但论述过于宽泛，如第一点和第五点并非历史剧所特有的意义，而且并未与戏剧理论相结合，因此论述有些浮于表面，尚有深入挖掘的空间。因此，在本文中，笔者将结合相关理论，从以下三个方面对跨学科视域下历史题材戏剧的教育意义进行分析。

# 一、了解时代背景，增加历史知识

按照历史唯物主义的观点：社会存在决定社会意识。人的思想和行动总是不可避免地受到其生活时代的政治、文化、经济、道德、习俗等多方面因素的影响。因此，要搬演历史故事，扮演历史人物，就必须了解其时代背景，搜集相关历史资料，从而完成形象的外部特征和行动的内在逻辑两个方面的创造。

### 1.塑造人物的外部特征

人物的外部特征包括语言、形体、服装、礼仪等多个方面。

以历史剧《我们的荆轲》中的服装为例，该故事发生于公元前227年前后。虽然在此之前赵武灵王已经施行了"胡服骑射"的改革措施，将胡人的短衣窄袖长裤引入了华夏文明，但其流行范围基本限于赵国国内。在战国时期的其他国家，尤其是贵族中流行的服饰主要还是中原华夏民族传统的宽衣博带大袖长衫。因此我们看到，在剧中，除了秦舞阳和狗屠两位平民，其余角色的服装不论有多少套，均为当时中原华夏民族的传统服饰。

另外，服装对于人物的行动也有着很大的影响。宽衣博带虽然宽松，穿上它行跪拜礼时不会有逼仄之感，但因下摆过长，人在跪拜起身或快步行走时，如不拎起前后摆则容易被绊倒。所以人身着宽衣博带较之穿着短衣长裤时，要多一丝小心翼翼。因为有了顾忌，所以演员行动时自然更具古代贵族的庄重感。

虽然以上这些因素很多时候并不参与叙事，却是建立舞台真实感的基础。我们可以想见，如果演员身着一身现代装出现在历史剧的舞台上，观众恐怕会怀疑他们是从现代穿越回去的，即使他们搬演的仍是荆轲刺秦的故事。因此，要排演历史剧，就必然要对剧中角色的外部特征有所了解，只有这样才能建立起足够的舞台真实感。

### 2.完善人物行动的内在逻辑

在许多历史题材的戏剧作品中，经常会存在某些角色的行为让人难以理解的情况。但这或许并非作者思路不清晰引起的角色行为逻辑缺环，很有可能是因为剧中所展现的时代对于演员和观众来说并不熟悉，导致在这一时代背景下合情合理的行为难以被当代的演员和观众所接受。这就要求演员必须花费精力搜集相关历史资料，熟悉故事发生的时代背景。

如在朱素臣的传奇作品《十五贯》中，如果观众对我国古代的法律制度不太了解，就很难理解尤葫芦死后，他的街坊邻居为什么会那么积极地参与到案件的侦破过程中来。当发现尤葫芦横尸家中且其继女苏戍娟与十五贯钱均不见踪迹后，虽然没有任何证据，但街坊邻居们立刻断定"一定他女儿与人私通，觑得父亲有钱十五贯，暗地约下汉子，谋财害命，一同脱逃去了"，并且当即商定"我一面报官，一面追袭"，甚至还对追袭的方向进行了精确的推测，"他往苏州，定往常州"。于是，在他们的带领下，衙门的官差将在路上偶遇、恰巧同行的熊友兰和苏戍娟"抓捕归案"。在整个追缉过程中，街坊邻居们表现得比官府更加尽职尽责，衙门派来抓捕嫌犯的官差倒更像是来看热闹的街坊。

发生这样的情况，笔者以为，很大程度上受古代连带责任制度的影响。在我国古代绝大部分时间里，人们都身处连带责任法律制度的严密监控之中，彼此承担着监督与举报的法律责任。当邻里发生案件时，其他人不仅承担着举报的义务，同时还会自动成为案件的干连证人。案件如果不能如期破获，责任虽然在于官府，但街坊邻居也有着协助调查的义务，被官府拘拿讯问的情况也屡见不鲜。因此可以想见，当尤葫芦被发现于家中遭人杀害之后，如何摆脱干系就成了街坊邻居的当务之急。他们必然要根据各种蛛丝马迹充分发挥联想和想象，尽快确定"嫌疑人"，将其扭送官府，以免累及自身。而离家出走的苏戍娟，以及与其结伴同行的熊友兰也就成了最佳的嫌疑人选。

如果演员和观众对古代的连带责任制度不了解，可能很难理解邻居的行为，从而使由此引发的冤案看起来不那么合理，而更像是作者为了引起冲突而强行制造的困境。由此可见，要排演历史题材戏剧作品，演员就必然要先了解时代背景等相关的历史知识。

## 二、化身角色，探索历史

戏剧是行动的艺术。许多戏剧艺术家都提出过通过行动进入角色的内心，以获得角色的体验的观点。如斯坦尼斯拉夫斯基就曾说："只要正确地执行有目的的行动，那么通过行动的逻辑和顺序，演员就会自觉地进入扮演的人物的内心世界，并在自己的心里引起相应的体验。"[①]根据这种观点，扮演历史人物能够使演员深入角色内心，从而更加真切地体验历史人物的感受和他所经历的兴衰变迁，加深演员对历史事件的理解，以化身为历史角色的方式去探寻历史的真相。

在排演《我们的荆轲》时，笔者先让学生编排了《史记·刺客列传》中记载的荆轲在刺秦之前的几个小故事。在第一个故事中，荆轲与盖聂在谈论剑术时发生争执，盖聂怒瞪荆轲，后者落荒而逃。有人劝盖聂把荆轲留住，却发现荆轲已经离开了当地。在第二个故事中，鲁勾践和荆轲争道，鲁勾践生气

---

① 斯坦尼斯拉夫斯基全集：第二卷［M］.林陵，史敏徒，译.北京：中国电影出版社，1959：28.

呵斥荆轲，荆轲又逃走了。这两个小故事所展现的荆轲的人物形象，不同于我们在传统文本中接受的那个慷慨侠义的荆轲。面对冲突时，他采取的是回避的态度。带着这样一种处世态度，在《我们的荆轲》的故事中，他先是拒绝了太子丹的刺秦请求，却又在太子丹的一再恳求之下勉强应允。这里的拒绝除了出于他惯于回避冲突的处世态度之外，还因为无论是刺秦还是挟持秦王，他生还的机会都微乎其微，所以他本能地选择了回避；但最后又终于答应，有可能是想明白了作为刺秦计划的知情人，他如果拒绝，则很有可能落得跟田光一样为了守秘而死的下场，那么两害相权取其轻，他答应了太子丹的要求以拖延自己的死期，同时开始沉湎于太子丹提供的丰厚的物质享受中。①但他同时也因任务的压力和死亡的威胁而夜夜失眠。虽然他曾一度说服自己下决心刺秦，但在燕姬的逼问下发现，无论百姓、诸侯还是太子丹都不足以成为自己刺秦的理由。直到燕姬说出："侠客的性命本来就不值钱。对于你们来说，最重要的是用不值钱的性命，换取最大的名气……"最动人的戏剧是悲剧，悲剧没有大团圆的结尾。最感人的英雄是悲剧英雄，他本该成功，却因为一个意想不到的细节而功败垂成。②他才仿佛看到了刺秦的意义，并为此进行了一系列的编排和部署，直接导致了最后悲剧性的功败垂成。但随着燕姬的死去，

这个意义也随之消解。最后"荆轲刺秦只是成为一件箭在弦上不得不发的事。根本没有目的！自然也没有意义"③。

以上就是我们通过排演《我们的荆轲》体验到的"历史"，虽然在某种程度上颠覆了我们印象中的刺秦英雄形象，却塑造了一个更为鲜活、带有世俗欲念和人性弱点的人的形象。相较于抽象的刺秦英雄，一个有血有肉、有欲望、有弱点的历史人物无疑更容易让人理解。何况关于这段历史及荆轲的形象历来就有多种不同说法，④其中确有专家学者持类似观点，认为荆轲刺秦有些过于戏剧性。持该观点的专家学者的疑点主要在于，荆轲刺秦所用道具之贵重（徐夫人的匕首、樊於期的头颅、督亢的地图）和排场之隆重（易水壮别，太子及门人白衣相送，渐离击筑，荆轲和歌），显得过于大张旗鼓，不像一场本应极为机密的刺杀行动。易中天教授就指出："事实上他（荆轲）的排场之大，成本之高，所用之费，十分惊人……一次秘密行动的排场越大，戏剧性和仪式感越强，真实性就越弱。"⑤因此他认为荆轲刺秦就是一场"血溅王廷的真人秀"！

综上所述，以化身为角色、再现历史情境的方法，能够让学生设身处地地感受和思考历史人物的所思所想，增进学生对于历史人物的理解。需要注意的是，当以这一目的为教学目标时，戏剧中的规定情境需尽量还

---

① 《史记·刺客列传》："于是尊荆卿为上卿，舍上舍。太子日造门下，供太牢具，异物间进，车骑美女恣荆轲所欲，以顺适其意。"

② 莫言.我们的荆轲［M］.北京：作家出版社，2012：62-64.

③ 莫言.对话录：解密《我们的荆轲》［M］//刘章春.《我们的荆轲》的舞台艺术.北京：中国戏剧出版社，2015：5.

④ 张海明.谁的荆轲：荆轲形象论之一［J］.清华大学学报（哲学社会科学版），2014，29（3）：38-48，7.

⑤ 易中天.青春志［M］.杭州：浙江文艺出版社，2013：13.

原历史真实，以帮助学生确信无疑地在历史环境中生活和体验。

## 三、以史为鉴，反思当下

意大利的历史学家克罗齐曾说："一切历史都是当代史。"这话虽然被人诟病良多，但宋宝珍教授认为："历史的叙述若抛开当下语境，那么人们就有理由怀疑它对于今人的意义和作用。"①因此莫言提出："所有历史剧都应该是当代剧。如果一部历史题材的戏剧不能引发观众和读者对当下生活乃至自身命运的联想与思考，这样的历史剧是没有意义的。"②《乐羊啜羹》便是一个很好的例子。

古装历史题材话剧《乐羊啜羹》的故事原型出自《战国策》，在《魏策》和《中山策》中均有记载。其情节较为简单，大致是说魏文侯派乐羊进攻中山国，当时乐羊的儿子乐舒正在中山国为官。中山国国君采用攻心战术，命人将乐舒烹为肉羹，送给乐羊。乐羊为表明对魏国的忠心，喝尽肉羹，挥师进攻，遂覆灭中山国。

编剧在进行故事改编时，准确地把握住了这对父子因立场不同而不得不骨肉相残的矛盾。为了强化其悲剧色彩，也为使当代观众更能共情，编剧对他们的身世进行了改编。在《乐羊啜羹》中，乐羊被设定为战败得脱、流落中山国的魏军将领。他客居中山国几十年，含辛茹苦将独子乐舒抚养成人，小心翼翼地掩藏着自己的魏将身份，希望有朝一日

能够携子归国，再伐中山国。就连他的儿子乐舒也不知他的真实身份与目的。

乐舒自小在中山国长大，视中山国为自己的母邦。他拜曾子为师，儒学贯通，弱冠之年便成了远近闻名的儒者。他一心入朝为官，奈何父亲憎恶权贵，因此始终不敢将自己的想法告知父亲。

而当归国的机遇和入朝为官的机会同时出现在父子面前时，长久以来被隐藏的矛盾瞬间引爆。乐羊告知乐舒身世，欲劝其一同回归魏国。怎奈乐舒心系中山国，断不肯归附魏国。交涉无果，父子两人分道扬镳，也为最终骨肉相残的人伦惨剧埋下祸端。

经此改编，乐羊与乐舒这对父子间的冲突，由原本史书上较为简单的敌我矛盾，转变为各自的家国情怀与骨肉亲情之间的相互撕扯，表面上讲述的是两国相争，实际探讨的是父母与子女间应如何相处的问题。在排演和欣赏该剧时，笔者不禁会思考，如果这对父子能够多一些坦诚，尤其在涉及人生大事的选择时少一些隐瞒，父亲对儿子的人生少一些干涉、多一点理解，是否能够为最终的惨剧带来转机？由此又会联想到我们自己，如果我们能够以此为鉴，在处理家庭关系时是否能够少走一些弯路？

可见，该剧虽然具体情节上大都为虚构，但相较于其历史原型更加具有指导现实的作用。戏剧毕竟是一门艺术，不可能完全以历史的标准来要求。历史碰巧被艺术家看上，是历史正好符合艺术家的构思，节省了艺术

---

① 宋宝珍.历史之思，人性之谜［M］//刘章春.《我们的荆轲》的舞台艺术.北京：中国戏剧出版社，2015：102.

② 莫言.任何题材的戏剧都要塑造出典型人物：在《我们的荆轲》建组会上的发言［M］//刘章春.《我们的荆轲》的舞台艺术.北京：中国戏剧出版社，2015：11.

家的精力。

德国的戏剧评论家莱辛认为，戏剧的目的并不是反映历史事实。诚然，当戏剧被用于历史教学时必然要更多考虑历史的真实性，但戏剧毕竟是一门艺术，难以避免虚构成分的存在。更何况，第一历史也不可复原。因此，当我们在跨学科的视域下讨论历史题材戏剧作品的教育意义时，最基本的出发点是必须让同学们分清哪些是历史的真实，哪些是艺术的虚构，避免以假当真，混淆是非。

**作者简介：**

王贽兮，中国传媒大学戏剧戏曲学专业博士研究生，研究方向为中外戏剧史论。

# 上海市中小学影视课程的实施现状与对策研究<sup>*</sup>

龚金平

[**摘要**] 当前，上海市中小学基本上都开设了影视课程或者开展了各种影视活动，大多数中小学都配备了兼职影视教师，看起来形势大好，但实际上其中问题不少，误区颇多，值得我们警醒和反思。例如，对影视课程的性质、地位与作用定位不准；开设影视课程的教师大多没有专业背景或基础性的影视素养；授课方式以电影观摩为主；考核方式单一，甚至几乎没有；未能充分探索影视课程与影视活动之间的良性互动，影响了影视课程在学校影视教育活动中的地位。对此，我们需要转变观念，厘清思路，加快改革，促进中小学影视课程的专业化、全面化发展。

[**关键词**] 上海市中小学影视课程　实施现状　对策研究　课程标准

## 一、上海市中小学影视课程的实施现状

随着视觉文化的到来，以及全媒体时代提供的技术支持，目前上海市的中小学基本上都开设了电影类拓展课程，或组织了课外、校外影视教育活动，大多数中小学都配备了兼职影视教师，看起来形势大好，但实际上其中问题不少，误区颇多，值得我们警醒和反思。

### 1.对影视课程的性质、地位与作用定位不准，理解上有偏差，未能确立影视课程的定位和课程本身的标准与要求

当前，上海市大多数教育管理机构和中小学的领导都将影视课程作为德育的一种实施形式，或者作为丰富学生课余生活的一个渠道，容易因为过分强调影视作品中的"德育""娱乐"元素而忽略了"艺术"元素。而且，上海市中小学的影视课程只属于拓展型或探究型课程中的一类，远不及音乐、美术类课程的地位，教师只能根据个人经验和兴

* 本文系2021年度上海市教育科学研究项目一般项目"'立德树人'视域下中小学影视课程的体系与内容研究"（项目编号：C2021269）的前期成果。

趣，自备影视资料和课程大纲。可以说，影视课程基本处于自发状态，不仅没有正式出版的教材，甚至没有校本教材和教案。这导致课程内容呈现出自由散漫、随心所欲的倾向，没有体系性和专业性。

### 2.开设影视课程的教师大多没有专业背景或基础性的影视素养，多是凭兴趣或者应学校的要求开设影视类拓展课程

在我们调研的36所中学（涵盖上海市静安区、长宁区、杨浦区、宝山区、松江区）中，28所学校的影视教师由语文教师兼任，个别学校还由音乐、美术、政治，甚至图书馆工作人员兼任影视教师。对于学校来说，似乎任何一名教师都可以胜任影视教师的工作。对于教师而言，似乎只要经常给学生放映电影，让学生自由讨论，就完成了教学任务，没有任何挑战性和专业性可言。

### 3.授课方式以电影观摩为主，辅以少量教师讲解和学生讨论，电影课基本沦为娱乐休闲课程

在我们调研的36所中学中，有6所学校的学生反映，影视课程几乎全程都是放映电影，教师从不进行任何讲解，学生也不进行任何讨论。其他学校即使有教师讲解的部分，效果也不尽如人意，因为这些讲解的内容一般不包括视听语言、电影史、电影叙述学、电影编剧学之类的专业知识，而是有关影片、导演、演员的背景资料，甚至花边和趣事，偶尔有教师本人对于影片进行整体分析和解读指导。对此，教师的解释是他并不是电影学专业出身，许多知识自己也一知半解，无法进行专业性的讲解；同时，教师的主业不是影视教师，为学生开设电影课只是个人兴

趣和学校要求，因而没有压力和动力将课程建设好；对于学生而言，他们选修的目的很单纯，就是看电影，而且要看最时尚、娱乐性最强的电影，对此，教师表示很难强制性扭转学生的欣赏趣味和选修目标。

### 4.考核方式单一，甚至几乎没有

在我们调研的36所中学中，至少33所学校的影视课程没有对学生设计考核要求（仅为写选课感想，没有字数或质量要求），另有3所学校要求教师在学期末对学生有总的考核评价（要求学生写影评，但没有质量要求，前期也没有专业辅导），但评价结果也相对较简单，如以"优、良、合格"作为评价的最终结果。所以有些教师会以出勤率来作为对学生的一种考核方式，还有的教师以学生的课堂纪律作为考核的标准。比较负责任的教师则会在影视课程相关内容上对学生进行考核，但也仅仅是要求学生在课程结束后交一篇影评，而这些影评绝大多数都是学生从网上下载的，即使是学生自己撰写的，教师一般也不会仔细审阅或进行有针对性的指导。

### 5. 未能充分探索影视课程与影视活动之间的良性互动，影响了影视课程在学校影视教育活动中的地位

上海目前会组织一些常规性的影视类比赛，如影评大赛、影视微报告比赛、微电影大赛，以及影视配音比赛等，但这些比赛基本由教师布置给学生，由学生自己或在家长的指导下完成，偶尔得到老师的指导，参赛作品的水平参差不齐。其实，影视课程可以在这些活动中大有作为。如果教师能够在影视课程中有意识地贯穿相关知识，完全可以让选修课程的学生有针对性地准备这些比赛，

从而发挥影视课程的"活动组织意义"，提升课程在学校中的地位，在政策与经费层面得到学校更多的支持，这不失为促进影视课程开展的一种途径。

## 二、上海市中小学影视课程实施的观念调整

针对上海市中小学影视课程开展的情况，我们在中小学影视课程的具体实施层面需要转变观念、厘清思路、加快改革，促进中小学影视课程的专业化、全面化发展。

### 1. 立足影视艺术的本体，回归影视艺术的本质，让影视课程以更独立、更自由、更专业的方式得到实施和发展

当前上海市的中小学普遍存在一种误区，认为影视课程要么是休闲娱乐的一种方式，要么是德育工作的一种载体，却有意无意地忽略了影视艺术的本体性。也就是说，学校层面和任课教师注重的是影视作品的内容，从这些内容中抽取一些爱国主义、人生意义等方面的主题，从而完成对于学生的德育教育。甚至，部分教师选择一些商业大片给学生放映，却不加以任何引导和分析，完全把电影当作一种娱乐产品。

可见，在中小学影视课程的实践中，影视艺术的本体特征多少被忽略或者被扭曲。电影不是被当作电影来分析，而是被当作其他用途的载体，这是对影视课程的最大误解与曲解。对此，我们应该立足于电影艺术的本体性，尊重电影，真正认识电影，然后再分析电影的审美属性、艺术特性，包括它的娱乐性、艺术性和教育性，真正让学生得到

审美享受和艺术熏陶。

### 2. 明确中小学影视课程的目标定位

中小学影视课程不能自我降低要求，沦为休闲娱乐课，要把影视课程当作素质教育的重要组成部分来对待，通过影视课程切实提高学生的审美素养、艺术鉴赏水平、艺术创造能力，甚至培养学生的艺术思维、创新思维、批判性思维，进而潜移默化地影响他们对于世界、人生、自我的理解，达到提升境界、圆融人格的目的。

教育主管部门和学校管理层要意识到，影视课程作为学校艺术教育的重要组成部分和提升素质教育的重要内容，值得高度重视。通过影视课程的建设，促进学生全面发展，促进课外、校外影视教育活动的开展，不仅可以打造优质的影视教学体系，让学校的校园文化更有活力，甚至可以塑造学校的形象，打造学校的品牌，实现学校的跨越式发展。

### 3. 积极探索影视课程与学科教学之间的互动关系，以进一步提高影视课程在中小学的地位，并对学科教学起到积极的促进作用

当前，部分中小学也在探索影视课程与学科建设之间的互动关系，希望通过影视课程生动形象的特点为其他学科的开展提供助力。当然，如果缺乏相应的影视知识，不能从电影思维和电影编剧的高度来理解电影，这种互动或者结合只能停留在表面的层次上，只是把电影作为素材或者调节气氛的一种工具。

例如，电影思维对中学语文教学就有着极为重要的借鉴与启发意义。在电影中，景别的概念相当于文学中的视角变换，蒙太奇的思维就相当于文学中的时空处理，电影中

的色彩运用对于文学来说是通用的，电影中人物刻画的方式与文学中的处理方式也是相通的。因此，教师完全可以在分析电影时巧妙地融入相应的文学思维、写作思维，这样才有可能在电影的艺术世界中开阔其他学科的思维视野，提升思维层次。

**4.努力将影视课程与课外影视教育活动相结合，实现课程与活动之间的互动与相互促进，使学生既能乐在其中，又能在各方面有能力的提升**

当前，上海市部分中小学成立了学生电影社团，但这些社团的活动组织、活动效果并不尽如人意，大多数社团处于自生自灭的状态，甚至有些社团连指导老师也没有，完全是由学生自发地开展一些活动，而这些活动也大都是观看电影。对此，部分学校反映，不是不想扶持这些学生社团，而是每个学校的重点社团都是音乐、美术、话剧或者科技类的，指派不出相应的老师来指导影视社团。有些学校即使勉强指派了指导老师，但这些老师缺乏相应的专业背景，很难进行有针对性的指导。如果请校外的专家进行辅导，学校又没有这种财务制度，而且一旦开了先河，会引起音乐、美术类社团的效仿，财政上很难支撑。

针对这种现状，我们必须积极探索中小学电影社团的组织形式、活动形式，使中小学电影社团成为锻炼学生综合能力，提高学生电影鉴赏、创作水平的有益园地。

例如，一是可以考虑将这些学生电影社团的团员全部纳入影视类课程的教学之中，这样可以一定程度减轻教师的辅导工作，同时也能使影视课程成为社团活动的一个重要

内容。二是可以由教师合理安排社团的学期工作重点，如观摩并讨论一部电影，撰写一篇影评，集体创作一个微电影剧本，甚至集体拍摄一部微电影作品等。三是教师还可以积极挖掘家长资源，鼓励部分有相关背景或者从事相关行业的家长一学期为社团成员开设一两次专题讲座或者进行专项辅导。四是教师也可以结合学校、区级、市级的各种电影类比赛，在社团成员中挑选、培养有相应基础和热情的同学参与比赛，甚至号召全体成员共同为这些参加比赛的同学出谋划策，一起完成一件作品、一次演讲、一篇影评的撰写。这实际上也将影视课程的边界进行了拓展，无形中提升了影视课程在学校中的存在感。

同时，我们还要努力将影视课程与校外影视教育活动相结合，既保证学生的参与面，也保证相应的活动成效，并探索更为科学有效的活动形式，通过影视课程提高校外影视教育活动的成效，甚至让校外影视活动反哺影视课程。

## 三、上海市中小学影视课程的课程改革

由于大多数中小学的影视课程都由教师凭兴趣和感觉去开展，缺乏课程大纲、课程内容和课程教材的引领与指导，教师往往感觉"无从下手"，不知道该教哪些内容，该如何去教。学校缺乏整体性的规划、指导、支持、推进，因而影视课程处于零散、自发的状态，缺乏具体影视作品教学内容与单元教学内容的统一性、整体性，容易失去影视教

育的核心价值。对此，我们要对中小学影视课程进行深入而全面的课程改革。

### 1.尽快确立课程标准，进一步促进中小学影视课程的规范化建设

上海市中小学的影视课程虽然在一定程度上已经开展多年，但一直作为一种形式、一种点缀，甚至一项任务来实施，教师未能真正深入地思考影视课程的目的、内容、形式，也未能从科学的角度来考虑影视课程实施的层次、方向，导致当前上海市中小学影视课程存在自发、无序、表面化、形式化等弊端。

在这种背景下，我们需要尽快将影视课程纳入规范化建设的轨道，形成与音乐、美术比肩的课程标准，确立中小学影视课程的教学目标、学生能力的分级训练办法，以及相应的考核方式和评价体系。

### 2.组织多方力量进行教材编写，使教学内容符合中小学生的生理和心理特点，同时又能立足于影视艺术的本体性特征

编写中小学影视课程的教材并非一项想当然的工作，也并非推荐几部"思想成就"较高的国产影片就可以胜任，而是要结合实际情况，有针对性地完成教材建设。例如，针对小学生的影视教材与针对中学生的影视教材应该有区别，这种区别不仅指难易程度，还包括编写理念、教学目标的设定等方面。

对于小学生而言，针对他们的思维特点和兴趣特点，可以以电影观摩为主，辅以适当的教师讲解和学生讨论，并在此基础上尝试撰写简单的影评乃至编写故事大纲。至于推荐的片目，除了考虑弘扬中华民族优秀传统文化和彰显爱国主义情怀之外，也要考虑

他们的观影兴趣，立足于中国优秀的动画长片，并适当引入迪士尼等国外优秀的、适宜的动画短片和长片。对于那些动画短片，教师可以在课堂上放映，然后进行灵活的讲解，组织生动的课堂讨论，带领学生理解短片的思想内涵和艺术表达方式，使小学生从中得到一些生活的感悟。至于一些优秀的动画长片，可以让学生课后观看，也可以在课堂上观看，然后让学生带着问题上课，教师负责对学生的问题进行讲解，或者组织学生共同讨论。总之，针对小学生的影视课程教材应以动画片的鉴赏、分析、问题设定和解答为主，再增加部分影评撰写的指导和故事编排的思路，供高年级的同学学习。

对于中学生而言，影视课程的教材要开始渗透部分影视的基础知识，包括简单的电影语言知识，但主体是中外优秀电影的鉴赏与分析，然后再增加影评撰写和微电影编剧、微电影拍摄的知识。其中，影视基础知识和优秀影片鉴赏适合所有选修的同学，影评撰写、微电影编剧和拍摄适合学有余力且有兴趣的同学。

### 3.教学方式和考核方式的改革

针对中小学生的特点和电影本身的特性，中小学影视课程的教学方式不仅应该是生动灵活的，更应该是定位清晰、目标明确的，并应积极引入现代的项目驱动制和建构主义教学方式。例如，要求学生将电影中的关键性场景用文字的方法进行还原，培养学生写作的画面感；要求学生将电影中的故事用大纲的方式提炼出来，分析各个段落之间的关系及整体性的详细处理；要求学生将电影的结局或人物命运进行延续和补写，既符合原

作的基本逻辑又能体现学生的个性和创造力；借助具体电影的分析，让学生掌握基本的电影编剧方法，并将这些方法运用在作文写作中。

至于考核方式，不应该拘泥于笔试，拘泥于开卷或闭卷，而应该探索更为开放、更具实效的考核方式。例如，对于小学生而言，考核方式可以为当场放映一部动画短片，然后让低年级的同学讲述自己的观影感受，让高年级的同学撰写简单的影评。对于中学生而言，考核方式可以是当场放映一部短片，然后撰写影评，也可以是以小组为单位完成一个微电影剧本甚至拍摄一部微电影等。这些考核方式有一定的可操作性，对于学生的综合能力也能有较为全面的考查。尤其是对于高中生而言，通过影视课程的学习，通过微电影编剧和拍摄的实践，他们不仅能提高语文的学习能力，还有可能激发潜能，培养对影视的兴趣，在选择大学专业时有更大的空间。

**4.课程体系的建构及效果的立体延伸**

当前，上海市中小学影视课程大多是电影鉴赏课程，这确实符合中小学影视教师的专业背景和现实条件。但是，在条件成熟时，我们也要探讨中小学影视课程的课程体系，初步形成包括电影鉴赏、电影活动、电影创作，甚至电影美学的课程体系，满足学生不同层次的需求，并通过这些课程为学生的全面发展甚至个人职业规划提供积极的帮助。

## 结　语

相对于音乐、美术等已经开设了上百年的学校艺术课程而言，影视课程是一个新生事物，在政策层面和思想认识层面，以及实际操作中都会遇到许多困难，这会制约影视课程在中小学的科学发展。但是，遇到困难或者困境是任何一项工作在起步之初都必然会面临的考验。对此，我们要认真总结、科学分析、积极探索、多方努力，使中小学影视课程在更加健康有序、科学合理、目标明确、效果明显的道路上不断前行。

作者简介：

龚金平，文学博士，复旦大学艺术教育中心副教授，研究方向为类型电影、电影改编、公共影视教育。

# 融媒体时代下的中小学影视艺术教学研究

高欢欢

[摘要]21世纪是以信息化为主要特征的知识经济时代，伴随着计算机技术、多媒体技术、网络技术、移动通信技术的迅速发展，各行各业都在"互联网+"的推动下进行着改革和发展。传统媒体与新媒体也开始进行融合，产生了融媒体。融媒体以发展为前提，以扬优为手段，把传统媒体与新媒体的优势发挥到极致，它把广播、电视、互联网的优势互为整合、互为利用，使其功能、手段、价值得以全面提升。在融媒体的时代大背景下，新型教育教学模式微课、慕课和翻转课堂也开始走入校园。中小学影视艺术教学也必须与时俱进，进行教育教学模式改革。本文结合微课、慕课、翻转课堂的定义、产生、发展、特征及笔者的教学实践，研究了影视艺术在融媒体下的教学改革与发展。

[关键词]融媒体　中小学影视教学　微课　慕课　翻转课堂

## 一、影视艺术与微课的结合

微课也叫微课程，英文为Micro-lecture或者Micro-course。它是指在5到8分钟之内，一般不超过10分钟，有明确的教学目标和主题，内容短小精悍，集中说明一个问题、一个知识点、阐明一个主题的视频小课程。

"1993年，美国北艾奥瓦大学（University of Northern Iowa）的有机化学教授LeRoy A. McGrew，为了让非化学专业的人也能了解一些实用的化学知识而提出了一种'60秒有机化学课程'，这就是微课的最早雏形。"[①] "2010年，广东省佛山市教育局胡铁生第一次在国内提出了微课这一概念，他也是国内对微课研究最早和较为深入全面的学者。"[②] 由此可

① 张一川，钱扬义.国内外"微课"资源建设与应用进展[J].远程教育杂志，2013，31（6）：26-33.
② 张明，郭小燕."互联网+"时代新型教育教学模式的研究与启示：微课、慕课、翻转课堂[J].电脑知识与技术，2015，11（12）：167-171.

见，微课在中国乃至世界都是一个较为新兴的事物。

当今时代是一个高速发展的信息时代，在融媒体下产生了微博、微信、微小说、微电影、微商等时尚语汇，而微课的诞生可以说是顺应时事、与时俱进。影视艺术是科技与艺术的完美结合，自它诞生之日起就与科技的发展紧密相连，科技的每一次进步都为影视艺术带来改变的可能。这种改变不仅体现在影视制作上，也体现在传播媒介和观影方式上。从传统的进影院看电影到打开电视看电影，从互联网时代的打开电脑看电影到"互联网+"时代的打开手机看电影，科技的每一次发展都使影视产业进行相应的变革，如果不能适应时代，就只能被时代淘汰，诺基亚便是最好的案例。

那么在融媒体时代，影视艺术又该如何把握微课平台，让它为其所用呢？

其一，从本质上来说，微课是一种微媒介，它作为网络传播时代的传播媒介之一，既有大众传播媒介的一些共同特征，又具有自身媒介的独特属性，如移动性、包容性、互动性、开放性等特征。但是与微信、微博等微媒介相比，微课更加具有学术性和权威性。影视艺术可以充分地利用微课平台的媒介属性扩大其自身影响力，提升其传播效能，从而达到整合营销传播的最佳效果。其二，从学生方面来说，根据记忆时间曲线原理，每堂微课不超过10分钟的阅读时间可以使学生对学习内容保持充分兴趣，而不会产生审美疲劳。尤其对中小学生来说，他们集中注意力的时间比较短暂，因此10分钟的阅读时间可以充分地调动学生的积极性。此外，学生可以充分地利用自己的碎片时间来掌握零星知识点，如坐车、排队等场景下的断点学习。这种灵活自由的学习方式很受学生欢迎。其三，就影视艺术微课制作而言，由于微课的教学内容较少，教学时间较短，学习时间不确定，因此不宜选择太难或太系统的知识点作为微课内容。

比较而言，以分析一部影片为核心的影视鉴赏课程就较为符合微课课程的内容要求。例如，互联网影评脱口秀节目《龙斌大话电影》，作为央视《第10放映室》原主播的龙斌，在节目停播后转战网络，虽节目取名为"大话"，但丝毫没有大话或戏说的成分。主持人凭借其专业的编辑团队和自身的职业素养，对影片进行了鞭辟入里的分析和解读，尽管语言无比犀利，但整个评论如一篇美文耐人寻味。此外，该节目的时长通常在十几分钟左右，与微课的时长相差无几。类似的影评类节目还有《电影最TOP》《一目十影》《木鱼水心》等。因此，影视艺术微课课程适当借鉴电视或网络节目，在保持课程学术性的基础上提升其艺术美感和品位也不失为一种好的策略。

## 二、影视艺术慕课教学实践研究

慕课一词来源于MOOC的音译，M：Massive（大规模），O：Open（开放），O：Online（在线），C：Course（课程）。慕课就是大规模的在线网络开放课程，它是为了加快知识和技术的传播，由个人或组织制作、发布于网络上的供全球用户自主学习的免费或收费的开放课程。慕课这一风暴始于2011年秋天，2012 年被《纽约时报》称为"慕课元年"。美国高等教育借助发达的计算机网络技术首创了慕课平台，吸引了世界上数以万计的学生参与。近几年来，哈佛大学、斯坦福大学、普林斯顿大学、麻省理工学院等知名学府秉持"接受高等教育是人的基本权利"的理念，创建了一些新兴教育网站，通过网络向全球学习者提供高品质的免费课程和讲座，在全球兴起了一股慕课的高潮。作为全球慕课的领跑者，美国的慕课理论研究与实践居于前沿，富有创新性和前瞻性。曾有研究者围绕美国慕课课程完成度、学习效果评估与认证、运营成本与收益等问题进行了较深入的理论探讨与实践探索，对推动慕课可持续发展及我国慕课本土化具有重要启示和借鉴意义。

2013 年 5 月，北京大学和清华大学加入了在线课程平台；2013 年 7 月，上海交通大学和复旦大学加入了课程时代平台；2013 年 10 月，清华大学启动了"学堂在线"项目；随后，上海交通大学联合复旦大学、同济大学、北京大学、清华大学、中国科学技术大学、浙江大学、南京大学、哈尔滨工业大学、大连理工大学、重庆大学、西安交通大学共 12 所高校共建中文慕课平台。因此中国的慕课元年是 2013 年。

慕课打破了大学的围墙，甚至有可能引发一场学习的革命，给人才培养和教学方式带来深刻变化。对于各国知名高校而言，慕课平台是高等教育的资源共享平台，高校师生既可以通过这个平台了解最顶尖的学术动态，也可以通过该平台向全世界传播知识，提升高校的国内国际地位。虽然慕课在中小学教育中尚未得到广泛推广，但国家中小学智慧教育平台已经建立，并在全国范围内得到了广泛的运用。因此，在中小学影视教育领域搭建慕课平台是具有可行性的。

慕课与传统课堂教学有很多相似之处，它有开课的时间限制，仍以教师的知识讲授为主，教师安排课后习题和答疑，教师通过期中、期末考试来检验学生学习效果，学生通过学习与考试获取学分等。但是与传统的教学模式相比，慕课教学可以使学生学习的时间、地点更加自由，而且由于网络传播的影响，使得慕课的影响力非常巨大。当然，慕课教学最大的优势在于资源共享的开放性。也就是说，在慕课时代，任何一个学子都可以享受优质的教育资源，都可以聆听清华、北大，甚至哈佛、牛津等名校的名师讲课。当然，全面进入慕课时代依然有一段很长的路要走，其间需要解决的或许并不单是技术问题，更多的是教育体制改革与全球化的问题。

影视艺术慕课教学实践以"影视鉴赏"课为例，该课由北京超星尔雅教育科技有限公司制作、北京大学艺术学院陈旭光教授主讲。本课程主要从"追求永恒"与"第七艺术"的诞生、语言的自觉、电影艺术独立之途、元电影与巴赞理论、数字化与高科技、电影艺术与戏剧艺术、电影与造型艺术的关系、电影的文化维度、电影的仪式文化和电影的意识形态、电影大众文化性、电影的民族文化性与世界文化性、电影的美学风格与文化形态、戏剧化电影美学、现代主义电影美学、后现代主义电影美学等几个方面由浅及深地进行具体细致的讲解。虽然本课程的授课对象为高等院校的本科生或研究生，但是其授课方式与授课内容依然可以为中小学影视艺术教育提供参考与借鉴。

作为慕课教学实践，这门课程的设置不仅是教师的视频录制与播放，还融合了更多教学元素。比如学生在线上进行的所有学习行为在教师后台都可以实现对整个学习流程的监控，包括全部学生的平均学习进度、最快和最慢学习进度、单个章节知识点的学习情况统计、课程访问量及其变化趋势统计，以及每个学生的具体学习行为产生的数据等。根据这些数据，教师可以对学生学习流程进行自动量化统计与监控。当然，教师监控指的并不是课程主讲教师，而是线下辅导教师，这就涉及另一个问题，即翻转课堂的问题。

## 三、影视艺术翻转课堂教学实践研究

翻转课堂（Flipped Classroom），是相对于传统的课堂上以教师讲授、学生听讲，课后学生完成作业为主的教学模式而言的。它是指课前学生在家观看教学微视频，完成对知识的理解与把握，课堂上完成作业、深化讨论、动手操作、探究创新的课堂教学模式。在教学环节方面，翻转课堂彻底打破了传承多年的课堂中教师讲授、课后学生完成作业的教学模式，而是学生在上课之前先完成对教学内容的自主学习和初步理解，然后在课堂中进行答疑、解惑、协作、探究等活动。在师生角色方面，在传统课堂教学中，教师一直处于主导和主动地位，是知识的主动传播者，学生处于被动接受知识的地位。在翻

转课堂教学中，教师变成课程的策划者、制作者及组织者，而学生转变为积极主动的参与者，并且变得更加自主，可以按照自己的实际情况安排学习进程。

"慕课＋翻转课堂"是线上教育和线下教育相互结合的教学模式，它旨在促进优质教育资源全民共享，助推教育公平，为了实现提高教育质量，让学生学习更加自主、让教育从知识本位走向综合素质本位等价值追求。这些是翻转课堂的优势所在，而它也预示着"慕课＋翻转课堂"模式在未来的发展趋势。

翻转课堂从理论上来说有诸多益处，但具体到实际操作中亦存在不少问题。以陈旭光教授"影视鉴赏"翻转课堂为例。

第一，在慕课制作前期，主讲教师必须做好教学设计，即根据教学对象和教学目标确定合适的教学起点与终点，有序、优化地安排教学诸要素，形成教学方案的过程。课程设计如果不能针对目标人群，或者在课程传播过程中因种种问题使得课程内容与受众期待不符合，就会造成该课程在某种程度上的失败。因此，慕课的引进必须符合授课对象的年龄、层次。

第二，线下教学如何与线上教学相统一的问题。线下教学不能是线上教学的简单重复，而应以答疑解惑为主。影视艺术的独特之处在于，面对同一部影片，每个人会有完全不同的看法。仅以《千与千寻》为例，有些同学在电影中看到了成长，有些同学看到了环境保护，有些同学更多地感受到了友情、亲情等。关于影视艺术的争论可以说比比皆是，见仁见智。那么当线上教学与线下教学出现相悖的情况时，线下教师应该遵循线上

教师的观点，还是保留自己的意见，是需要考量的问题。

第三，翻转课堂对学生的监管依然存在一定问题。虽然线上课程可以通过技术手段控制学生播放视频的速度（在第一次观看视频时不允许快进、拖动），但依然存在"身在曹营心在汉"的现象，甚至打开视频后做其他事情。线上要求学生提问或进行讨论，部分学生应付了事，为了提问而提问，根本没有观看视频，也没有进行思考。

## 结　语

当今时代影视艺术蓬勃发展，然而影视艺术的相关专业教师或人才队伍还不完善。因此，在融媒体时代中小学的影视教育中引进微课、慕课与翻转课堂，可以有效地解决师资力量不足的问题。从总体来说，微课、慕课及翻转课堂的发展可以对中小学的影视艺术教育起到有力的促进作用，但这既是机遇，亦是挑战。

**作者简介：**

高欢欢，湖南师范大学讲师，中国传媒大学博士。中国文艺评论家协会会员，中国高等院校影视学会会员，湖南省戏剧家协会会员，湖南省电影评论协会会员。主要研究方向是戏剧影视文学。教授课程：中国戏剧史、外国戏剧史、外国电影史、纪录片研究、影视语言学、影视音乐与视听语言、研究生专业英语等。